Serie Literatura y Cultura
Editor General: Greg Dawes
Editora encargada de la serie: Ana Forcinito

Diálogo de voces
Nuevas lecturas sobre la obra de María Rosa Lojo

Marcela Crespo Buiturón
Compilación y edición

Editorial
Raleigh, NC

© 2018 Marcela Crespo Buiturón

Reservados todos los derechos de esta edición para
© 2018 Editorial *A Contracorriente*

All rights reserved for this edition for
© 2018 Editorial *A Contracorriente*

Las imágenes fotográficas contenidas en el ensayo "Genealogías improbables. Notas para un relato fundante" de Sonia Jostic, págs. 119-145, fueron publicadas originalmente en la edición gallega de la obra *El libro de las Siniguales y del único Sinigual*, publicado por la editorial Galaxia (Vigo, 2010). Se publican con permiso de la artista, Leonor Celina Beuter.

Para ordenar visite http://go.ncsu.edu/editorialacc

ISBN: 978-1-945234-51-4

Library of Congress Control Number: 2018945254

ISBN-10: 1-945234-51-2 (pbk)
ISBN-13: 978-1-945234-51-4 (pbk)

Coordinación y producción editorial de S.F. Sotillo
Diseño de interior y tapas de SotHer
Imagen fotográfica de la tapa: "Serie Huevo 5" de Leonor Celina Beuter, con permiso.

Esta obra se publica con el auspicio del Departamento de Lenguas y Literaturas Extranjeras de la Universidad Estatal de Carolina del Norte.

This work is published under the auspices of the Department of Foreign Languages and Literatures at the North Carolina State University.

Distributed by the University of North Carolina Press, www.uncpress.org

Contenido

Nota introductoria   1
Marcela Crespo Buiturón

Conjetura sobre un espacio de condensación de una poética   4
Jorge Bracamonte

Memorias de la inmigración en la narrativa latinoamericana contemporánea: Lectura comparada de *Árbol de familia* (2010), de María Rosa Lojo, y *Nihonjin* (2011), de Oscar Nakasato[1].   21
Antonio R. Esteves

El padre gallego como personaje en la autoficción de María Rosa Lojo   42
Malva E. Filer

"Tal vez lo que deseaba era, simplemente, lo imposible". Presencia, ausencia y resolución de la falta en *Finisterre*, de María Rosa Lojo   59
Leonardo Graná

Historias "ocultas" e "invisibles" que interpelan el presente   84
Marina L. Guidotti

Genealogías improbables. Notas para un relato
fundante   119
 Sonia Jostic

La Historia y sus fantasmas en la obra narrativa de María
Rosa Lojo. Estrategias para la deconstrucción del
discurso hegemónico desde la ficción   146
 María Laura Pérez Gras

El quiebre del pacto narrativo: Emergencia de la voz
lírica en La pasión de los nómades, de María Rosa Lojo   171
 Fabiana Inés Varela

Diálogo de voces   189
 Marcela Crespo Buiturón

Autores   198

Anexo   205
 Bibliografía crítica sobre la obra de María Rosa Lojo

Nota introductoria

Marcela Crespo Buiturón
Consejo Nacional de Investigaciones Científicas y Técnicas (CONICET)
Instituto de Filología y Literaturas Hispánicas "Dr. Amado Alonso" (UBA)
Universidad del Salvador

La obra de María Rosa Lojo es, cada vez en mayor medida, objeto de interés no solo del público lector, sino de las investigaciones académicas. Gran número de ediciones y reediciones de sus novelas, cuentos, poemas, microficciones y fábulas, así como de trabajos críticos referidos a todos éstos, se han escrito en las últimas décadas, tanto en Argentina, como en otros países del orbe: Brasil, España, Estados Unidos, Alemania, Francia, Tailandia, etc.

La multiplicidad de enfoques con que se ha abordado su obra y el número de críticos que la han transitado es sorprendente, por lo que no me sería posible citarlos a todos en esta nota introductoria, pero para aquellos que se interesen en esta escritora y emprendan su estudio, agrego un anexo, al final del volumen, con todos los trabajos que se han publicado hasta el momento sobre la obra de esta escritora (libros, artículos, capítulos de libros, comunicaciones en congresos, tesis doctorales, de maestría y de grado, etc.).

Aunque no parece necesitar presentación, María Rosa Lojo nació en Buenos Aires, Argentina, en 1954. "Hija del exilio republicano español", se dedica tanto a la creación ficcional —con una nutrida lista de títulos publicados: *Visiones* (1984), *Marginales* (1986), *Canción perdida en Buenos Aires al Oeste* (1987), *Forma oculta del mundo* (1991), *La pasión de los nómades* (1994), *La princesa federal* (1998), *Esperan la mañana verde* (1998), *Una mujer de fin de siglo*

(1999), *Historias ocultas en la Recoleta* (2000), *Amores insólitos de nuestra historia* (2001), *Las libres del Sur* (2004), *Finisterre* (2005), *Cuerpos resplandecientes. Santos populares argentinos* (2007), *Árbol de familia* (2010), *O libro das Seniguais e do único Senigual* (2010, con su edición en español *El libro de las Siniguales y del único Sinigual*, de 2016), *Bosque de ojos* (2011) y *Todos éramos hijos* (2014)— como a la investigación literaria, como miembro de carrera del Consejo Nacional de Investigaciones Científicas y Técnicas de su país, con una intensa producción de libros, artículos, conferencias, etc.

No aclaro, adrede, a qué género literario pertenece cada título porque, como bien se desprende de algunos de los trabajos que incluye este libro y de otros tantos que se han publicado anteriormente sobre su obra, Lojo tiene una escritura de problemática clasificación. En sus textos, se entrelazan géneros sin dificultades: su narración se vuelve poética, su lírica en prosa se distingue difícilmente de sus microficciones, sus novelas adquieren modalidades del ensayo y sus textos metaficcionales pocas veces se alejan de sus ficciones...

Este volumen, que tiene su antecedente en el libro *María Rosa Lojo: la reunión de lejanías*, editado en 2007 por Juana Alcira Arancibia, Malva E. Filer (de quien incluimos aquí un ensayo) y Rosa Tezanos-Pinto, pretende *reunir* algunos de los más recientes abordajes a la obra de esta escritora, para continuar este intenso e interesante *diálogo de voces*.

Compuesto por ocho ensayos de pensadores de variadas procedencias y una suerte de epílogo dialogado con la escritora, este trabajo conjunto discute algunos de los ejes vertebradores de la obra de Lojo: la conflictiva relación con lo sagrado y su constante interpelación (Bracamonte); la memoria de la inmigración (Esteves); la presencia de figuras femeninas cuestionadoras del discurso masculino hegemónico (Guidotti) o de otros personajes marginales que resignifican la historia oficial (Pérez Gras); los siempre cuestionados y cuestionables rasgos autobiográficos en su obra a partir de las figuras parentales (Filer) o de una posible cartografía de la intimidad (Jostic); la problemática identitaria a través de los personajes que se ubican en un borde sospechoso entre dos mundos (Graná); y el encuentro armonioso —sin duda, no exento de ingenio— de diferentes estéticas, discursos y géneros en el seno de sus obras (Varela y Bracamonte).

No son las únicas aristas posibles para pensar sus textos, pero resultan, a mi entender, algunas de las más sugerentes.

Y para lograr un intercambio vigoroso, le he propuesto a María Rosa Lojo transformar lo que sería un análisis integrador del volumen, a partir de la univocidad de mi propio abordaje, en una apuesta coral, en la que he pretendido enlazar sus textos con su discurso metaficcional y el de sus lectores, en pos de ese *diálogo de voces,* de un encuentro desde espacios y tiempos distintos, de una tentativa de anulación de esos espacios y tiempos... talentos que solo tienen, diría Cortázar, la palabra y la poesía.

Agradezco, desde este principio, el riguroso trabajo de los autores que componen este volumen y la cordialidad y predisposición de María Rosa Lojo, así como el apoyo de los editores de *A Contracorriente* y la colaboración de Enzo Cárcano en la edición del material.

Los invito, entonces, a transitar las páginas de este libro y a reencontrarnos en el *diálogo de voces* del epílogo.

Conjetura sobre un espacio de condensación de una poética

Jorge Bracamonte
Instituto de Humanidades, Universidad Nacional de Córdoba—Consejo Nacional de Investigaciones Científicas y Técnicas (CONICET)

I

En el presente ensayo reflexionamos sobre narraciones breves y brevísimas de María Rosa Lojo, prestando atención a diversas formas y esquemas genéricos, incluso antiguos o medievales, para considerar el trabajo de inversión y renovación artística —en nuevos marcos culturales y artísticos— que esta poética parece realizar con aquellas formas-contenidos.

"Golpeando a las Puertas del Cielo" resulta una extraña narración breve de María Rosa Lojo. Integra la sección titulada "Vida doméstica" del libro *Esperan la mañana verde* (1998), que a la vez fue incluido en la edición de *Bosque de ojos. Microficciones y otros textos breves* (2010). Después volveremos sobre los restantes textos de *Esperan la mañana verde*, pero por ahora queremos comenzar estas notas reflexionando sobre aquella narración.

Hay muchas maneras de mirar y tratar de sondear "Golpeando a las Puertas del Cielo". Tratándose de un fragmento en última instancia sibilino[1] —a pesar de su engañosa transparencia sintáctica—, con mayor razón surgen diferentes lecturas. Lo primero que subrayamos es el contraste entre la frase que presta título al texto y aquello que sigue inmediatamente: "Golpeando a las Puertas del Cielo para pedir prestada una taza de azúcar, medio limón, un vino, dos cucharas de aceite necesarios" (Lojo 2010, 103). No olvidemos la sección —"Vida doméstica"— que integra este relato. Aparece así, de entrada, aquel contraste indicado entre —podríamos decir— una expresión de lo sublime y sacro —"Golpeando a las Puertas del Cielo", así iniciadas con mayúsculas ciertas palabras—, y una enumeración de ingredientes alimentarios cotidianos, la rutina culinaria. Y en el medio, una construcción —"para pedir prestado"— que indica una posible relación de ayuda también de índole extremadamente ordinaria.

De este modo, ya desde las primeras líneas se perfila la condensada situación que luego, con matices, se pone en escena: alguien que pide, otra voz que contesta que el "Señor no está", la inutilidad y la indignidad de una súplica —aquel simple pedido de ayuda— desoída. Si antes caracterizamos la situación del relato como condensada, es porque en su brevedad y aparente simplicidad convergen una serie de cuestiones existenciales e, inclusive —y muy especialmente—, de resonancias religiosas. Sin dudas, en el logro de aquel rasgo —lo densificado—, colabora su carácter eminentemente simbólico:

> Golpeando a las Puertas del Cielo, vecina de intemperie, elevando bandejitas de súplica con una pequeña lista de pequeños dones que una Mano se niega a conceder. / Y la voz educada contesta: —El Señor no está, el Señor ha salido, yo no puedo decirle nada en Su Nombre, vuelva mañana por la mañana, a esa hora encontrará al Señor muy temprano, antes del alba. (Lojo 2010, 103, las mayúsculas del original)

Dicho simbolismo, de decidida connotación religiosa, se da porque aquello elevado que sublima lo cotidiano es lo trascendente, explicitado en los ambiguos "Señor", "Mano", "Su Nombre".

Aquello trascendente y de fuerte ambigüedad simbólica ya es anticipado por el epígrafe de Bob Dylan, perteneciente a la canción "Knockin' On Heaven's Door" que, precisamente en su traducción al español, presta título al relato. En esta, en su original inglés, "Cielo" equivale a "Paraíso" redentor, lo cual cambia en el texto de

Lojo por la ironía. Grabada originalmente en febrero de 1973 en el sello Columbia y perteneciente al álbum de Dylan *Pat Garrett & Billy The Kid*, aquella canción es, desde su aparición, una de las más populares de este poeta y cantautor. Leemos sobre "Knockin' On Heaven's Door":

> Three years had passed since his last studio album, and Dylan seemed a loss. So he accepted an invitation to go to Mexico for Sam Pekinpah's *Pat Garrett and Billy The Kid*, for wich he shot a bit part and did the soundtrack. For a death scene, Dylan delivered this tale of a dying sheriff, who wants only to lay his "guns in the ground". (*Rolling Stone* 2004, 126)[2]

La canción de Dylan es, en efecto, también un cuento: relata la súplica de ese *sheriff* que agoniza, mientras se despide de su madre, y cuya alma se halla a punto de entrar al Cielo[3]. Ese *sheriff* está agonizando, y la letra de la canción es su expresión-súplica mientras golpea "a las Puertas del Cielo" del Señor. La canción de Dylan tiene rasgos melancólicos y épicos, vinculados parcialmente al *western*, género al que pertenece el film de Peckinpah. Y en este sentido, aun cuando igualmente en el relato de Lojo está la común apelación al "Señor", aquí cambia de modo radical quien suplica —una mujer, sumergida en la rutina de tener que implorar por "una taza de azúcar…"—, que vive una situación de ser postergada en su pedido y ser humillada en la situación.

II

El relato de Lojo parece manifestar la situación paradigmática de estar "Golpeando a las Puertas del Cielo", pero a la vez trabaja dicha representación escatológica con un dejo de ironía. Y en aquello —ese carácter paradigmático que decimos— abreva el hecho de que sus protagonistas —el Señor, su siervo o sierva ("la voz educada"), la suplicante—, más que individuos en tanto personajes, sean especies. En otras palabras: las personificaciones actuantes en el relato parecen antes bien representaciones de un conjunto de personas semejantes entre sí, por tener una o varias características comunes, más que individualidades. Esto, que podría parecer un elemento criticable desde una estética presuntamente moderna, en lo que sigue de nuestra argumentación, aspiramos que devenga un elogio. En efecto, vale la pena recordar aquí el texto de Jorge Luis Borges "De las alegorías a las novelas":

> De tales conceptos (…) ha procedido, a mi entender, la literatura alegórica. Ésta es fábula de abstracciones, como la novela lo es de individuos. Las abstracciones están personificadas; por eso, en toda alegoría hay algo novelístico. Los individuos que los novelistas proponen aspiran a genéricos (Dupin es la razón, Don Segundo Sombra es el Gaucho); en las novelas hay un elemento alegórico. / El pasaje de alegoría a novela, de especies a individuos, de realismo a nominalismo, requirió algunos siglos. (Borges 1974, 746)

Las novelas, y en general la narrativa moderna escrita, encuentran uno de sus decididos antecedentes, según la observación borgiana, en la alegoría medieval, cuando hay un paso de un relato centrado más en la especie que en un individuo, tipo de personaje —este último— que adquiere luego mayores posibilidades y matices de manifestación en lo novelesco moderno. De todos modos, si la alegoría es más bien un género representativo de otros momentos históricos de la literatura y la cultura, en particular el Medioevo, su uso se actualiza con diferentes alcances en otras coyunturas posteriores: Walter Benjamin enfatiza su importancia en el drama barroco alemán y en las vanguardias europeas modernas, y Peter Bürger retoma a aquel y acentúa todavía más el valor del procedimiento actualizado por el decisivo uso de la alegoría por parte de ciertas vanguardias del siglo XX en contextos muy diferentes.

Bürger señala, a manera de síntesis: "Si se descompone el concepto de alegoría obtenemos el siguiente esquema: 1. Lo alegórico arranca un elemento a la totalidad del contexto vital, lo aísla, lo despoja de su función. La alegoría es, por tanto, esencialmente un fragmento, en contraste con el símbolo orgánico…" (1997, 131). Por lo tanto, decimos que, ya desde su gráfica, "Golpeando a las Puertas del Cielo" (tanto en la canción de Dylan como en el texto de

Lojo) construye una historia esencial, conceptual, que parece arrancada de otro contexto —sacro, por ejemplo—, pero es colocada en un nuevo contexto (ese "Señor" que parece de los "Cielos", pero que en la narración de Lojo deviene un "Señor" poderoso, omnipotente en términos terrenales). Bürger sigue:

> 2. Lo alegórico crea sentido al reunir esos fragmentos aislados de la realidad. Se trata de un sentido dado, que no resulta del contexto original de los fragmentos. 3. Benjamin interpreta la función de lo alegórico como expresión de melancolía (…). El trato de lo alegórico con las cosas supone un intercambio prolongado de simpatía y hastío (…). 4. También alude Benjamin al plano de la recepción. La alegoría, cuya esencia es el fragmento, representa la historia como decadencia: "en la alegoría (reside) la *facies hippocratica* (o sea el aspecto fúnebre) de la historia como primitivo paisaje petrificado de lo que se ofrece a la vista. (1997, 131-132)

Podemos decir que, en la narración de Lojo, se condensan varios de los rasgos señalados. Y además está lo que irradia la narración. "Golpeando a las Puertas del Cielo" reúne fragmentos aislados de distintas realidades: un "Señor" que está entre una altura aparentemente divina y otra de supremo poder terrenal, una intermediaria o intermediario servicial y una suplicante kafkianamente condenada. En el sentido final, el texto de Lojo toma elementos comunes con la canción-relato de Dylan y va en un sentido contrario. En vez de transmitir una idea de esperanzas de piedad y redención (como ocurre ambiguamente con la súplica del *sheriff* mientras agoniza), se percibe en el texto de Lojo un intenso sentido de desesperanza y condena. Por eso decíamos antes que aquí hay una atmósfera kafkiana, incluso porque, en la fábula construida por Lojo, hay asimismo un decisivo tono irónico que funciona como un anticlímax que relativiza la deprimente disforia y el peso de la gravedad de la situación, como según nuestra lectura también suele suceder en las narraciones kafkianas. Entendemos la ironía como cercana a la parodia, tal como Bajtín lo señala: "Al discurso de la parodia le es análoga toda utilización irónica y en general ambivalente de la palabra ajena." (1989, 271). Si queremos, en el uso irónico de la palabra o representación verbal ajena, hay mayor ambigüedad, mayor ambivalencia que en la parodia, y el sentido no parece tan absolutamente opuesto a la orientación de aquella palabra del otro (Bajtín 1989, 270). Pero lo irónico en el relato de Lojo sobre todo se ubica en los contrastes abiertos –dotados incluso de ciertos tonos levemente burlescos- entre las representaciones de lo aparentemente sublime y lo simuladamente cotidiano y vulgar, no tanto en la tensión entre diferentes discursos: "Golpeando a las puertas del Cielo para pedir prestada una taza de azúcar" (Lojo 2010, 103); "en bata de dormir, con pantuflas de invierno, a golpear la Puerta del Señor que reserva sus secretos." (Lojo 2010, 104). Tonos y representaciones contrastantes que, combinadas, contribuyen aquí con aquello que Ítalo Calvino definía como el efecto de la levedad respecto a lo grave, pensando el escritor italiano en varios textos de la antigüedad y de la modernidad, como los del mismo Franz Kafka o Milan Kundera (Calvino 1992, 13-41).

Ahora bien, podemos entender que la mencionada narración tiene parentescos con una estructura genérica alegórica. Y más todavía si tenemos en cuenta aquello que Paul Ricoeur subraya: "Lo mismo se podía decir de la *alegoría* que también 'presenta un pensamiento bajo la imagen de otro, más adecuado para hacerlo más sensible o incisivo que si fuera presentado directamente y sin velos'" (Goodman citado en Ricoeur 2001, 86). Pero aquí mismo, dentro de su estructura general alegórica, la narración de Lojo, a su vez, se precisa mejor si la pensamos con los rasgos de otro género antiguo, la parábola, sin dudas emparentado con lo alegórico y, en un sentido general, con lo metafórico: "Narración simbólica de la que se desprende una enseñanza moral (V. Alegoría, apólogo, fábula, máxima, moraleja)" (Moliner 1997, 634)[4]. Tal vez "Golpeando a las Puertas del Cielo" —el escrito de Lojo— segregue, en su ambigüedad, esta enseñanza en tanto parábola: el poder omnímodo solo puede pretender la humillación como su correlato... Pero aún así, a la vez, siempre puede haber un resto de resistencia interior de toda subjetividad a esa pretendida humillación: "Ella baja, humillada con furia, quebrando las ramas del árbol por donde ascendió" (Lojo 2010, 103); "mientras sube, torpe, obstinada" (Lojo 2010, 104).

III

Asimismo, en "Golpeando a las Puertas del Cielo", podemos releer:

> Ella baja, humillada con furia, quebrando las ramas del árbol por donde ascendió —acaso no vuelvan a retoñar y la escala se corte. Ella se arroja sobre la tierra estrujando su papel en las manos con la taza vacía. Nunca ha llegado tan temprano para encontrar al Señor, nunca llegará. Él sabe que la codicia de la suplicante no tiene medida, que el azúcar y el vino y el aceite, se escurren por el hueco del deseo y que todos los dones arderán vanamente en alambiques de transmutación. (Lojo 2010, 103)

Ese "hueco del deseo" remite a aquello general y particular que la suplicante quiere, y es ante esto que el "Señor" parece tomar sus prevenciones. Pero igualmente "El hueco del deseo" es una designación que indica la atmósfera onírica, de sueño y de pesadilla, que envuelve y define el relato (y que es un tono y una atmósfera en la que, habitualmente, abrevan los relatos breves de Lojo). Para nosotros, en esa expresión —el "hueco del deseo"—, está una de las claves de dicho texto: las otras claves pueden estar en sus contadas personificaciones de "especies", sus mínimas acciones y en el ambiguo título "Golpeando a las Puertas del Cielo" que lo tiñe en toda su breve extensión. A partir de ese tipo de expresiones, podemos apreciar el carácter preciso y a la vez de pesadilla de aquello que leemos. Y se pueden inferir los rasgos de desplazamiento, condensación e investimento o disfraz —por ejemplo, que un "Señor" todo bondad y piedad devenga un "Señor" cruel, sádico—, tan importantes por igual en la generación de los sueños, de narraciones breves como la tratada y del trabajo con lo metafórico en general (Freud 1979, 285-343; Ricoeur 2004, 7-35). En esta atmósfera puede adquirir toda su intensidad la reacción de sorda rebeldía de la suplicante frente a la humillación, que puede insinuarse eterna: "Ella baja, humillada con furia…", y la eternidad de una historia que supuestamente está destinada a repetirse —"Pero ella volverá a golpear a las Puertas del Cielo pidiendo una taza de azúcar para engañar la boca de la muerte, y un vino oscuro para encerrar el tiempo en la fiesta del cuerpo (…) mientras sube torpe, obstinada, envejeciendo, en bata de dormir (…) a Golpear la puerta del Señor que reserva sus secretos" (Lojo 2010, 103-104)—, culminación donde se acentúa la pregnancia onírico-poética.

Y en esto, desde esa emergencia de lo onírico, y en ello de lo inconsciente y aún a pesar de la brevedad, es posible ver cómo se insinúa la configuración de esa otredad de la suplicante, manifestando o al menos sugiriendo el texto la instalación del "terreno de lo otro" (Cortázar 2004, 111). Podemos conjeturar que, desde estas características, en la fábula que se cuenta, convergen una serie de rasgos poéticos en lo formal y de sugestión simbólica, que explican la ambigüedad que define no solamente "Golpeando a las Puertas del Cielo", sino asimismo a todos los textos de *Esperan la mañana verde*.

Esta densidad simbólica, onírica, poética, es aquello que renueva, que otorga otros posibles sentidos al esquema básico parabólico actualizado por el relato en cuestión. Así, formas genéricas clásicas, provenientes de la extensa y espesa historia literaria —tradición— se ven renovadas, resultan actualizadas para una nueva recepción, por su enlace con un trabajo poético y simbólico singular. Tal vez sin filiarse como surrealista, dicho trabajo en Lojo, para densificar la ambigüedad, es tributario de tradiciones altamente simbólicas, mixturadas, heterodoxas, como el gótico y lo neorromántico que, a su vez, explica por qué se revalorizan aquellas formas antiguas y medievales del relato —lo alegórico, lo parabólico—, pero para reconectarlas con nuevas posibilidades de sugestión.

IV

Hasta aquí hemos evitado redundar usando el término microficción o microrrelato. Pero, por supuesto, como la misma autora designa parte de los textos en la edición de 2010, algunos de estos relatos breves se enmarcan genéricamente en las microficciones. Ya volveremos sobre esto. Aquí queremos contrastar y complementar, en un camino sucinto, "Golpeando a las Puertas del Cielo" con otros textos breves de "Vida doméstica" y las otras secciones de *Esperan la verde mañana*.

En los otros relatos breves —"Té de las cinco", "Ruptura", "Órdenes" o "Afuera"—, se toman detalles de concentradas situaciones cotidianas, o habituales al menos, de una manera discretamente verosímil, sin excesivas explicaciones o descripciones, y desde allí, con sugestión y ambigüedades, se exploran atmósferas de extrañamiento. Ahora bien, en la sección "Vida doméstica", junto a "Golpeando a las puertas del Cielo", hay otro relato, "Estructura de las casas", donde igualmente hay varios personajes implicados; un rasgo que distingue ambas pequeñas historias. En cambio, en otras narraciones se suceden cavilaciones de un personaje, reflexiones que, a la vez, se pueden tensar entre lo que realmente sucede y acciones virtuales —como ocurre en "Órdenes", en el matiz que existe entre su frase de apertura, "Todos las noches la mujer recibe un sobre donde están escritas las órdenes del sueño…", y la que abre su segundo párrafo: "Luego sabe que marchará descalza por las orillas de un río hasta llegar a una casa de piedra" (Lojo 105). Nuevamente lo onírico, lo virtual, lo poético, definiendo la fábula.

Así, en general, en estas microficciones, a partir de esas situaciones y fábulas mínimas, se adensan las atmósferas y suscitaciones simbólicas en la medida que "lo simbólico es la mediación universal del espíritu entre nosotros y lo real; lo simbólico quiere expresar ante todo el carácter no inmediato de nuestra aprehensión de la realidad" (Ricoeur 2004, 13). Esto se acentúa en las otras secciones de *Esperan la mañana verde* —"Vampiros, dragones y otras metamorfosis" y "Viajes"—, donde las narraciones, la mayoría trazadas entre personificaciones y fragmentos de fábulas góticas y legendarias, y lo poético, manifiestan con diferentes variantes —a veces más realistas, a veces sibilíticas, como dijimos al principio de este ensayo— lo apuntado a propósito del texto que dialoga con aquella canción de Dylan.

Quizá por su cercanía, pero también por su diferencia, se puede leer un texto como "Dragones" en comparación con el primer relato ya extensamente comentado. Y es que también resulta sibilítico, pero partiendo de lo habitual dado —"Noche tras noche se construye en la casa un andamiaje silencioso. Los habitantes dejan sus ropas de vivir y su torpe calzado de recorrer ciudades que no miran" (Lojo 2010, 83)—, y sobre esto, a la noche, aquellos habitantes cómplices —no en conflicto, como en "Golpeando a las Puertas del Cielo"— traen a la vida, imaginariamente, "llameantes (…) cabezas de dragones" (Lojo 2010, 83). La cercanía entre ambos relatos, y entre los diversos del libro, es su apelación a descifrar posibles sentidos ocultos. Pero, si en el texto inspirado en el verso de Dylan la alegoría-parábola era un esquema que imantaba lo onírico y poético, en "Dragones" lo gótico está superpuesto a lo cotidiano y habitual aludido. En definitiva, estas diferencias que señalamos son matices. Estas microficciones, y todos los textos breves que componen el libro, se abren, desde procedimientos artísticos y cognoscitivos como los aludidos, a las dimensiones simbólicas.

V

Laura Pollastri señala sobre la microficción o microrrelato:

> Ahora bien ¿Cuáles son los rasgos de esta forma cuya trayectoria he querido apuntar? Por una parte, la brevedad. No quiero entramparme en el conteo de palabras para trazar una férrea línea divisoria entre lo que es un microrrelato y lo que es un cuento (…). Sí importa que en el microrrelato todo está dicho con menos palabras que las necesarias, mientras que sus componentes, en su totalidad, funcionan como estrategias narrativas; todo cuenta, en el sentido "económico" —todo suma— a la vez que, en el sentido "narrativo" del término, todo relata (…) si por un lado es parco en su formulación verbal, por el otro abunda en gestos que obligan al lector a volver sobre sus pasos. (2007, 14-15)

Pollastri además puntualiza otros rasgos. Por ejemplo, a veces, el humor. Otro procedimiento: un empleo especial de los recursos de la lengua, como el doble sentido, la plurisemia y la ambigüedad. Y, como en la poesía, en el microrrelato, "la lengua opera por su valor sonoro generando un laborioso trabajo de sonidos y silencios, de lazos intermedios y profundos, de repeticiones…" (Pollastri 2007, 17). Asimismo, el microrrelato se sirve, de manera recurrente, del empleo del intertexto, aludiendo directa o indirectamente a este —el verso de Dylan en el microrrelato de Lojo—, o inclusive reinventando parcial o totalmente aquellos intertextos. Finalmente, Pollastri destaca el carácter fragmentario de la microficción.

Sin dudas, los textos de Lojo aludidos dialogan con las leyes del género microrrelato, allí se enmarcan y también innovan. En el presente ensayo, hemos propuesto pensar, reflexionar sobre dichas narraciones breves y brevísimas, prestando atención a diversas formas y esquemas genéricos, incluso antiguos o medievales, para considerar el trabajo de inversión y renovación artística —en nuevos marcos culturales y artísticos— que esta poética parece realizar con aquellas formas-contenidos[5]. En particular, nos ha parecido interesante detenernos en aquella forma alegórica y parabólica —porque la reelaboración de esta escritura la hace jugar indecidible entre ambos géneros casi equivalentes—, para apreciar cómo aquella forma es enriquecida y actualizada por sus maneras de imantar y combinarse con modalidades poéticas diversas de trabajar el lenguaje, lo ambiguo y las nuevas densidades simbólicas que abre o reabre desde aquellas formas provenientes de distintas tradiciones literarias y culturales. Si queremos, hemos tratado de pensar ciertas lógicas internas —girando en torno a ciertos textos concretos— de las maneras en que se configuran los microrrelatos en esta poética —al menos en el libro en el cual hemos puesto el foco. Y a la vez, al converger en aquello lo narrativo y lo poético, el relato y lo metafórico, nos permitimos conjeturar si no podría existir en este tipo de textos de la escritora un espacio, un nudo de condensación de la conformación de su estética —en tanto práctica artística, pero también como búsqueda programática y reflexiva compañera de aquella práctica, con sus variaciones y matices, a lo largo del tiempo.

En los rasgos diversos pero convergentes que hemos señalado en las líneas previas, puede entreverse además cómo la poética de Lojo reelabora genealogías y herencias artísticas —y en ellas las posibilidades implicadas de conocer y saber— tributarias de corrientes simbólicas y neorrománticas, tanto en lo poético como en lo narrativo, articulándose así con un trabajo flexible con la escritura y el lenguaje. Por esto, pueden verse esas confluencias entre, por ejemplo, lo alegórico y la apertura a las formas abiertas de lo onírico. Y desde aquí, para concluir y pensando estas consideraciones solo en relación con las microficciones y otros textos breves de la escritora, podemos aventurar la ubicación de libros como los incluidos en *Bosque de ojos. Microficciones y otros ensayos breves* en el devenir de la literatura argentina.

Podría decirse entonces que, por lo pronto, *Historia del Cielo* (2010), *Esperan la mañana verde* (1998), *Forma oculta del mundo* (1991) y *Visiones* (1984), aquellos libros que conforman *Bosque de ojos*, integran ese linaje de libros misceláneos que, cada tanto, llaman la atención desde su singularidad y difícil clasificación en la literatura argentina: *El hacedor*, de Borges, *La vuelta al día en ochenta mundos* y *Último round*, de Cortázar. Y junto a ellos, y entre otros, la tradición de textos modernistas de fines del siglo XIX y principios del siglo XX, y también algunos libros de dificultosa catalogación de varios poetas argentinos, donde los cruces entre la prosa y lo poético y el fragmentarismo son asimismo definitorios[6]. Por esto, no ha sido ocasional que casi arrancáramos estas notas remitiendo a un ensayo de Borges y que luego, en algún momento, a propósito de lo *otro* en el gótico, citáramos a Cortázar. Algunos de estos nombres y referencias nos permiten concluir articulando los elementos de la conjetura que hemos deslizado durante estas páginas, y dejando un marco para el libro, para los libros en los que aquí hemos puesto el foco, en los que, a nuestro criterio, la poética de Lojo acentúa los desafíos del desciframiento desde la intensidad de la condensación y la ambigüedad.

Notas

1. Antes que hermético, nos parece más apropiado definir este tipo de relatos como sibilino. Tomamos esta definición de "sibilino" o "sibilítico: "Se aplica a las expresiones a que se atribuye un sentido profético. (Fig.). También a las expresiones que encierran un sentido oculto o misterioso o al tono con que se dice algo como si lo tuviera" (Moliner 1160).

2. "Tres años han pasado desde su último álbum, y Dylan parecía en una etapa de desorientación. Así, él aceptó una invitación para ir a México para el film *Pat Garrett and Billy The Kid* de Sam Pekinpah, para el cual él rodó una pequeña parte e hizo la banda de sonido. Para una escena de muerte, Dylan realizó este cuento de un *sheriff*, quien quiere solo poner su 'pistola en el suelo'" (nuestra traducción).

3. "Mama, take this badge from me/ I can't use it anymore/ It's getting'dark, too dark to see/ Feels like I'm knockin' on heaven's door./ Knock knock knockin' on heaven' door/ Knock knock knockin' on heaven's door/ Knock knock knockin' on heaven's door/ Knock knock knockin' on heaven's door/ Mama, put my guns in the ground/ I can't shoot them anymore./ That cold black cloud is comin' down./ Feels like I'm Knockin' on heaven's door./ Knock knock knockin' on heaven's door/ Knock knock knockin' on heaven's door/ Knock knock knockin' on heaven's door/ Knock knock knockin' on heaven's door". ["Madre, quítame esta insignia/ No la puedo usar más/ Se está poniendo oscuro, muy oscuro para ver/ Siento como si estuviese tocando la puerta del cielo/ golpe golpe golpeando a las puertas del cielo/ golpe golpe golpeando a las puertas del cielo/ golpe golpe golpeando a las puertas del cielo/ golpe golpe golpeando a las puertas del cielo/ Mamá, pon mis pistolas en el suelo/ No las puedo disparar más/ Esa fría nube negra está bajando/ Siento como si estuviese tocando la puerta del cielo/ golpe golpe golpeando a las puertas del cielo/ golpe golpe golpeando a las puertas del cielo/ golpe golpe golpeando a las puertas del cielo/ golpe golpe golpeando a las puertas del cielo"] (nuestra traducción libre. Hemos considerado además que la versión en español se adapte en parte a la música original del inglés. Para este juego —repetir onomatopéyicamente "golpe golpe", por ejemplo— tenemos en cuenta no solo que "knocking" es gerundio y participio presente de "To knock" —'tocar, golpear'—, sino que, además, como nombre, significa "aldabonazo, llamada a la puerta" [*The American Heritage* 798]; por supuesto, dejamos "a las puertas

del cielo" en vez de los literales "tocando la puerta del cielo" o "golpeando la puerta del cielo" —como algunos suelen traducir esta lírica— para que sea coherente con el juego intertextual del cuento de Lojo y porque así también, en plural, se suele usar el título en español).

4   Son numerosas las genealogías artísticas de las parábolas. Para comenzar, están las evangélicas. Pero en relación con la literatura moderna, quizá se puedan tener en cuenta referencias como la siguiente: "Son agudas narraciones en verso de Wolfgang Goethe (1749-1832) reunidas en una publicación especial con este título en el volumen *Poesías* (V) desde la edición de 1815 (Vol. II); un grupo de composiciones sucesivas se añade en la edición de 1827; finalmente, en la edición de Weimar, también algunas poesías han sido clasificadas. Entre las más sutiles parábolas notaremos "El Dilettante y el crítico", de 1773..." (González Porto-Bompiani 871). La mención de Goethe puede resultar demasiado circunstancial aquí. Pero si tenemos en cuenta su incidencia en la poética de Kafka, quien a su vez gusta y cultiva de narraciones alegóricas y parabólicas, y el quizá inesperado eco de lo kafkiano en Lojo, aquella alusión podría resultar apropiada para la línea de nuestra reflexión. Sobre Kafka y Goethe ver Gusmán 93-103.

5   No desconocemos, por cierto, la oposición que hubo entre los géneros góticos, en tanto provenientes de lo medieval y revalorizados por el naciente romanticismo del siglo XVIII, y algunos géneros antiguos clásicos, en particular, la epopeya clásica. Pero otros géneros antiguos, como la alegoría y la parábola, adquirieron alta valoración en el Medioevo, y así encontraron luego afinidad central con la estética romántica. Al respecto, puede consultarse el "Prólogo. El absoluto literario" de Philippe Lacoue-Labarthe y Jean-Luc Nancy, a su *El absoluto literario. Teorías de la literatura del romanticismo alemán* (15-42). En los textos de Lojo aquí referidos, vemos esa actualización de lo alegórico y parabólico con sugestión gótica, en una renovada consonancia neorromántica.

6   Pensemos en el carácter sugestivo y simbólico que adquieren ciertos textos breves —ya sean cuentos o poemas en prosa— como "Fugitiva", "La muerte de Salomé", "El parque central" o "Stella", de Rubén Darío en *Azul. Cuentos. Poemas en prosa*. Con otras características, asimismo, resulta ejemplar el cruce entre breves narraciones y, por supuesto, lo poético, en ciertos textos-postales de *Veinte poemas para ser leídos en el tranvía*, de Oliverio Girondo. Esto para dar dos casos representativos de lo que señalamos respecto a los antecedentes

en poetas modernistas y vanguardistas latinoamericanos de poéticas del siglo XX argentino. En relación con tradiciones y marcos presentes donde repensar las microficciones de Lojo, sugerimos tener en cuenta los textos incluidos en la ya citada antología sobre el género organizada por Laura Pollastri y en otras publicaciones como *Brevedades. Antología argentina de cuentos re-breves*; en ambas, por supuesto, se incluyen microrrelatos de Lojo. Sobre lo gótico —y cómo esta tradición estética actualiza lo medieval y legendario en afinidad con el valor que le otorgan a lo irracional y al inconsciente el romanticismo y posteriormente, en diferentes momentos históricos, diversos neorromanticismos—, por supuesto, tenemos en cuenta —aunque no exclusivamente— el clásico estudio de Rosmary Jackson (97-126). Para una visión actualizada y enmarcada sobre el gótico, para contactar posibles desarrollos de este durante los siglos XIX y XX en Argentina, en torno a la obra de Eduarda Mansilla (1834-1892), véase en particular "Gótico rioplatense: poéticas de la imaginación y la desmesura", de Jimena Néspolo (19-24). Allí Néspolo destaca, entre varios autores, al Antonio Di Benedetto de *Mundo animal* (1953), libro de cuentos gótico y fantástico de modalidad novedosa (pensamos en microrrelatos como "Mariposas de Koch" y "Reducido", verdaderos precursores de los caminos en que se construyen luego algunas microficciones de Lojo cuya conformación desde lo onírico hemos resaltado), y a Cortázar, "primero en hablar del 'gótico en el Río de la Plata'" (Néspolo 24). Como un marco más amplio, no centrado en la reflexión sobre el género microrrelato sino en los modos en que se combinan lo gótico y variantes del realismo, pensados en particular desde las conjugaciones y reelaboraciones de tradiciones románticas y neorrománticas, cabe destacar los hondos alcances que aquellos rasgos estéticos alcanzan en afinidad en las poéticas de dos escritores argentinos que son referencias centrales en el pensamiento crítico y las tradiciones en las que abreva la poética de Lojo: la mencionada Eduarda Mansilla y Ernesto Sábato —que suelen conjugar gótico y realismos en narraciones más bien medianas o extensas— (Sábato; Lojo 1997).

Referencias bibliográficas

Bajtín, Mijaíl. 1989. *Problemas de la poética de Dostoievski*. Traducido por Tatiana Bubnova. México: Fondo de Cultura Económica.

Benjamin, Walter. 1990. *El origen del drama barroco alemán*. Traducido por José Muñoz Millanes. Madrid: Taurus.

Berti, Eduardo et al. 2013. *Brevedades. Antología argentina de cuentos re-breves*. Buenos Aires: Manoescrita.

Borges, Jorge Luis. 1974. *Obras Completas 1923-1972*. Buenos Aires: Emecé.

Borges, Jorge Luis. 2014. *El aprendizaje del escritor*. Buenos Aires: Sudamericana.

Bürger, Peter. 1997. *Teoría de la vanguardia*. Traducido por Jorge García. Barcelona: Península.

Calvino, Ítalo. 1992. *Seis propuestas para el próximo milenio*. Traducido por Aurora Bernárdez. Madrid: Siruela.

Cortázar, Julio. 2004. "Notas sobre lo gótico en el Río de la Plata". En *Obra Crítica/3*. Edición de Saúl Sosnowski. Buenos Aires: Suma de Letras.

Darío, Rubén. 1969. *Azul…Cuentos. Poemas en prosa*. Madrid: Aguilar.

Di Benedetto, Antonio. 1971. *Mundo animal*. Buenos Aires: Fabril Editora.

Freud, Sigmund. 1979. *La interpretación de los sueños I-II*. Traducido por José Luis Echeverry y Leandro Wolfson. Madrid-Buenos Aires: Amorrortu.

Girondo, Oliverio. 1968. *Obras*. Buenos Aires: Losada.

González Porto-Bompiani. 1959. *Diccionario literario. De obras y personajes de todos los tiempos y de todos los países*. Tomo VII. Barcelona: Montaner y Simon S.A.

Gusmán, Luis. 2014. *Kafkas*. Buenos Aires: Edhasa.

Jackson, Rosmary. 1986. *Fantasy. Literatura y subversión*. Traducido por Cecilia Absatz. Buenos Aires: Catálogos.

Lacoue Labarthe, Philippe y Jean-Luc Nancy. 2012. *El absoluto literario. Teorías de la literatura del romanticismo alemán*.

Traducido por Cecilia González y Laura Carugati, Buenos Aires: Eterna Cadencia.

Lojo, María Rosa. 2010. *Bosque de ojos. Microficciones y otros textos breves*. Buenos Aires: Sudamericana.

Lojo, María Rosa. 1997. *Sábato: en busca del original perdido*. Buenos Aires: Corregidor.

Mansilla, Eduarda. 2015. *Creaciones (1883)*. Edición, introducción y notas de Jimena Néspolo. EALA siglos XIX y XX. Buenos Aires: Corregidor.

Moliner, María. 1997. *Diccionario del uso del español*. Madrid: Gredos.

Pollastri, Laura, ed. 2007. *El límite de la palabra. Antología del microrrelato argentino contemporáneo*. Palencia, España: Menoscuarto.

Ricoeur, Paul. 2001. *La metáfora viva*. Traducido por Agustín Neira. Madrid: Cristiandad-Trotta.

Ricoeur, Paul. 2004. *Freud: una interpretación de la cultura*. Traducido por Armando Suárez, Miguel Olivera y Esteban Inciarte. México: Siglo XXI.

Rolling Stone. Special Collectors Issue 963. The 500 Greatest Songs of All Time. 2004. New York: Rolling Stone.

Sábato, Ernesto. 2009. *Sobre heroes y tumbas. Edición crítica*. Coordinada por María Rosa Lojo. Córdoba: Alción Editora-Archivos.

The American Heritage Spanish Dictionary. Spanish/English, Inglés/Español. 2001. Boston-New York: Houghton Mifflin Company.

Memorias de la inmigración en la narrativa latino-americana contemporánea: Lectura comparada de *Árbol de familia* (2010), de María Rosa Lojo, y *Nihonjin* (2011), de Oscar Nakasato[1].

Antonio R. Esteves
Facultad de Ciencias y Letras de la Universidade Estadual Paulista - UNESP, Campus de Assis, Brasil

Migraciones, exilio, diáspora, destierro y sus memorias

Es prácticamente un lugar común tratar de la saga de las grandes masas migratorias que cruzaron los océanos buscando un lugar que les brindara las condiciones de vida que no tenían en sus tierras de origen. Dicho proceso, común a lo largo de la historia de la humanidad, se acentúa en la segunda mitad del siglo XIX y las primeras décadas del siglo XX, como consecuencia de los profundos cambios provocados por la Revolución Industrial. Muchos europeos y no pocos asiáticos, expulsados de sus tierras por la reorganización económica causada por la industrialización, decidieron partir rumbo al continente americano, considerado tierra de la promisión. "Hacer la América" (Fausto) se transformó en una expresión común en ese período y, en dicho contexto, Brasil y la Argentina fueron destinos privilegiados, además del norte del continente, para los grandes grupos humanos que salían buscando un futuro mejor para sí y para sus descendientes.

En la mentalidad de muchos de los emigrantes, el desplazamiento sería provisorio, debiendo durar lo suficiente para acumular algún capital que permitiese regresar con los problemas económicos resueltos. En la mayor parte de los casos, sin embargo, la separación fue definitiva, y ellos tuvieron que integrarse a la nueva tierra, tratando de asimilar la cultura local al tiempo que eran asimilados por ella. El trauma de la no realización del deseo inicial y la confrontación con la realidad posterior suelen estar en el *cerne* de los relatos que pasaron a enriquecer el proceso de mezcla que dio origen a esa entidad multicultural que llamamos Latinoamérica.

Entre los desterrados y sus descendientes, desplazados en general por motivos económicos, pero también por motivos políticos, ideológicos o religiosos, el proceso de borradura de la identidad original y construcción de la nueva identidad es largo y traumático. Hay una confrontación de la identidad antigua, construcción discursiva que trata de mantenerse viva en la memoria de aquellos que abandonaron su tierra, con el deseo de las nuevas generaciones de dejar de ser diferentes e integrarse a la nueva cultura. Hay, además, una presión, a veces violenta, de la cultura local que, en un movimiento simultáneo de atracción y rechazo, trata de forzar la integración de los que llegan a las nuevas costumbres, al tiempo que desprecia muchos elementos culturales aportados por ellos.

Cada grupo trata de elaborar la memoria de su experiencia de integración o no-integración a su nuevo espacio de un modo particular. Dichos discursos cambian en el espacio y en el tiempo. Es difícil y complicado elaborar una cartografía de esas experiencias que ocurren en el lapso de una extensa historia de intersecciones culturales.

Hay grupos que inicialmente se apegan más a las particularidades de sus culturas originales para, más tarde, conscientes del imposible regreso, tratar de ir insertándose en las culturas de los países en que viven. Otros, por variados motivos, habiendo casi cortado totalmente los vínculos con su tierra originaria, en dos generaciones prácticamente ya habían olvidado aquellas identidades construidas y reverenciadas por los antepasados. En algunos casos, es imposible hasta ubicar la tierra de origen de aquellos antepasados o identificar elementos de aquella cultura.

En dicho contexto, el presente trabajo discute dos casos que presentan varios puntos similares allende algunas disensiones: la inmigración española en la Argentina y la inmigración japonesa en Brasil, que son el tema de dos novelas contemporáneas. Tejidas en una especie de entrelugar (Santiago 2000) de la historia, de la memoria y de la ficción, las novelas *Árbol de familia* (2010), de la argentina de origen español María Rosa Lojo, y *Nihonjin* (2011), del brasileño de origen japonés Oscar Nakasato, tratan de reconstruir una modalidad de memoria de la diáspora de los grupos tratados. Cada cual a su manera, los relatos aquí analizados elaboran la memoria de la gesta familiar del protagonista narrador mediante relatos de extracción histórica (Trouche) en el ámbito de la metaficción historiográfica (Hutcheon) o nueva novela histórica latinoamericana (Perkowska), según se prefiera.

En el caso argentino, la narradora cuenta la saga de una familia de españoles constituida por una rama gallega y una rama castellana de origen andaluz, emigrantes y refugiados de la guerra civil española en la Argentina. La novela brasileña, también a través de la voz de un narrador en primera persona, cuenta la historia de cuatro generaciones de una familia de japoneses que se fijó en Brasil y cuya inmigración acabó por transformarse en exilio, ya que no pudieron regresar a su tierra de origen.

La Argentina fue el principal polo receptor de emigrantes españoles, tanto en el periodo de las llamadas grandes migraciones o migraciones de masa (Klein 1999, 23), ocurrido entre 1880 y 1930, como en el momento posterior a la guerra civil española (1936-1939), cuando, además de la inmigración tradicional movida por motivos económicos, también hubo un gran ingreso de desterrados que tuvieron que abandonar el país por motivos político-ideológicos. Además, incluso para los que no estuvieron directamente involucrados en el conflicto, la vida en España se hizo difícil, tanto por el ambiente de total represión política como por la falta de opciones de trabajo en una economía destrozada por la guerra.

Entre los españoles que ingresaron en la Argentina, más de una tercera parte estaba constituida por gallegos (Silberstein 1999,

109) que, por motivos diversos, salieron de su tierra, tradicional centro productor de emigrantes. Su inserción en la sociedad argentina, en líneas generales, no fue demasiado traumática comparada con otros grupos de inmigrantes, ya que las condiciones climáticas ayudaban a la adaptación y las barreras lingüísticas y culturales no eran difíciles de vencer. Aunque pertenecientes a una cultura diferente, desde España, los gallegos estaban acostumbrados a un constante proceso de negociación entre dos culturas, su cultura gallega original y la cultura española de las élites dominantes política y económicamente.

Curiosamente, al contrario de lo que ocurría en su tierra, en donde eran esencialmente agricultores o pescadores, en la Argentina, también siguiendo la tendencia de los inmigrantes españoles en general, muchos gallegos se fijaron en los centros urbanos, dedicándose, en general, a la prestación de servicios o al comercio de pequeño porte. Aunque en determinados periodos haya predominado el clásico caso de inmigración masculina, hombres solteros en general, también hubo presencia de mujeres solas y de familias, además del caso de las mujeres que venían para casarse con varones ya conocidos.

Del mismo modo, los gallegos mantuvieron, más que otros grupos, un tránsito constante entre el Nuevo y el Viejo Mundo, según los momentos de inestabilidad económica y las necesidades familiares y/o personales. Más tarde, el largo período de la casi interminable dictadura franquista cercenó en cierta medida dicha movilidad, que volvió a ocurrir tan pronto desapareció el dictador. Ello coincidió con la entrada de la Argentina en una cruenta dictadura militar que hundió el país en un período de gran crisis económica que causó una inversión en los destinos. Muchos argentinos hicieron el camino opuesto y se fijaron en la tierra de sus antepasados. Buena parte de esos temas se tratan de modo directo en la novela de María Rosa Lojo.

La inmigración japonesa fue una de las más importantes de Brasil. Representó un quinto del contingente de inmigrantes que ingresó en el país hasta 1939, después de portugueses, italianos, españoles y alemanes (Alvim 1998, 233). En el caso del estado de São Paulo, ellos representaron el cuarto grupo, después de italianos, españoles y portugueses. Pese a la resistencia de sectores de las élites brasileñas que temían el ingreso de no blancos en el país, los japoneses fueron la alternativa para suplir la falta de mano de obra en las haciendas de café paulistas, después de la bajada del ingreso de europeos, causada por la prohibición de la emigración en algunos de aquellos países.

La llegada de japoneses empezó en 1908, pero su auge ocurrió entre 1924 y 1941, periodo que concentró alrededor del 70% de los ingresantes (Sakurai 1999, 215). Se trató de una inmigración tutelada, subsidiada y estimulada por las dos puntas de la cadena: Japón y Brasil (202). Las condiciones de dicha inmigración, así como el destino de los trabajadores, familias de por lo menos tres personas aptas para trabajar, estuvieron pactadas en los acuerdos firmados entre esas autoridades. En poco más de medio siglo, ingresaron al país más de 230.000 nipones.

El proceso de construcción de identidad de los descendientes de la diáspora nipona quizás sea uno de los más dolorosos, por motivos diversos. En general, la primera generación nacida en Brasil, imbuida todavía de la esperanza cultivada por los padres, abrazó el deseo de regresar a Japón. Incluso habiéndose integrado relativamente a la cultura brasileña, ellos preservaron muchos valores ancestrales, permanecieron preparados para reintegrarse a la vieja patria cuando fuera necesario. Mantuvieron la lengua japonesa no solamente en ámbitos familiares, especialmente aquellos que fueron educados antes de la prohibición, por parte de las autoridades brasileñas, en el período de la Segunda Guerra, de impartir educación en lengua extranjera; aprendieron a leer y a escribir en su lengua, además de alfabetizarse en portugués.

En dicho contexto, la llamada colonia japonesa en Brasil fue una de las más conservadoras, si pensamos en proyectos de integración al país de adopción. Incluso cuando ya no había esperanza de posible regreso a la tierra de los antepasados, especialmente después de la derrota nipona en la Segunda Guerra, que dejó el país destrozado, esa colonia siguió manteniendo un discurso de exaltación de su cultura.

Integrados, con el tiempo, a la cultura de las regiones en las cuales se fijaron, normalmente en los Estados del centro-sur del país, los nipo-brasileños dejaron profundas marcas en la economía de dichas zonas, principalmente gracias a las innovaciones que introdujeron en la agricultura. De la misma forma, tales innovaciones acabaron por imponer una serie de hábitos alimenticios y gastronómicos. En términos generales, también en la cultura se pueden constatar huellas de su presencia.

Además, ellos edificaron, cultivaron y divulgaron la imagen de que el nipo-brasileño es bien educado, serio y responsable, en oposición a otros brasileños. La familia está bien estructurada, siguiendo los valores nipones que ponen la colectividad en primer plano, y sobra poco espacio para manifestaciones de la individualidad. Los mayores son respetados y venerados, y de los más jóvenes se exige, además del respeto a aquellos, dedicación plena a los estudios y seriedad en el ámbito profesional. Deben siempre ocupar los primeros lugares tanto en los estudios como en el trabajo. Se trata de una forma de integrarse a la nueva cultura ocupando un espacio en general negado a los extranjeros (Nakasato 2008). Contra estos estereotipos, los descendientes de la diáspora nipona tienen que luchar arduamente en lo cotidiano, en la construcción de su identidad brasileña, como demuestra la novela de Nakasato.

Árbol de familia: un corredor transoceánico entre dos continentes

En *Árbol de familia*, María Rosa Lojo trata de construir una especie de crónica de la memoria familiar. Aunque la portada del libro lo clasifique como "novela", otros paratextos (Genette), como la dedicatoria (Lojo 2010, 7), por ejemplo, lo ubican en un curioso entrelugar discursivo, zona indecisa y fronteriza en la cual se barajan historia, memoria y ficción. La narradora en primera persona se llama Rosa, como la autora del libro, aunque dicho nombre aparezca pocas veces a lo largo del relato. Del mismo modo, la familia cuya historia se cuenta se refiere a los Lojo Calatrava, la misma de la escritora. Son varios los datos biográficos de María Rosa Lojo que coinciden con los de la narradora. De ese modo, no sería temerario incluir el relato lleno de elementos autobiográficos de la escritora argentina en la bastante usual categoría de la autoficción (Figueiredo).

Estructuralmente, el libro está dividido en dos partes, precedidas de un prólogo en el cual la narradora se presenta. Se trata de un texto de dos páginas y media, once párrafos, con notable fuerza lírica, prácticamente un poema en prosa. Los diez primeros, cada cual una especie de microrrelato, empiezan con la primera persona singular del verbo ser: "soy". En ellos, la narradora aclara su relación con los personajes que se presentan en una especie de sumario rápido del libro. Son seis de la rama paterna y cuatro del lado materno. El último párrafo-relato pasa del verbo "ser", el de la identidad, al verbo "venir", el del origen: "Vengo de ésas, de ésos, como quien viene de tantos lugares que ha perdido la memoria de ellos y sólo lleva en el cuerpo la huella oculta de olores, sabores y sonidos y el eco, aún ardiente, de historias imprecisas" (Lojo 2010, 13). La síntesis remite a la memoria perdida que trata de recuperarse, más asociada a la sensorialidad que al verbo. Todo a través del "eco aún ardiente de historias imprecisas", que la narradora reitera estar buscando, "sin brújula, con un mapa incompleto y ambicioso" (Lojo 2010, 13).

Articuladas en dos movimientos, vienen en seguida las dos partes del relato. La primera, denominada en gallego "*Terra pai*", traza la genealogía paterna, enraizada en tierras gallegas. La segunda, "*Lengua madre*", aborda la rama materna, asentada en orígenes andaluces y castellanos. La convergencia entre las dos ramas de ese árbol metafórico se produce con el casamiento entre Antón, "el rojo", el padre gallego del cual ella hereda el amor por la mágica tierra gallega, con Ana, "la bella", la madrileña que le pasa a la hija la biblioteca de literatura en lengua castellana. Esas dos partes pueden leerse como relatos autónomos. Cada una se estructura a partir de una serie de fragmentos de memoria recopilados por la narradora en una especie de memoria vicaria (Sarlo 90) de la tradición familiar.

El exilio de la pareja central determina que la narradora venga a nacer en la Argentina y allí sea educada en una tercera cultura, entrecruzada con las dos anteriores, la del padre y la de la madre. Para los padres se trata de un intersticio entre un país real, la patria del destierro, y otro, irreal, abandonado, ahora soñado. Para la narradora, sin embargo, ese limbo en que muchas veces se suspenden temporalidades y espacialidades convencionales no es un vacío, sino una tierra real con aire que se puede respirar, y un suelo en que los árboles echan raíces y donde se puede vivir (Lojo 2011, 290). Y, en realidad, en esa tierra ella nace, crece, se educa y vive.

El universo gallego que surge en la primera parte, bastante cercana a un ensayo sociológico sobre la diáspora gallega a lo largo de los siglos, trata de recuperar los valores (y también los iconos) de esa cultura y centraliza el linaje paterno. La narrativa mezcla de modo ejemplar elementos míticos y legendarios comunes a la cultura gallega y a la historia. Experiencia colectiva, considerando la diáspora de ese pueblo a lo largo de los siglos. Pero también individual, si se piensa que lo colectivo emerge de los relatos individuales que narran las venturas y desventuras de los Lojo y los Ventoso, las dos ramas de Antón, que cruzan el Atlántico, en los dos sentidos, diversas veces.

El eje paterno, la "*Terra pai*", se sostiene a través de la memoria básicamente oral, pilar de la cultura gallega. El territorio es habitado por una fuerte presencia femenina, y la dicotomía entre lo sagrado y lo profano está muy marcada. Los núcleos que estructuran las prácticas sociales expuestas en la escenografía literaria están asentados en la superstición, la magia y la ciencia (Broullón 2013, 7). Esa performance tiene su punto alto en el montaje de escenarios construidos a partir de lo sensorial, en el cual los relatos de la memoria se sostienen a través de colores, olores o sonidos que, asociados a una fuerte presencia de la naturaleza vital, reconstruyen una Galicia mágica. De modo paradójico, el eje paterno, en general asociado al discurso lógico y al universo racional, que sectores de la crítica feminista llaman de discurso falogocéntrico (Ceia 2012), en el libro de Lojo se articula con elementos que simbólicamente son asociados al discurso femenino, como la relación con la tierra y la naturaleza, entre otros.

El paratexto que introduce "*Terra pai*" no viene de la tradición oral, pero sí de una biblioteca virtual, una especie de "memoria literaria" (Samoyault 2008, 75) que reúne un repertorio que constituye el canon literario gallego. Son versos clásicos de una de las fundadoras de la literatura gallega contemporánea, Rosalía de Castro (1837-1885), de su libro *Cantares gallegos* (1863), y tratan de la dolorosa separación de la tierra sufrida por el pueblo gallego de la diáspora: "*Adiós, ríos; adiós fontes; / adiós regatos pequenos; / adiós, vista dos meus ollos; non sei cando nos veremos*" (Lojo 2010, 15; cursivas en el original).

En el cruce de voces masculinas y femeninas, predominan las mujeres fuertes en el eje paterno. Maruxa, María Antonia, Rosa Ventoso son matriarcas de gran estatura que, aunque sujetadas a una estructura patriarcal, presentan diferentes cualidades dentro de cada historia (Broullón 2013, 7). Ellas son la fortaleza que permite al padre transmitir a la narradora el universo telúrico gallego metaforizado en forma de un árbol, el castaño, que bien podría ser el "árbol de familia" a que se refiere el título de la novela.

De mismo modo, también en los límites de lo paradójico, el linaje materno, que en general se asocia al dominio de la tierra, en la novela de Lojo, se asocia al dominio de la lengua, el poderoso castellano, que es la lengua de la novela, aunque en algunas ocasiones surja un entrelugar lingüístico con muestras de gallego como pequeñas incrustaciones en el texto castellano.

El paratexto que abre la segunda parte, "*Lengua madre*", muy significativamente son los primeros cuatro versos del *Cantar de Mío Cid*, poema épico sobre el cual se suele erigir el canon literario castellano. Pero se opera, en la novela de Lojo, una curiosa inversión de ese espíritu épico en una genealogía formada por héroes frustrados. En ese sentido, del mismo modo que el padre de la narradora, un derrotado de la guerra civil que tiene que cruzar el Atlántico en busca de una nueva patria, el capitán Calatrava, el bisabuelo que ha muerto en Cuba, en la fracasada guerra del 98, también es un derrotado. Así, las lágrimas del Cid se asocian a ese capitán andaluz que también cruzó el Atlántico en busca de fama y riqueza, pero que murió en la vergonzosa guerra en que se hundieron los últimos resquicios de la quimera de la España imperial. Él deja la familia, viuda e hijos pequeños, en esa que es "la peor pobreza española que es la de los hidalgos de provincia, plenos de pretensiones y vacíos de fortuna" (Lojo 2010, 37), y que ha sido tema bastante frecuente de la literatura española.

Esa madre, la otra cara de las "dos Españas" (Antonio Machado *dixit*), planea en el relato. Es linda como una actriz de las películas de Hollywood que tanto admira y no soporta pensar en posibilidad de la vejez, como tampoco jamás había soportado la pobreza. De ella la narradora hereda una biblioteca y el placer de la lectura. Una biblioteca diversificada de la cultura occidental, cuyo núcleo más sólido está formado por obras de la literatura española.

Así, mezclando los hilos de la alta cultura, la biblioteca heredada de la madre castellana, con los hilos de la cultura popular, el universo oral que sostiene la cultura gallega, legado por del universo paterno, se teje el relato de María Rosa Lojo. Tal tejido, desbordando los límites de lo público y de lo privado, de lo colectivo y de lo individual, entrama, de modo consciente y poético, fragmentos de la memoria individual y ecos de documentos custodiados en diferentes archivos.

En un deseo sintetizador y hasta cierto punto homogeneizador, la narradora de *Árbol de familia* propone una especie de corredor, evidente entrelugar (Santiago 2000), zona porosa de fronteras permeables por las cuales se puede mover fácilmente (Hanciau 2005, 133). Se trata de una tercera vía, un camino del medio, una región de contacto instaurada por el descentramiento que debilita los esquemas considerados hasta entonces como centralizadores de unidad, pureza y autenticidad. La mujer, entonces, se apodera de la palabra, reorganiza la memoria familiar, desconstruye el discurso hegemónico y crea un texto que fluye y se trasmuta, de la novela al poema, del documento a la narrativa, del relato costumbrista al relato maravilloso, del ensayo a la ficción (Lojo 2011, 309).

Nihonjin *o la ardua lucha para hacerse brasileño*

Nihonjin, primera novela del nipo-brasileño Oscar Nakasato, cuenta la historia de cuatro generaciones de una familia de inmigrantes japoneses y sus peripecias en el proceso de adopción de la nueva tierra. La historia es narrada por un nieto del patriarca Hideo Inabata, una especie de prototipo del inmigrante orgulloso de su condición nipona, que desembarca en el Brasil de los años 20 del siglo XX con el deseo de conseguir riqueza suficiente para regresar a su tierra natal lo más pronto posible. A lo largo de la vida, él se enfrenta con el arduo trabajo en el campo, la difícil adaptación a una tierra desconocida y, para él, misteriosa. A eso se suma el conflicto con diversos miembros de la familia poco dispuestos a seguir sus estrictas normas de conducta, basadas en reglas ancestrales de un Japón tradicional, poco apropiadas para la realidad que los rodea.

En siete capítulos, con una narrativa en primera persona, en la voz de Noboru, el nieto, la novela alterna un estilo a veces referencial, a veces poético (Nagao 2012). La memoria personal se conjuga con la familiar y la imaginación rellena los vacíos que van surgiendo entre los relatos de los mayores. Las dos puntas del arco narrativo marcan el período ubicado entre la partida de Japón, en un día indefinido de los años 20 del siglo XX, para concluir, en otro día, también indeterminado, quizás en los años 90. Es cuando el narrador, que reconstituye minuciosamente la saga familiar, le hace una visita final al abuelo, antes de emprender el viaje de regreso en busca de un hombre antiguo, rural, tal vez el abuelo, pero también él mismo, en el Japón posmoderno, con el pretexto de buscar trabajo.

La temporalidad es resbaladiza e incierta como la memoria: hay pocas fechas en el relato. Algunos acontecimientos históricos sirven como marco cronológico: la Segunda Guerra Mundial y la derrota de Japón; o la dictadura civil-militar brasileña de los años 60-80, entre otros. En general, sin embargo, el tiempo fluye con los hechos cotidianos, recuperados por la memoria familiar, sea la del narrador, sea de los demás miembros del clan.

El relato, reconstitución de la memoria individual del narrador y de su familia, metonimia de la propia inmigración japonesa en Brasil, está formado por la fusión de fragmentos de memoria que se juntan para formar una totalidad fraguada por el narrador. En él, pasado y presente se funden: el presente reelabora el pasado que da sentido al presente. En dicha reelaboración, el silencio adquiere muchas veces un papel esencial, ya que es "uma ausência necessária para que as lembranças e as aflições pudessem povoar os nossos deváos" (Nakasato 2008, 175) ["una ausencia necesaria para que los recuerdos y la aflicciones puedan poblar nuestras grietas", traducción nuestra]. Tales grietas y fendas se rellenan con relatos de varios miembros de la familia y, principalmente, a través de la imaginación del narrador, que crea una red de voces en *mise en abyme* para ocupar tales espacios antes vacíos.

Se puede decir que la novela de Nakasato hace, con foco en personajes excéntricos (Hutcheon 1991), una lectura de la saga de la inmigración japonesa en Brasil, desmitificando el modelo tradicional, centrado en la epopeya heroica que tenía el objetivo de alabar el sacrificio de los inmigrantes que, aunque en situaciones adversas, lucharon para mantener en pie los valores, en general obsoletos, racistas y prejuiciosos, de lo que se consideraba el pilar de la cultura japonesa.

De ese modo, la saga de los Inabata se cuenta con foco en tres personajes, silenciados por la tradición familiar y recuperados por el relato. Cada cual a su manera y con actuación particular, esos personajes ayudan a corroer el alabado modelo tradicional del inmigrante nipón. Dos de ellos son mujeres, ya *per se* poco consideradas en una sociedad patriarcal y falogocéntrica (Ceia 2012) como la japonesa de fuertes marcas rurales del siglo XIX. Señalar a la mujer como elemento secundario en la cultura japonesa tradicional es casi un tópico. Cabía a la mujer, en aquella sociedad conservadora, un papel secundario como mero coadyuvante, en la función de esposa obediente y laboriosa y madre cuidadosa. Entre los personajes femeninos que ocupan cierto protagonismo en la novela, dos escapan de dicho papel, son extirpadas del núcleo familiar y sufren su desprecio y el olvido. Un tercer protagonista tiene la osadía de desafiar el feroz nacionalismo nipón y paga con la vida el deseo de integrarse a la cultura brasileña.

Cronológicamente, en la historia familiar y también en el relato, una vez que la novela se abre con ella, el primer personaje excéntrico es Kimie, la primera esposa del patriarca. De ella poco se sabe. Pequeñita, frágil y soñadora, busca un espacio propio, pero no logra vencer las adversidades. Acaba por morirse de tristeza al no conseguir adaptarse a la nueva tierra ni al rigor del marido. Se muere soñando ver caer la nieve en los cafetales brasileños. De ella solo resta una fotografía borrada y algunos fragmentos narrativos pescados involuntariamente en la memoria del patriarca y de los más antiguos. Es evidente que dicho personaje, ilustrativo del fracaso, debería ser eliminado de la memoria gloriosa de la inmigración japonesa. Con su muerte, Hideo se casa con otra mujer, más apta para el trabajo duro de la tierra y menos fantasiosa, que será la matriarca callada del clan que se instaura en el país.

Haruo, el segundo hijo, es el diferente que quiere ser igual y no hesita en contrariar las normas paternas en su afán de hacerse brasileño. Es el segundo foco excéntrico de la novela. Desde niño se niega a aceptar la identidad de *nihonjin*, es decir, japonés, prefiriendo acercarse a los *gaijin*, los extranjeros, o sea, los brasileños. El par antagónico *nihonjin* versus *gaijin* centraliza las tensas relaciones culturales establecidas por los colonos japoneses en Brasil, especialmente en la primera generación de los inmigrantes.

Los conflictos de Haruo con su padre son muchos, pero el precio mayor a pagar por su opción integracionista es su asesinato por parte de los activistas de la *Shindo Renmei*, la Liga del Camino de los Súbditos. Ese grupo de militantes radicales, formado al final de la Segunda Guerra Mundial, se negó a aceptar la derrota japonesa en el conflicto y empezó una feroz persecución a aquellos japoneses o sus descendientes que, entendiendo que la derrota nipona significaba la muerte de las posibilidades de regreso al país destrozado, preferían integrarse a una nueva patria. Se trata de un capítulo poco recordado por la historiografía oficial de la inmigración japonesa que tiene especial relieve en la construcción de la novela, ya que la ejecución de Haruo por los activistas tiene resonancias en la historia familiar, principalmente por el hecho de que Hideo, el padre, es un simpatizante del grupo y no logra impedir la ejecución.

Al traer para el centro de su novela esa "página negra de la historia de la inmigración japonesa en Brasil" (Dezem 2000, 28; traducción nuestra), Nakasato, de acuerdo con los principios que nortean la novela histórica contemporánea, trata de insertar el episodio en el centro de las discusiones, superando el tabú que lo había relegado al olvido por la historiografía hegemónica. Retomando la cuestión del modo como la trata en *Nihonjin*, si bien el escritor el escritor indica la necesidad de evitar el olvido, señala en dirección a una memoria apaciguada, una memoria reconciliada (Ricoeur 2007, 504).

El foco central de la novela, sin embargo, es la historia de Sumie, también hija de Hideo y madre del narrador, que abandona a su marido nipón y a sus hijos pequeños para vivir un gran amor con el brasileño Fernando, su antigua pasión. Aunque elementos de la narrativa indiquen hacia el perdón, parece que nadie en la familia la perdonó, con excepción de su madre Shizue. Queda la impresión de que el rencor pesa más que el amor, y el narrador, a pesar de tener en sus ojos la imagen de la madre, no consigue superar el trauma de haber sido privado de su presencia en la niñez. Y como el abuelo, tampoco él toma la iniciativa de ir a verla, aunque sufra al pensar en su posible muerte.

Ese es el drama de la familia que, de algún modo, humaniza y enlaza a los dos protagonistas básicos de la historia, el narrador y el patriarca. El viejo patriarca hace un balance de su larga vida en el cual parece constar más derrotas que victorias. Su presunta rectitud, siempre siguiendo los preceptos de un código rígido, fundado en valores arcaicos, se desmorona ante tantos sinsabores. Su esfuerzo parece haber sido en vano: no ha conseguido regresar a su tierra natal y no ha conseguido forjar una descendencia acorde con sus valores.

Árboles, álbumes, corredores: memorias de la movilidad transcultural

Las aparentes disonancias, considerando que las culturas en que se desarrollan la experiencia del destierro y la producción de las novelas son diferentes, sin embargo, acaban por conducir a confluencias. Las experiencias son similares, y los elementos detonadores del proceso de reconstrucción de la memoria familiar presentan varios puntos en común.

Uno de esos puntos de convergencia es el motivo del álbum familiar que conduce los relatos. En ambos, un narrador, tercera generación de transterrados, organiza su texto a partir de varias voces antiguas, con destaque especial del papel femenino. Tanto la narradora de *Árbol de familia* como el narrador de *Nihonjin* conducen su relato a partir de la descripción de antiguas fotos familiares.

El álbum, en términos generales, es un dispositivo de la memoria. Allí son archivadas fotografías que tuvieron la pretensión de inmortalizar el instante captado por la cámara. Es evidente que, con el paso del tiempo, tales imágenes necesitan de identificación y resignificación. En ese proceso, los dos narradores se valen de los mayores que funcionan como una especie de memoria vicaria, detonada por la imagen fotográfica. Así, abuelos, padres, tíos y primos ayudan en la identificación de las imágenes amarillentas, borradas, rellenando con su relato las lagunas. Y si la foto es un importante resquicio del pasado perdido, el juego de la mirada ocupa un papel fundamental en los relatos. Es a través de la mirada que antiguas y borradas imágenes adquieren nuevos significados y cuentan otras historias, hasta entonces perdidas y/o olvidadas. La mirada del narrador incorpora la del otro y lo hacen presente en su relato. A partir del estímulo visual, esos relatos se pueblan de colores, texturas, sabores y olores.

Fragmentos de fotografías y relatos de los mayores son los vestigios a través de los cuales los ausentes recuperan vida y pueblan el presente de la narrativa. Las fotos antiguas y las historias que explican e identifican cada una de aquellas imágenes amarilladas por el tiempo son el eslabón que establece la conexión entre jirones de la memoria familiar y permite recrear la historia de aquellos inmigrantes embrutecidos por las asperezas de la vida cotidiana. Son las reminiscencias a que se refiere Benjamin (1985, 224), que necesitan ser apropiadas para poder significar. Es la forma por la cual la imagen del pasado pasa veloz, para permanecer como "imagen que relampaguea irreversible, en el momento en que es reconocida" (1985, 224).

De esa forma, adquieren vida en los relatos una serie de figuras que la memoria familiar ya había borrado. El ejemplo del olvido voluntario más evidente en *Nihonjin* es el caso de Kimie, la primera esposa del patriarca, que el narrador recupera a partir de una foto remanente y de algunas informaciones proporcionadas por el tío. Partiendo de aquella figura casi apagada, él imagina el personaje y reconstruye su historia. Lo mismo pasa con la narradora de *Árbol de familia* al recuperar la imagen de su tatarabuela María Antonia a partir del único retrato que queda y de los recuerdos de infancia de su padre Antón.

El proceso se repite con varios personajes, aunque muchos miembros de la familia no tienen la misma suerte: se han perdido en el laberinto del tiempo. Son historias que se pierden, individuos que son borrados por el olvido, natural o intencional. Contra dicho apagamiento se levanta la voz de los narradores, que trata de extraer, del fondo de los cajones o de oscuros rincones de la memoria, resquicios convertidos en fragmentos de memoria que serán cuidadosamente pegados para reconstruir figuras desconocidas u olvidadas.

Otro elemento común en las dos novelas es la presencia simbólica del árbol, que, mucho más que la transposición de un mundo rural y agrícola para una sociedad urbana industrializada, parece retomar el ciclo que hace revivir la naturaleza como símbolo vital. Se trata de una especie de reintegración al mítico paraíso perdido, siempre presente en el deseo de los inmigrantes, pero casi nunca en su realidad.

En *Árbol de familia*, además de la evidente relación, ya en el título, entre el árbol y el álbum, y la explicitación del intento de reconstrucción del árbol genealógico a través del relato, se constata el papel protagónico otorgado al castaño. En los relatos de infancia que hacía a los hijos, Antón se refería a un castaño ancestral, casi mítico, un árbol inmenso de ramas retorcidas de cuyo tronco fueron labrados todos los muebles de la casa. Antón, que no cree en Dios, cree en los árboles. En la tierra adoptiva, él planta un joven castaño: "Era su árbol fundador, después de todo, un verdadero «árbol-madre»: árbol de la vida, árbol del mundo, eje cósmico capaz de abastecer las necesidades de toda la familia, y por extensión, de la especie humana. En sus hojas rejuvenecía, cada primavera, la esperanza del reencuentro" (Lojo 2010, 102).

Sin embargo, el clima de la tierra adoptiva no es propicio, y el árbol no produce buenos frutos. Muere, finalmente, en seguida a la muerte de quien lo plantó, poco después del regreso de la narradora de su primer viaje a Galicia, con el que trataba consolidar un corredor entre los dos universos. El castaño, plantado por Antón lejos de su tierra natal, en la distante Argentina, su nueva tierra, es una forma de vencer el espacio llevando cerca de sí el árbol de su infancia, uno de los pilares no solo de la economía, sino de su propia cultura gallega. Con la muerte de Antón antes de poder regresar a su tierra natal, su función deja de existir y, en consecuencia, el árbol también deja de existir, después de que su hija, la narradora, rehace en el sentido inverso el viaje del padre.

En *Nihonjin*, el árbol también se hace presente, pero de modo distinto. El patriarca Hideo tampoco logra regresar a su tierra natal y casi centenario recibe la visita de su nieto, el narrador, que viene a despedirse antes de viajar al Japón para trabajar. El nieto lo encuentra podando con golpes firmes sus bonsáis. Esta comunión entre la naturaleza y la labor de las manos humanas produce bellas flores, lo que señala, simbólica y paradójicamente, si consideramos que las manos pertenecen a un anciano, el ciclo vital de la primavera. Sin embargo, reitera el control de la tijera firme que dirige y modela las ramas y dirige los brotes de acuerdo con el deseo humano. Es la naturaleza sometida al fiero rigor de la cultura.

En ambas novelas se constata la imposibilidad del regreso del desterrado. Hideo no puede regresar a su tierra de origen. Al final, ya no quiere hacerlo. De este lado están sus ramas. Él, que siempre ha cultivado el mito de la tierra natal, como una especie de paraíso, entiende que el Japón que está al otro lado del océano ya no es su tierra, que se quedó perdida en el tiempo y en los rincones de su memoria. Curiosamente, en la página final de la novela, él intenta convencer al nieto-narrador de que su patria, la de ambos, es aquí, y no allá.

Del mismo modo Antón y Ana tampoco regresan a su tierra natal. Cuando finalmente Franco se muere, dejando el camino abierto para la superación del exilio, las condiciones económicas de la Argentina de los setenta y ochenta eliminan sus posibilidades de viajar y ambos mueren en la tierra de adopción.

Cabe a los narradores, descendientes de los desterrados, rehacer el camino de los antepasados. No es la búsqueda de la patria original, que ambos saben es una construcción discursiva, ya que Noboru, el narrador de *Nihonjin,* es profesor de historia y Rosa, la narradora *Árbol de familia,* es profesora de literatura y escritora. Se trata de la apertura de una especie de corredor comunicativo que integra las dos culturas. Ambos hacen de ese "viaje de vuelta" uno de los objetivos principales de sus vidas. Rosa explicita la teoría del corredor, una especie de vaso comunicante. En ese sentido, en el caso de ambas obras, la realización del viaje a la tierra de los antepasados y la construcción del relato de la saga familiar que constituye la novela que el lector tiene delante de sus ojos acaban por conformar dicho corredor.

Por ese corredor, que va más allá de meras espacialidades y temporalidades convencionales, circulan personajes y también el discurso propuesto por los escritores. Para superar el trauma del destierro y del exilio, se crea una memoria apaciguada, una memoria reconciliada, una memoria feliz (Ricoeur 2007, 504). Un lugar adonde se puede volver a ser lo que se fue y que ya no se es. Se trata de recuperar el verdadero ser, intocado por el desengaño, por la guerra, por el trabajo, por las enfermedades y por la muerte (Lojo 2010, 133). En fin, un lugar donde se está y no se está. Tal corredor, que apunta de modo insistente hacia el más allá, pero a través del cual se puede hacer el camino inverso, solo podrá incorporar la energía inquieta y revisionista del allá si se tiene fuerza para transformar el presente en un lugar expandido y excéntrico de experiencia y de adquisición de poder (Hanciau 2005, 136). Eso parecen querer indicar a sus lectores los textos de María Rosa Lojo y de Oscar Nakasato.

Notas

1   Una versión resumida, en inglés, de este trabajo se presentó en la International Conference "Transcultural Amnesia: Mapping Displaced Memories", realizada en la Universidade do Minho, Braga, Portugal, entre 16 y 18 de abril de 2015.

Referencias bibliográficas

Alvim, Zuleika. 1998. "Imigrantes: a vida privada dos pobres do campo". En *História da vida privada no Brasil*. Vol 3: *República: da Belle époque à Era do Rádio*. Nicolau Sevcenko, org., 215-289. São Paulo: Companhia das Letras.

Benjamin, Walter. 1985. "Sobre o conceito de história". En *Obras escolhidas*. Vol. 1: *Magia e técnica, Arte e política*. Traducido por Sérgio P. Rouanet, 222-232. São Paulo: Brasiliense.

Broullón Acuña, Esmeralda. 2013. "Linajes y culturas diaspóricas lojianas: La genealogía como dispositivo de protección en el exterior". *Intersecciones en antropología* 14.1: 5-27. Acceso el 16 de diciembre de 2013. <http://www.scielo.org.ar/scielo.php?script=sci_arttext&pid=S1850-373X2013000100001&lng=es&nrm=iso>.

Ceia, Carlos. 2012. "Falogocentrismo". En *E-Dicionário de Termos Literários (EDTL)*. Coordinado por Carlos Ceia. Acceso el 28 de mayo de 2012. <http://www.edtl.com.pt>.

Dezem, Rogério. 2000, *Shindô-Renmei: terrorismo e repressão*. São Paulo: Arquivo do Estado.

Fausto, Boris, ed. 1999. *Fazer a América. A imigração em massa para a América Latina*. São Paulo: EDUSP.

Figueiredo, Eurídice. 2013. *Mulheres ao espelho. Autobiografia, ficção, autoficção*. Rio de Janeiro: EdUERJ.

Genette, Gérard. 2009. *Paratextos editoriais*. Traducido por Álvaro Faleiros. São Paulo: Ateliê.

Hanciau, Núncia. 2005. "Entre-lugar". En *Conceitos de literatura e cultura*. Editado por Eurídice Figueiredo, 125-141. Niterói: EdUFF.

Hutcheon, Linda. 1991. *Poética do pós-moderninsmo*. Traducido por Ricardo Cruz. Rio de Janeiro: Imago.

Klein, Herbert S. 1999. "Migração Internacional na História das Américas". En *Fazer a América. A imigração em massa para a América Latina*. Editado por Boris Fausto, 13-32. São Paulo: EDUSP.

Lojo, María Rosa. 2010. *Árbol de familia*. Buenos Aires: Sudamericana.

Lojo, María Rosa. 2011. "Fronteiras, finesterras e corredores. Do clichê ideológico à polissemia simbólica". En *Nas dobras do mundo, a literatura acontece*. Editado por Aroldo J. A. Pinto, Madalena Machado y Walnice Vilava, 269-316. São Paulo: Arte e Ciência.

Lojo, María Rosa. 2013. "Mujeres, nómades y cantos de linaje". *Intersecciones en antropología* 14.1: 5-27. Acceso el 23 de diciembre de 2013. <http://www.scielo.org.ar/scielo.php?script=sci_arttext&pid=S1850-373X2013000100001&lng=es&nrm=iso>.

Nagao, Jorge. 2012. "Nihonjin". *Primeiro programa*. Acceso el 23 de junio de 2012. <http://www.primeiroprograma.com.br/site/website/news/show.asp?nwsCode=D17A029C-612F--49AB-B35A-AC80246373DD>.

Nakasato, Oscar. 2008. "Família, educação e trabalho: reflexos do tripé nipo-brasileiro na Literatura". En *Anais do XI Congresso Internacional da Associação Brasileira de Literatura Comparada - Tessituras, Interações, Convergências*. Editado por Sandra Nitrini. São Paulo: ABRALIC. Acceso el 23 de junio de 2012. <http://www.abralic.org.br/anais/cong2008/AnaisOnline/simposios/pdf/051/OSCAR_NAKASATO.pdf>

Nakasato, Oscar. 2011. *Nihonjin*. São Paulo: Benvirá.
Perkowska, Magdalena. 2008. *Historias híbridas. La nueva novela histórica latino-americana (1985-2000) ante las teorías posmodernas de la historia*. Madrid: Iberoamericana; Frankfurt: Vervuert.
Ricoeur, Paul. 2007. *A memória, a história, o esquecimento*. Traducido por Alain François et al. Campinas: Ed UNICAMP.
Sakurai, Celia. 1999. "Imigração japonesa para o Brasil: um exemplo de migração tutelada (1908-1941)". En *Fazer a América. A imigração em massa para a América Latina*. Editado por Boris Fausto, 201-238. São Paulo: EDUSP.
Samoyault, Tiphaine. 2008. *A intertextualidade*. Traducido por Sandra Nitrini. São Paulo: Aderaldo & Rothschild.
Santiago, Silviano. 2000. "O entre-lugar do discurso latino-americano". En *Uma literatura nos trópicos*, 9-26. Rio de Janeiro: Rocco.
Sarlo, Beatriz. 2007. *Tempo passado. Cultura da memória e guinada subjetiva*. Traducido por Rosa Freire D'Aguiar. São Paulo: Companhia das Letras; Belo Horizonte: Ed. UFMG.
Silberstein, Carina Frid de. 1999. "A imigração espanhola na Argentina (1880-1930)". En *Fazer a América. A imigração em massa para a América Latina*. Editado por Boris Fausto, 93-126. São Paulo: EDUSP.
Trouche, André L. G. 2006. *América: história e ficção*. Niterói: EdUFF.

El padre gallego como personaje en la autoficción de María Rosa Lojo

Malva E. Filer
Brooklyn College y Graduate Center, City University of New York

En la obra narrativa de María Rosa Lojo, se perfilan dos vertientes por las que se ha encauzado su creatividad: una es la recreación de épocas y figuras del pasado argentino, con novelas como *La pasión de los nómades, La princesa federal, Una mujer de fin de siglo y Las libres del sur*, así como los relatos de *Historias ocultas en la Recoleta*; la otra es el relato, transformado en ficción, de su propia historia personal y familiar, relato que la autora ficcionaliza con su primera novela *Canción perdida en Buenos Aires al Oeste*, de 1987, y que culmina, y tal vez concluye, con su más reciente *Todos éramos hijos*, publicada en 2014. Entre esas dos novelas, median la "Mínima autobiografía de una exiliada hija" y *Árbol de familia*, donde la historia familiar revive a través de personajes pintados con fantasía y humor. En ellas, Lojo adelanta materiales autobiográficos que incorpora, reelaborados, a *Todos éramos hijos*. José María Pozuelo Yvancos señala este trasvase entre distintas formas de producción literaria de un autor como un proceso de figuración, de "juego personal" que termina por hacer indistinguibles el yo ficticio y el yo real en los distintos géneros, los ficcionales y los que aparentemente no lo eran (2010, 144). Cabe señalar al respecto, como ya lo ha hecho Marcela Crespo (2007, 42-43), que la obra poética de Lojo, desde los poemas de *Visiones* (1984), anteriores a su primera novela, muestran "una progresiva aproximación" de la autora a su historia personal, reflejada en una visión donde convergen la que era entonces la reciente guerra de las Malvinas y "las conquistas legendarias de la antigua Galicia", con el "desgarramiento del 'bosque del Norte'", una clara alusión al exilio del padre. También en su posterior poemario *Esperan la mañana verde* (1998), en "*Sempre* Galicia", se expresa el anhelo de una recuperación de la herencia paterna, en la invocación de la muchacha dirigida a la voz poética: "Me traerás el corazón de tu padre en un papel de Biblia, aplanado y tranquilo como las hojas secas. Me traerás el rosario de tu comunión para que sus cuentas iluminen mi oscuridad y reflejen las caras de otro tiempo" (82). Este libro, que incluye una primera sección titulada "Vampiros, dragones y otras metamorfosis", muestra también la presencia del mundo mágico de mitos y leyendas heredado del padre. Es un mundo en el que conviven imágenes del Apóstol Santiago con "brujas montadas en antiguas escobas de *toxo* y cubiertas con el sombrero redondo de las campesinas" (88). Religiosidad y magia pagana se mezclan en ese Santiago de Compostela al que se llega por todos los caminos, tierra prometida y punto de referencia que la exiliada hija hará también presente en su producción novelística.

Hay un puente transoceánico que une la Galicia ancestral con el suelo y la experiencia argentinos. Mediante pasajes propios de la literatura fantástica, la autora construye espacios de convergencia étnica y cultural, donde se mezclan la fantasía y la historia, los tiempos y las tradiciones, para que la palabra reúna los hilos que conducen a la identidad propia y colectiva. En *La pasión de los nómades* (1994), Rosaura dos Carballos, el hada gallega, migra con su tío, el mago Merlín, a la Argentina. Allí participa en el proyecto de re-trazar el itinerario seguido por Lucio V. Mansilla en su *Expedición a los indios ranqueles*, viaje que este, revivido, vuelve a realizar ciento veinte años más tarde. La novela establece un diálogo paródico y transgresor con el libro de Álvaro Cunqueiro *Merlín e familia*, un clásico de la literatura gallega. Cunqueiro narra el traslado de Merlín de "Bretaña y del país de Gales a las tierras de Galicia, tan verdes y tan lluviosas como las de Irlanda" (1986, 17). Lojo trasplanta al mago y a su sobrina a tierras argentinas, donde se produce la metamorfosis del hada gallega en *Antümalguén,* la doncella del

Sol y la Fecundidad, una deidad milagrosamente recuperada por los ranqueles.

La conexión entre Irlanda y Galicia está también presente en *Finisterre* (2005), cuyos personajes Rosalind Kildare Neira y su esposo, el médico Tomás Farrel, ambos de origen irlandés y gallego, salen de Santiago de Compostela a buscar fortuna en el Río de la Plata durante la época de Rosas. Lojo ha utilizado el apellido Neira desde su primera novela, y lo emplea también en *La pasión de los nómades* y en *Finisterre*. Su recurrencia sugiere que este nombre funciona como un signo que evoca el vínculo de los personajes con Galicia. También son importantes, al respecto, las citas de Rosalía de Castro que, traducidas al castellano por la autora, se encuentran al comienzo y al final de *Finisterre*.

La vertiente personal e intimista en la narrativa de Lojo no está desconectada, ciertamente, de la primera, la de su producción de novelas históricas, ya que el contexto histórico, español y argentino, modela el destino de sus personajes, quienes serían incomprensibles sin la reconstrucción de época que realiza la autora. En *Canción perdida en Buenos Aires al Oeste* y en *Todos éramos hijos*, el período abarcado incluye los violentos años 70 y 80, con la creciente militancia guerrillera y la represión bajo el régimen de la Junta Militar. En los 27 años que separan la publicación de la primera y la más reciente novela hay, sin embargo, una reelaboración que creo significativa. Esta no ocurre solamente en la figuración del yo, sino sobre todo en la semblanza del padre, que es personaje central en ambas.

He caracterizado las dos novelas como autoficción porque creo que ellas se mantienen en un terreno ambiguo que, según Manuel Alberca, estudioso del tema, pertenecería a ese género. Estas obras parten de algún tipo de identificación del autor con el protagonista del relato, aunque no sea mediante el uso del mismo nombre y, en el caso de la primera novela de Lojo, la identificación se haga con Irene, una de múltiples voces narrativas. Según Alberca, "a pesar de que autor y personaje son la misma persona, el texto no postula casi nunca una exégesis autobiográfica explícita, toda vez que lo real se presenta como una simulación novelesca sin camuflaje apenas o con algunos elementos ficticios" (2005, 12). Así entendido, el concepto de autoficción se aplica a las novelas de María Rosa Lojo que nos proponemos analizar, en las que, a pesar de los muchos elementos reconocibles como autobiográficos, no buscamos comprobar la veracidad de estos, ya que se dan como ficticios y reales simultáneamente.

Si consideramos estas novelas según se alejan o se aproximan al pacto novelesco o al autobiográfico, siguiendo el criterio de clasificación de Pozuelo Yvancos en *Figuraciones del yo en la narrativa*, observamos que *Canción perdida...* tiende más hacia la ficción, ya que la autora no aparece con su propio nombre y el personaje del hermano muerto en la guerra de las Malvinas es totalmente ficticio. *Todos éramos hijos*, en cambio, está más cercana a la autobiografía, con la identificación nominal de la autora y la protagonista, la inclusión del hermano menor, ausente en la primera novela, y una multiplicidad de datos autobiográficos e históricos. En uno u otro caso, sin embargo, la autoficción se caracteriza, según el citado crítico, por una tensión y un equilibrio inestable entre los dos modelos. Sin ser narrador o protagonista, la figura paterna, como personaje, es también real y ficticia, por lo cual aparece con distintos nombres, Juan Manuel en la primera, Antonio en la segunda. *En Canción perdida...*, cada miembro del núcleo familiar cuenta su historia desde su perspectiva y con su propia voz narrativa: Juan Manuel, el padre, Carmen, la madre, los hijos Miguel, Irene y Luis, más Alberto, el marido de Irene y María, la mujer de servicio que ha sido parte y testigo final de la historia transcurrida. Se identifica a Irene con la historia personal de la autora, como ya dijimos, aunque, por otra parte, en todos estos personajes ella ha dejado algo de sí. Interesa destacar, sin embargo, la presencia del padre a través de los relatos de Miguel, Irene y el propio Juan Manuel, cuyo nombre mezcla lo ficticio y lo real: Juan Manuel Neira de Loxo.

Desde el comienzo de la novela, su diálogo con Miguel ofrece la semblanza de un hombre abrumado por la pérdida de su hijo Luis en la guerra de las Malvinas y por la incomunicación con su mujer, cuya pertenencia a una familia franquista, sus creencias religiosas y sus pretensiones de alcurnia chocaban con el republicanismo liberal y anticlerical por el cual Juan Manuel había luchado y casi dado la vida. Por una cruel ironía, él, que había sobrevivido la cárcel, tortura y una condena a muerte, había perdido a su hijo menor en la guerra de un país donde no había guerras, donde había esperado que él y su familia vivieran en paz hasta que terminara el franquismo. Juan Manuel y Carmen habían vivido la tragedia del exilio de distinta manera, y sus hijos compartieron esa tragedia, al mismo tiempo que vivían la más cercana y propia de esos años en la Argentina. Ese es el caso de Miguel, quien sufre la desaparición de Laura, su novia. La ilusión del regreso a la Galicia natal se rompe con el matrimonio de Irene, que crea su propia vida y familia en la patria donde nació, y la muerte del hijo enterrado en suelo argentino, una tierra donde Juan Manuel no quería echar raíces ni que lo hicieran sus hijos. La historia del padre exiliado aparece condensada en un relato que Irene les cuenta a sus hijos, donde la experiencia real se convierte en un cuento de aventuras y magia. Allí Juan Manuel, como el modelo real, es un valiente luchador que, vencido y torturado, sale vivo de la cárcel y viaja al exilio. "Y así fue como cruzó las grandes aguas, contento de haber salvado la vida, sin darse cuenta de que ya estaba muerto" (1987, 86). El drama de la desposesión y la extranjería se transforma en "la historia del que extravió el anillo de oro porque nunca pudo encontrarlo (...) y recorrió los cuatro rincones de un mundo pequeño buscando inútilmente aquella herencia" (86). Y eso lo hizo un fantasma en vida. Las *machis*, hechiceras mapuches, y antes del exilio, las *meigas*, brujas satánicas del Norte, le habían anunciado su fantasmidad, pero en aquellos tiempos felices, él "se reía de las supersticiones, y juraba no haber oído jamás chocar las espuelas de Santiago Apóstol sobre la Catedral, contra el viento nocturno" (1987, 87).

El relato indica que su rechazo del anillo de oro, traído por un duende aparecido en el sueño, es simbólico de la actitud de Juan Manuel frente a la vida. Él solo vio el anillo con el ojo izquierdo, el que le anunciaba males futuros, pero no se dio oportunidad de verlo con el ojo derecho, que tal vez hubiera compensado o menguado las desdichas. Al arrojar y perder el anillo, había perdido la oportunidad. Y por ello:

> fue un desterrado y un desgraciado y nunca pudo querer otros paisajes sino aquellos que amó en los primeros años de su vida, cuando aún era de carne y sangre humanas. Y después jamás pudo hacerse ya un lugar, ni en este mundo, ni en el otro. Se quedó entre ambos, ni vivo ni muerto del todo. (1987, 87-88)

El drama del padre se traduce como un desgarramiento de las raíces ancestrales y como el fracaso de un amor no correspondido. Frente a la mujer hermosa que un día creyó haberle conquistado al enemigo y que yace ahora muerta, y al borde de la muerte, que él mismo se inflige, Juan Manuel hace el balance de su vida y se condena por haber actuado por orgullo en los momentos que definieron su destino. Sin duda, la caracterización de este personaje que, recordemos, es ficticio y real, sugiere una crítica, al mismo tiempo que una mirada compasiva, porque si bien el exilio fue una experiencia dolorosa, la incapacidad de adaptarse y el intento, finalmente frustrado, de impedir la integración de los hijos al país en que nacieron, exacerbaron el sentimiento de pérdida y la incomprensión entre él y sus hijos. Esta primera novela de María Rosa Lojo, que no ha recibido bastante atención de la crítica en mi opinión, da voz a una generación que sufrió pérdidas irreparables, y a la generación de sus hijos que debieron romper con el pasado para poder crear vida y futuro. El último relato, el de María, después de la muerte de Carmen y de Juan Manuel, anuncia un renacimiento, el regreso de la vida a la casa. El ciclo anterior se ha cerrado. Ha enmudecido la voz que mantenía vivo el recuerdo de un mundo perdido. Tal vez sea esto lo que "canción perdida" significa en el título de la novela. La imagen de una canción, como una presencia subterránea, a veces misteriosa, del pasado se encuentra en varios poemas de Lojo. Pero si hay pérdida, también hay signos de una futura recuperación, en esta novela donde la autora volcó mucho de sí misma a través de todos los personajes, sobre todo del de Irene. Y esta recuperación se materializa en su obra posterior.

Pasaron 27 años antes de que la autora completara, en forma de novela, su historia y la historia de su familia. *Árbol de familia*, clasificado como novela aunque no sigue los patrones tradicionales del género, se compone de historias entrelazadas mediante las cuales Lojo ha reconstruido las vidas de sus antepasados por ambas ramas de su familia. Y hay, por cierto, mucho material autobiográfico en este libro. Encontramos allí una hermosa semblanza del padre, en "El alma vegetal de Antón, el rojo", donde recuerda las anécdotas de su infancia campesina, su embellecimiento del pasado y su colección de objetos míticos que lo ligaban a este. Para Antón, la Argentina era un mundo "de segundo grado". El relato sobre el árbol de castaño plantado por Antón, que Lojo había incluido en su "Mínima autobiografía de una exiliada hija", reaparece en estas páginas. Cuando, después de la muerte del padre, Lojo pudo conocer Galicia, a su regreso se encontró con el castaño muerto. "Comprendí, escribe, que simplemente daba por cumplida su misión terrena, que siempre había estado allí solo para encarnar la fuerza del deseo, la poderosa pulsión de la nostalgia, el primer mandamiento que se le impone al hijo del exilio" (2010, 102).

Lojo ha volcado en su obra poética imágenes en las que evoca, sublimado, el destino trágico de su padre. Más profundamente que su absorción de valores y tradiciones culturales, sus poemas revelan una honda identificación emocional. Las "grandes aguas" que cruzó Juan Manuel hacia el exilio en el relato de Irene, reaparecen en las "aguas grandes" bajo las cuales se encuentra una ciudad oculta, la imagen reprimida del hogar lejano, inasible, que solo de noche se atreve a evocar: "Piensa que podría abrir una mínima compuerta y salir al otro lado del mundo donde el cielo termina. Pero el miedo es más fuerte y decide aguardar a que el día se acabe y la luz se retire, para llorar su pérdida" (Lojo 2008, 70). Pérdida que se vuelve irreparable con la muerte: "No volverá a sentir el roce de las hierbas ni el olor de los pinares, no volverá a beber el agua de las lluvias ni cruzará ningún monte detrás de un gamore" (Lojo 1991, 13). Con esta expresión desolada contrasta, sin embargo, "Este es el bosque", donde la voz poética dialoga con el padre, ya muerto, que ha regresado a su verde paraíso añorado: "Aquí, bajo los arcos verdes, la luz tiene un espesor de miel y sólo se respira un oxígeno burbujeante y diáfano" (Lojo 2011, 69). Aquí el padre vive rodeado de una naturaleza en la que coexisten los árboles de Galicia con los argentinos, "los robles y los castañares, los pinos y los eucaliptos, los musgos y los líquenes, las espinas del *toxo*" (Lojo 2011, 69). Ya no hay pérdida, todo es recuperación. El texto es una expresión de esperanza y de fe en el valor de cada vida, más allá de su destino individual. No cabe duda de que la presencia del padre es una constante en la obra poética de Lojo y que evoca distintas emociones en ella, así como en su obra novelística.

Entre la primera novela y la más reciente, la figura del padre fue transformándose, la caracterización incorporó lo positivo, lo que hubo de inteligencia, de lucidez y equilibrio, y también de comprensión y de afecto en ese exiliado gallego. Antonio no es el Juan Manuel alienado de su familia, esperando un imposible retorno y marcado por el fracaso. Galicia ha dejado de ser solamente el paraíso perdido para ser el puente que une a padre e hija, quien se identifica con la lengua y las tradiciones gallegas y con la magia y el lirismo de su literatura.

En *Todos éramos hijos*, Lojo revive, a través del personaje de Rosa, conocida por el apodo Frik, su maduración personal e intelectual como estudiante del colegio del Sagrado Corazón y miembro de la clase graduada en 1971. La novela capta el ambiente de reforma religiosa promovido por el Concilio Vaticano II, y la influencia de la teología de la liberación, identificada por algunos condiscípulos y maestros con un peronismo de ideales revolucionarios. El idealismo que los lleva a la militancia política y a la guerrilla hace de ellos víctimas de la represión de los años 70. Lojo recrea un período sumamente complejo de la historia argentina reciente, y da vida a una problemática estudiada por historiadores y sociólogos, pero que no ha figurado como tema novelístico. Me refiero a la transformación de jóvenes católicos en miembros de organizaciones guerrilleras como militantes de un peronismo de tendencia marxista. La novela muestra, a través de diálogos y discusiones entre sus personajes, esa convergencia de ideologías que tradicionalmente se habían considerado mutuamente excluyentes. Para algunos de estos jóvenes, Perón y Eva representaban "las ideas y sobre todo el corazón del Evangelio" (Lojo 2014, 64). Los argumentos que esgrimen reflejan fielmente lo que Beatriz Sarlo describe como "traducción de los principios marxistas a lenguaje cristiano —bíblico y evangélico— y de los principios cristianos al marxismo" (2007, 71). Explica Sarlo:

> Los teólogos de la liberación traducen los evangelios en términos histórico-sociales proporcionando un corpus doctrinal adecuado a la militancia política de los sacerdotes radicalizados. Ellos a su vez, en lugar de buscar en el marxismo algo de lo que carecían, van a buscar al peronismo las masas populares que la Iglesia de los pobres debe redimir. Es el momento también en que la lucha armada aparece como una metodología política legítima. (2007, 76)

Dentro de este marco ideológico se mueven los personajes de la novela, particularmente el padre Aguirre y los estudiantes que él adoctrina. Una aspiración mesiánica dirige su conducta. El padre Aguirre ve en la entrega total a la militancia política el cumplimiento de su deber religioso, como lo hacían los integrantes del Movimiento de Sacerdotes para el Tercer Mundo, con quienes compartía la convicción de encontrarse entre los elegidos para luchar por una causa sagrada. Se veía a sí mismo emulando el modelo de Jesús como perturbador de un injusto orden establecido y como guía espiritual de esos jóvenes, a los que conducía por un camino que, como anticipaba el padre de Esteban, los llevaría al martirologio, abandonados a su suerte por una Iglesia oficial conservadora (Lojo 2014, 111).

La dimensión religiosa de estos católicos militantes, con sus distintas manifestaciones y con sus contradicciones, ha sido tema de varios estudios, entre los que se destacan *Combatientes de Perón, herederos de Cristo* (2010), de Humberto Cucchetti, y *Catolicismo y Montoneros* (2010), de Luis Miguel Donatello. Estos libros analizan, también, el conflicto generacional entre hijos y padres pertenecientes a las clases altas, y en algunos casos de ascendencia patricia. Estos jóvenes, como Esteban, rechazaban y condenaban a sus padres, y se unieron a la militancia para combatir en contra de sus privilegios. Para Esteban, su padre era el defensor de las compañías multinacionales y representaba todo lo que él condenaba. Lo consideraba tan culpable como Keller, el personaje de la obra de Arthur Miller que estaban ensayando. El título de la novela es una modificación del de la obra del dramaturgo estadounidense que, efectivamente, fue representada por los estudiantes de último año de los colegios Sagrado Corazón e Instituto Inmaculada de Castelar. La obra de Miller, un drama en el que la culpa del padre es pagada con el suicidio del hijo, sirve para introducir el enfrentamiento entre generaciones y los dilemas morales de esos años turbulentos de la historia argentina presentados por la novela. Además, Frik, quien actúa el papel de Kate, la madre, ve un paralelismo entre el matrimonio de Annie y Chris, hermano de Larry, luego del suicidio de este, y el matrimonio de sus propios padres, en el que Antonio es un substituto del prometido que Ana había perdido en España, asesinado por los "rojos", en vísperas de su boda.

Dentro de este complejo contexto histórico, transformado en una ficción que tiene, según la autora, "un cariz de testimonio generacional" (Lojo 2014, 9), se desenvuelve un relato hondamente personal en el que, como en su primera novela, están presentes la historia familiar y la figura paterna. Su toma de conciencia de la herencia cultural, que el padre representaba y que podría ser también suya, así como una creciente comprensión de la experiencia del exiliado, son vivencias que la narradora describe con emoción.

Educada en el castellano, la lengua materna, Frik descubrió que en su propia casa vivía secretamente otra lengua,

> desvanecida, acaso, por la autocensura y la falta de eco. Era la lengua de su padre, secretamente agazapada en algunos libros y que en contadas ocasiones oiría sonar. Acaso, aunque esto no lo decía, porque no llevaba armadura militar sino zuecos de campesina, porque era blanda como un regazo y cantaba, siempre, una canción para acunar al niño que su padre había sido. Porque olía a leche y a miel, a vino con azúcar, a heno y a *loxo*, y a estrellas derramadas en el agua de lluvia, y era tan íntima, tan frágil, que

no se podía compartir sin llorar de pura pena y desamparada nostalgia, como se supone que no deben llorar los hombres nunca. (Lojo 2014, 24)

El recuerdo del padre saboreando el bacalao disecado que el tío Benito le trajo de Galicia ilustra esa nostalgia. Frik, que odiaba el bacalao, comprendió que lo que daba placer a Antonio era "el olor del yodo y el salitre" que conservaba el pescado y las imágenes que revivía de "la luz reverberante en los balcones vidriados de La Coruña, que devolvían el resplandor del mar" (Lojo 2014, 25).

Pero si la nostalgia del terruño natal permanece en su nueva vida, la experiencia de Antonio en su lucha contra Franco le permite ver con lucidez la ilusión de los que creen en un peronismo revolucionario. Como socialista, él no creía que Perón hubiera dado verdadero poder a los trabajadores con su política populista. Antonio veía a Perón como una versión disminuida de Franco y comprendió en seguida el error de los jóvenes que esperaban de él que fuera el conductor de una revolución socialista. Pero su distanciamiento de la política, "lo había preservado del odio que, en cambio, aún atormentaba a otros" (Lojo 2014, 32). Su actitud serena y equilibrada frente a la creciente polarización entre las dos alas del peronismo es un factor importante en la formación de Frik, quien demuestra mayor claridad que sus compañeros en su percepción de la situación política. El vínculo que la une a su padre contrasta con la rebeldía de algunos de ellos, quienes se enfrentan, como Esteban, con sus mayores en un conflicto de trágicas consecuencias.

Frik, por su parte, aprende a ver la realidad a través de la percepción de su padre, basada en su experiencia de republicano derrotado. Ella no fue, por eso, a Plaza de Mayo como sus compañeros, para festejar el triunfo peronista cuando Cámpora asumió la presidencia: "Ir a la Plaza hubiera significado traicionar al hombre que había perdido su tierra por culpa del Dictador: ese Generalísimo que no tuvo reparos en abrirle a Perón las puertas de España, tan cerradas para otros" (Lojo 2014, 152). Además, ella "sentía (…) que la generación de sus padres ya había probado y consumido hasta el fondo, sin dejarle a ella nada, la violencia y el riesgo de la Historia" (Lojo 2014, 153).

Si bien el texto de la novela relaciona la actitud de la protagonista con su historia familiar, es también evidente que Lojo asume una posición crítica con respecto a la militancia de izquierda que se beneficia de la perspectiva histórica en la interpretación del pasado. En *Los prisioneros de la torre* (2011), Elsa Drucaroff hace un análisis de las inhibiciones psicológicas y las presiones sociales que afectaron a la generación de escritores postdictatoriales frente a la anterior generación militante:

> Si quienes hicieron irrumpir en los años 60 y 70, en la Argentina, sus relecturas del peronismo, sus propuestas para una nueva izquierda, su voluntad de transformar el país, se embriagaron con la fascinación de la torre como atalaya y fueron masacrados en gran parte, las generaciones que los continuaron sufrieron la dura resaca después de la embriaguez. (2011, 35-36)

Las generaciones de la postdictadura, según ella, cargan con la angustia de esa derrota y sienten que "sus pies se afirman en huesos NN y en hombros de sobrevivientes de la militancia que, por su parte (…) no consiguen examinar abiertamente su lucha, sus errores, sus aciertos, sus viejas certezas, no logran criticarse y valorarse sin tapujos ni eufemismos, ofrecerse con sinceridad a la crítica implacable de los que nacieron después" (2011, 36).

María Rosa Lojo no pertenece, sin embargo, a la generación de la postdictadura sobre la que escribe Drucaroff. Ella vivió, aunque siendo muy joven, durante el surgimiento, la lucha y la derrota de la militancia peronista revolucionaria. Su novela comunica, con lucidez y valentía, una evaluación crítica del pasado que ella reconstruye desde el recuerdo de su propia experiencia y la perspectiva de los años transcurridos. Lojo no fue militante, *Todos éramos hijos* no se presenta como un análisis político de propósito ideológico sino, como ella misma lo afirma, es un testimonio de una vivencia propia y, a la vez, generacional. Encontramos, en cambio, un análisis autocrítico de la militancia de izquierda en el libro de la ex guerrillera Pilar Calveiro *Política y/o violencia. Una aproximación a la guerrilla de los años 70*, publicado en 2005. Calveiro afirma que "el rescate de la militancia política para su 'imitación', la exaltación de vidas 'heroicas' que no están sujetas a crítica realiza otra sustracción: impide el análisis, la valoración de aciertos, de errores, y con ello, la posibilidad de revisar la práctica y actuar en consecuencia. En suma, es otra forma de sustracción de la política" (18). La novela de Lojo, sin transgredir los parámetros de la ficción ni caer en ensayismo, ofrece una visión personal crítica que coincide con el análisis de los estudiosos citados y otros más. La mirada crítica está allí representada, principalmente, por el personaje del padre.

Antonio intenta hacerle ver a Esteban que sus expectativas con respecto a Perón no son realistas y también que él, y otros como él, son solo una masa utilizada por la dirigencia de los Montoneros, que los hace cómplices de crímenes políticos, como el asesinato de José Ignacio Rucci, el secretario de la Confederación General del Trabajo y el más leal a la persona de Juan Perón entre los dirigentes obreros. Rucci representaba el ala derecha del peronismo y lo que los Montoneros calificaban como la "burocracia sindical" que ellos querían eliminar. Lo culpaban, además, por la matanza de Ezeiza. El asesinato de Rucci, ocurrido poco después del regreso de Perón del exilio, produjo la final ruptura de este con los Montoneros, y dejó a los militantes sin el apoyo de la clase obrera peronista. La novela hace referencia a la reacción de la gente del pueblo y al abismo que se crea entre ella y los jóvenes de nivel social y cultural más alto, que intentaban adoctrinarla: "No queremos que maten peronistas", le dijo un viejo del barrio a la joven Andrea; "Piensen lo que les cante de Rucci, pero al fin y al cabo era un compañero. Y venía de abajo, no como ustedes, que pasan dos días por la Facultad y ya se creen que están listos para venir a darnos clase y a enseñarnos lo que es la revolución y lo que tendría que ser el peronismo" (Lojo 2014, 176). El padre de Frik, por su parte, ve el asesinato como un gran error político de graves consecuencias: "'Pues sí que la han hecho', había opinado Antonio, su padre. 'Si antes su lugar les parecía poco, ahora los aplastarán como a cucarachas y los barrerán debajo de la alfombra'" (Lojo 2014, 176). Su juicio y su predicción resultaron funestamente correctos, como lo han reconocido los propios militantes en declaraciones citadas por Ceferino Reato: "Roberto Perdía, el número dos de 'la Orga', el nombre de entrecasa, considera que 'fue uno de los puntos más negativos para nosotros, yo creo que, al día de hoy, nunca pudimos levantar el costo político de esa muerte'" (2008, 8).

Antonio le advierte a Esteban que "no siempre dar la vida basta o sirve" y que "no siempre surte los efectos que deseamos" (Lojo 2014, 172). Además, le dice: "siempre hay que esperar a que el pueblo acompañe. O será peor el remedio que la enfermedad" (Lojo 2014, 172). Tal como lo muestra la novela, los militantes habían seguido una política opuesta a lo que aconsejaba Antonio, su dogmatismo y elitismo les hizo perder el apoyo popular. El veterano derrotado en la lucha contra Franco le cuenta a Esteban cómo su superior, en la Guerra Civil, le había impedido que sacrificara su vida inútilmente, piloteando un avión primitivo que era "una libélula con una cáscara de chapa" (Lojo 2014, 173); "'La causa es buena pero los medios son malos', me dijo. 'Te matarás por nada. No podemos ganar una guerra con estas libélulas ni con pilotos improvisados. Guarda tu vida para hacer algo mejor'" (Lojo 2014, 173). Esteban, por cierto, no oye las advertencias y los consejos de Antonio, y termina muriendo, como muchos guerrilleros capturados, en la represión violenta de la Guerra Sucia. Así también murieron hombres y mujeres del clero, cuyo único crimen fue prestar asistencia a los necesitados. La novela los nombra y honra el recuerdo de su sacrificio. Los muertos cercanos, reales o ficticios, los que fueron protagonistas del momento histórico y aquellos a quienes solo recuerdan sus seres queridos, todos ellos configuran una memoria que aún no ha sido del todo exorcizada.

Del mismo modo que *Canción perdida...*, *Todos éramos hijos* termina con la muerte de la madre y del padre, aunque la versión de los hechos es aquí distinta: la madre se suicida poco después del nacimiento del primer hijo de Rosa. El padre sucumbe al mal de Parkinson y a la pérdida de su esposa. En el final de la novela, teatralizado en tres escenas, un coro de tragedia griega identifica a Frik con Casandra, quien habla con los muertos. Allí aparecen, como presencias fantasmales, los personajes que la escritura ha revivido. Pero toda la obra es, también, un diálogo con los muertos que se impuso la narradora venciendo el temor de reabrir heridas no del todo cicatrizadas. Frik, en un texto metaficcional a la vez que autobiográfico, se refiere a la escritura de la novela que estamos leyendo: "Allí, en las cajas, latían los documentos: las fotografías y las fotocopias, los apuntes y los recortes de prensa, el andamiaje de todos los libros que había escrito y también las huellas de los que había leído. Algunas no habían sido visitadas en años. Quizá porque enmascaraban, con su neutralidad de oficina, un territorio minado" (Lojo 2014, 142) en el que "cualquier pisada en falso, podría pulverizar las capas protectoras que el tiempo había ido depositando sobre ellas" (Lojo 2014, 142). "'Dejar de huir', se ordenó la vieja Frik. Y abrió la caja semioculta en la 'última biblioteca'" (Lojo 2014, 142).

Entre los muertos con los que Frik dialoga está su madre suicida, a quien ella dice haber juzgado y condenado muchas veces, y también perdonado otras tantas. El padre, en cambio, no está en el sótano-teatro. Tal vez esto pueda interpretarse como una forma de expresar simbólicamente que Antonio sigue vivo en ella, en Rosa personaje/María Rosa escritora, y en la herencia gallega que ella ha reclamado para sí. Casandra-Frik deja a sus muertos para volver a caminar entre los vivos. Ya ha cumplido con la penosa obligación de recordar el pasado encerrado en el sótano de su memoria. Puede ahora, liberada, salir de las tinieblas para afrontar la luz del día y vivir en el mundo cambiante del presente: "Sale del sótano-teatro y a medida que asciende, el sótano profundo se va desvaneciendo en la claridad" (245). Concluye así esta novela que es testimonio, autoficción y profundamente catártica.

Referencias bibliográficas

Alberca, Manuel. 2007. *El pacto ambiguo. De la novela autobiográfica a la autoficción.* Madrid: Biblioteca Nueva.

Alberca, Manuel. 2005. "¿Existe la autoficción hispanoamericana?". *Cuadernos de CILHA* 7-8: 5-17.

Calveiro, Pilar. 2005. *Política y/o violencia. Una aproximación a la guerrilla de los años 70*. Buenos Aires: Grupo Editorial Norma.

Crespo Buiturón, Marcela. 2007. "María Rosa Lojo: en las fronteras de lo autobiográfico". En *María Rosa Lojo: la reunión de lejanías*. Editado por Juana Alcira Arancibia, Malva E. Filer y Rosa Tezanos-Pinto, 33-51. Westminster, CA: Instituto Literario y Cultural Hispánico.

Cucchetti, Humberto. 2010. *Combatientes de Perón, herederos de Cristo*. Buenos Aires: Prometeo Libros.

Cunqueiro, Alvaro. 1986. *Merlín e familia. I outras historias*. Vigo: Galaxia.

Donatello, Luis Miguel. 2010. *Catolicismo y Montoneros*. Buenos Aires: Manantial.

Drucaroff, Elsa. 2011. *Los prisioneros de la torre. Política, relatos y jóvenes en la postdictadura*. Buenos Aires: Emecé,

Lojo, María Rosa. 2008. *Esperan la mañana verde / Awaiting the Green Morning*. Edición bilingüe. Traducción e Introducción de Brett Alan Sanders. Austin, Texas: Host Publications.

Lojo, María Rosa. 1987. *Canción perdida en Buenos Aires al Oeste*. Buenos Aires: Torres Agüero.

Lojo, María Rosa. 1991. "Et in hora mortis nostrae". *El grillo. Revista de cultura* I.1: 13.

Lojo, María Rosa. 2005. *Finisterre*. Buenos Aires: Sudamericana.

Lojo, María Rosa. 2006. "Mínima autobiografía de una 'exiliada hija'". En *L'exili literari republicà*. Editado por Manuel Fuentes y Paco Tovar, 87-97. Tarragona: URV.

Lojo, María Rosa. 2010. *Árbol de familia*. Buenos Aires: Sudamericana.

Lojo, María Rosa. 2011. *Bosque de ojos*. Buenos Aires: Sudamericana.

Lojo, María Rosa. 2014. *Todos éramos hijos*. Buenos Aires: Sudamericana.

Pozuelo Yvancos, José María. 2010. *Figuraciones del yo en la narrativa. Javier Marías y E. Vila-Matas*. Cátedra Miguel Delibes. Valladolid: Universidad de Valladolid.

Reato, Ceferino. 2008. *Operación Traviata. ¿Quién mató a Rucci? La verdadera historia*. Buenos Aires: Sudamericana.

Sarlo, Beatriz. 2007. *La batalla de las ideas (1943-1973)*. Buenos Aires: Emecé.

"Tal vez lo que deseaba era, simplemente, lo imposible". Presencia, ausencia y resolución de la falta en *Finisterre*, de María Rosa Lojo

Leonardo Graná
Instituto de Investigación de Filosofía, Letras y Estudios Orientales de la Universidad del Salvador, Argentina

Introducción

En 2005, a una década de su primera novela que explora el siglo XIX (*La pasión de los nómades*, 1994), María Rosa Lojo publica *Finisterre*, obra de fronteras y cautiverios en Tierra Adentro. Según la autora, esta novela es el cierre de un ciclo con el que intentó dar cuenta de cómo leer un pasado que contiene, en sus choques, en sus fricciones y en sus deseos, las marcas y las problemáticas que luego, de alguna u otra manera, enmarcarían el siglo XX (Lojo 1999, 8; Lojo 2006b, 151).

La obra de Lojo cubre, así, este modo de observar en sus ficciones la trama histórica a partir de una mirada contemporánea; también propone el camino inverso: observar el presente desde una mirada filtrada por el pasado.

Las siguientes páginas reflexionarán acerca del concepto de falta en relación con *Finisterre*, lo que nos permitirá pensar diferentes modos de resolución del conflicto identitario. En esta discusión, haremos uso de los conceptos de "ausencia" y de "pérdida" tal como los entiende el teórico estadounidense Dominick LaCapra en su investigación sobre los procesos traumáticos de los sobrevivientes del Holocausto.

La crítica destaca que la obra de María Rosa Lojo tiene como uno de sus proyectos plantear cuestiones identitarias en las que la historia, la genealogía y los procesos migratorios cumplen un rol destacado. La pregunta por la identidad, así, no proviene de incertidumbres atemporales, sino de biografías situadas que los personajes van desarrollando. Respecto de *Finisterre*, la investigadora Marcela Crespo Buiturón propone que busca la resolución del cuestionamiento presente en la narrativa de Lojo, cuestionamiento, justamente, "del concepto de identidad partiendo de ese lugar tan complejo en el que la autora ubica a sus personajes, que es el borde" (2008, 247). La misma María Rosa Lojo, en entrevistas y en artículos acerca de su propia obra, reconoce dichos intereses reflexivos. Este artículo tiene estos argumentos como sostén; su propósito extra es intentar observar cómo los personajes organizan sus prácticas y experiencias en torno a las identidades en conflicto. Gracias a la tensión entre "pérdida" y "ausencia", podremos pensar cómo se construye una posible trascendencia positiva del conflicto mismo en la novela. Esta idea se apoya en la firme disolución de las polaridades identitarias que se observan en la obra de Lojo, aunque nuestro objetivo no es encontrar la acentuación del nivel de las identidades particulares, sino la instancia donde lo negativo de la disolución se invierte en algo positivo más allá de la negociación y la integración.

La novela *Finisterre* construye una tensa trama que anuda dos generaciones, tal como analiza Luesakul (2014, 237-67). En cada una de estas, aparecen las líneas de reflexión que María Rosa Lojo recorre desde sus obras tempranas (Crespo Buiturón 2008, 255-80). La primera generación es la de Rosalind Kildare Neira, quien en 1874 y desde Finisterre, en Galicia, escribe a la joven Elizabeth Armstrong su historia de cautiva en las pampas sudamericanas de los años rosistas, donde, de simple prisionera de un grupo de ranqueles bajo el mando del exiliado Manuel Baigorria, llegó a ser médica de la comunidad. También es la generación del padre de Elizabeth, Oliver Armstrong, cautivo junto con Rosalind. En

América, Oliver, una vez libre y luego de que muriera la madre nativa de su pequeña Elizabeth, la deja al cuidado de Rosalind, para hacer algunos negocios. La segunda generación es la representada, principalmente, por la hija de Oliver y por Frederick Barrymore, quien cumple los papeles de compañero, confidente, protector y eventualmente prometido de Elizabeth.

Los Armstrong viven en el londinense Kensington Gardens, y la muchacha apenas sabe de sus primeros tres años en el Río de la Plata. El misterio visible en torno al cual gira la novela es la identidad de su madre, en el sentido ostensivo del término; misterio que Rosalind, quien conoce el secreto, revelará epistolarmente a su debido tiempo. Sin embargo, el auténtico enigma por descubrir que mueve el ánimo de Elizabeth es otro tipo de identidad, más recóndita, que es la propia. Una vez conocida la historia de su nacimiento y primera crianza a cargo de Rosalind, en un fuerte criollo, Elizabeth decide partir hacia América, siguiendo un impulso más que un proyecto.

Las diversas biografías de ambas generaciones (aunque principalmente se materialice en la primera) se asientan sobre las experiencias fronterizas de emigración/inmigración, exilio y cautiverio. Cada uno de los personajes está atravesado por alguna combinación de estos derroteros. *Finisterre*, sin desatender ninguna experiencia, pone el acento dominante en la de los cautivos.

Las huellas del cautiverio están bastante presentes en nuestra literatura. Las escrituras de cautiverio, ante todo la vertiente ficticia, gozan de cierto despliegue (Operé 2012, 299-351; Pérez Gras 2014, 378-454), incluyendo el texto considerado fundacional, el poema "La cautiva" (1837), de Esteban Echeverría (Rotker 1999, 126-38). Sin embargo, los especialistas reconocen que no hay una cantidad interesante de documentos de primera mano, a pesar de que la presencia del cautiverio no haya sido escasa. Fernando Operé considera que el desinterés generalizado por cualquier relato de cautiverio se dio como consecuencia del mapa político inestable y de la cotidianeidad de la experiencia, vista como un flagelo cuyos autores no debían tener la oportunidad potencial de cierta humanización gracias a la narración del más allá de la frontera (2012, 189). Si nos concentramos en el cautiverio de mujeres, el silencio es casi completo, a tal punto que Lojo considera este ámbito como un "género inexistente" (Lojo 2006b, 148): solo algunas cartas escritas con fines inmediatos o circunstanciales (Pérez Gras 2014, 109; Rotker 1999, 182). En una entrevista televisiva, María Rosa Lojo recuerda, a propósito de *Finisterre*, que "así como hay relatos de varones que se fueron a los indios [o] que fueron cautivos (...), no hay relatos de cautivas de primera mano; [lo que hay] son relatos filtrados" (Chikiar Bauer; ver Pérez Gras 2014, 407-29). Susana Rotker, entre otros estudiosos, reconoce en el horizonte existencial (atravesado por el analfabetismo y la marginalidad de clase) un obstáculo que puede dar cuenta de la poca presencia de documentación de este estilo. Lojo advierte también que las posibles relaciones sexuales con los aborígenes y la atracción erótica habrán jugado como tabú para la escritura de tales testimonios. Sin embargo, este breve corpus quizá esté invitando a investigaciones más exhaustivas.

En el siguiente apartado, presentaremos los conceptos de "ausencia" y de "pérdida" según las reflexiones de Dominick LaCapra. También abordaremos el concepto de "identidad" en aquellos puntos pertinentes para este artículo. En el cuerpo principal del artículo, analizaremos la figura de Rosalind Kildare Neira tal como se presenta en el largo relato de cautiverio que escribe, e intentaremos comprender las diferentes instancias y los quiebres biográficos a partir de los conceptos antes aludidos. Por último, nos detendremos a pensar si *Finisterre* presenta la biografía de Rosalind de modo preceptivo o, por el contrario, si la novela muestra una resolución múltiple de los procesos identitarios.

Pérdida, ausencia e identidad

El concepto de "identidad" se nos presenta demasiado amplio y complejo, y cuesta encontrar su emplazamiento luego del *boom* reflexivo en torno a esta categoría en los estudios culturales en sentido amplio (Hall 2010, 13; Edwards 2009, 16). Para esta investigación, nos centraremos, cuando sea pertinente, en el concepto de "identidad" a partir de dos ejes que algunas corrientes críticas fueron modelando: el diferencial y el discursivo (Currie 1998, 17-32). En el primer caso, la identidad surge como marca opositiva dentro de la estructura. El individuo se identifica gracias al concierto de otros grupos identitarios que no lo convocan como miembro (Young 1990, 43-8). La identificación exige la presencia del otro para poder constituirse, y este carácter relacional impide pensar que las identidades sean inmanentes. En esta presencia del otro, la interpelación puede resultar crucial (Butler 2002, 179-83). El argumento discursivo, por el contrario, propone que la identidad se forma a partir de los modos de narrar el pasado que concierne a su constitución; para un individuo, la identidad se manifiesta mediante la biografía que da cuenta de sí: el establecimiento de continuidad entre el sujeto de la enunciación y esa primera persona que se presenta como el agente, paciente y experimentante tenaz del enunciado (Ricoeur 2009, 997; Zahavi 2005, 107). Claro que esta identidad no es ingenuamente autónoma, ya que vale tanto lo que uno narre de sí como lo que los otros narren de uno. En el mundo de los enunciados, nada surge *ex nihilo* (Bajtín 1999, 77), y, como dijimos antes, en la propia identificación, el carácter interpelativo del entorno es fundamental y fundante.

Para dar cuenta luego de los conceptos de "ausencia" y de "pérdida", advirtamos antes que nada que, a pesar del fuerte valor psicoanalítico que se le puede asignar a esta perspectiva, dichos valores están lejos de nuestros intereses (siguiendo el razonamiento de LaCapra 2005, 155) y también de nuestras posibilidades. Difícilmente diríamos que todo cuestionamiento identitario es necesariamente traumático en el sentido principal de dicho concepto en el campo pisicoanalítico, pero sí podemos afirmar que es, al menos, un proceso de crisis (LaCapra 2005, 70) que lleva a una escisión. Dar una respuesta a este quién herido obliga a enunciar una biografía (incluyendo un campo de oposiciones) en la que la presencia del cuestionamiento organiza la narración de, como mínimo, una falta, la de la continuidad identitaria, que acecha el presente. Por eso, toda narración de la identidad en cuestión se apuntala en la experiencia inevitablemente y quizá insistente de la diferencia negativa actual en relación con un pasado sentido —tal vez presentado— más colmado o más inocente.

Los personajes de *Finisterre* están movidos por una serie de despojos, mediante y contra los cuales buscan organizar una identificación coherente y sostenible (sin que esto signifique obligatoriamente que tal cosa sea posible). Demos algunos ejemplos. Rosalind recuerda su pasar cautivo en tierra nativa: "*Todos los días miraba el horizonte en busca de una fisura, una grieta, un pasaje fabuloso que me devolviera a Galicia*" (Lojo 2005, 110)*. Luego escribe de Baigorria, el jefe de la comunidad aborigen, que "[t]*ambién él, que había torcido mi destino, sumaba brutales desviaciones en el suyo propio, regiones y habitantes borrados para siempre*" (Lojo 2005, 119). Y Elizabeth siente que "[t]odas sus madres —reales, sustitutas, literarias— se morían, callaban o desaparecían como espejismos" (98). La búsqueda identitaria en *Finisterre* tiene asiento justamente en esta negatividad experiencial, en esta sensación de falta. La identidad, ya sea desde el sesgo relacional o el narrativo, es, en las instancias más activas, un modo de elaborar los huecos que nos interpelan (para la relación entre la obra general de Lojo y la búsqueda de identidad, ver Crespo Buiturón, 247-253).

La falta, como experiencia no indiferente, busca enfrentarse a la disparidad sentida respecto de cierta plenitud posible. Dominick LaCapra reflexiona sobre estos despojos según la diferencia entre la ausencia y la pérdida, aunque sin generar entre estos términos una polaridad absoluta ni desconocer que un mismo proceso puede ser un entramado de ambos. Según el autor, la disparidad entre un presente vacuo y un pasado colmado puede darse por un proceso de pérdida, que siempre es específico y concreto (LaCapra 70): la muerte de un ser querido, el desplazamiento hacia una nueva

---

*   Cuando las citas de *Finisterre* se presentan en cursivas, es porque así están en el original. Esa es la marca diacrítica que identifica los textos epistolares en la novela.

región, el ingreso a otra comunidad lingüística, el abandono de la fe, etc. Es claro que ante la pérdida no siempre es posible exigir o desear de modo realista la recuperación, pero sí tal vez algún tipo de restitución satisfactoria y vicaria. Por el contrario, la ausencia nos enfrenta a algo que no estuvo, ni está, ni estará. En este caso, la recuperación es contradictoria en sus propios términos; por eso, LaCapra busca no confundir ambos conceptos, ya que "no se puede perder lo que nunca se tuvo" (2005, 71). Experiencias de ausencia, según LaCapra, pueden ser el vacío de la divinidad, la caída primigenia, la expulsión de la naturaleza, la separación de la madre, etc. Ante estas, más que restitución el individuo debe procurar una aceptación; la ausencia "solo puede elaborarse en el sentido de aprender a convivir con ellas [tanto la ausencia como la angustia] y no convertirlas en una pérdida o falta" (2005, 85).

El autor, además, exige pensar la ausencia en términos trans-históricos (2005, 70), quizá por el hecho de que las ausencias históricas son rigurosamente infinitas, mientras que las transhistóricas tienen asidero en la psiquis y las estructuras culturales (aunque no habría que descartar el acecho real, ni teórico ni infinito, de las ausencias históricas). Como vemos, hay aquí por parte del teórico un postulado fuerte y discutible que eleva las ausencias anteriores por sobre la cultura particular.

La confusión entre ausencia y pérdida puede generar o bien una nostalgia ineficiente o una melancolía perpetua (2005, 68). Aunque los argumentos de LaCapra (principalmente volcados a la reflexión sobre el trauma de los sobrevivientes del Holocausto) procuran que la lucidez ante dichos conceptos evite más dolor, no parece ser definitorio el régimen clasificador entre pérdida y ausencia, en principio porque muchas veces una misma experiencia es ambas cosas en términos históricos y según cuál sea el perfil observado.

Rosalind en falta

La biografía del personaje de Rosalind Kildare Neira está planteada a partir de varios desplazamientos. El primero de ellos es experimentado en sus efectos: su padre tuvo que irse de Irlanda por cuestiones político-religiosas, y debió establecerse y formar familia en Galicia, donde Rosalind encuentra el eje principal desde el cual interpreta el mundo. Gracias a este primer desplazamiento, Rosalind nunca deja de nombrarse, además de hija de madre gallega, como hija de irlandés, aunque principalmente se identifica con la tierra de crianza. El segundo desplazamiento es el que realiza junto con su esposo a tierras americanas a principios de la década del treinta, en busca de un futuro más promisorio. Al cruzar tierra adentro, el tercer desplazamiento se produce por culpa del rapto y del cautiverio. Cada una de estas experiencias tiene un matiz que las diferencia entre sí con énfasis: la primera es una memoria transmitida, la segunda es un acto voluntario (más allá de los condicionamientos para la emigración), la tercera es un destino forzado. El último desplazamiento será el retorno a "[n]*uestra famélica Galicia*" (Lojo 2005, 34), lugar de establecimiento en su madurez y desde donde dirigirá las cartas a Elizabeth. Este regreso cierra el círculo de la biografía de Rosalind.

No es gratuito que en la compleja estructura ficcional de la novela, en la que todos los personajes tienen biografías de la pérdida y de la falta, sea Rosalind, es decir, el personaje más prominente, quien porte esta múltiple presencia del desplazamiento[1]. Como dijimos, Rosalind no deja de definir su identificación como doble, en principio: "¿Bárbaros como yo, irlandesa y gallega, para colmo?", le dice al inglés Oliver Armstrong, futuro progenitor de Elizabeth (Lojo 2005, 134). Es decir, más allá de su nacimiento y crianza en Galicia, reconoce el doble linaje de sus padres; sin embargo, al nombrar a Irlanda, la considera la patria de su padre y no principalmente la propia. Así, creemos que la experiencia del exilio heredado (Crespo Buiturón 2008, 85-94; Lojo 2006 y 2006b) no la obliga al mandato del retorno.

Finisterre —y también la obra general de Lojo— se cuida de modo sensible e inteligente de elaborar prescripciones identitarias. En artículos y entrevistas, Lojo suele detenerse en diferentes manifestaciones de la patria. En una entrevista de los años noventa, la autora responde: "Ahora no sabría qué decir: este país austral: la Argentina, no es mi patria (la tierra de los patres) aunque sea el lugar de mi nacimiento físico asentado en un documento de identidad" (Lojo 1993, 60). Aquí se muestra la polaridad y la resolución parcial e individual en relación con los orígenes. En otra entrevista, concedida a Horacio Salas, Lojo supera la posible tensión trascendiéndola o, mejor, arropándola en un concepto de identidad más amplio. Ante el recuerdo de su padre que le decía que, antes que nada, ella era española y no argentina, Lojo repite las palabras de aquel: "Si hubieras nacido en la China, ¿qué? ¿Serías china?". Y luego se responde en la entrevista: "Claro, yo me miraba al espejo y no había nada, ni piel amarilla ni ojos rasgados. Pero (…) si hubiera nacido en la China, hoy lo puedo decir con toda conciencia, claro que sería china. (…) Porque esa hubiera sido mi cultura" (Salas). Y la cultura, por sus características envolventes, puede ofrecer como herramientas identitarias la idea de la patria en los dos sentidos aludidos al comienzo y, reflexivamente, también en este último.

Cuando la patria de los padres se vuelve ajena, puede transmitirse a la siguiente generación como memoria heredada (Pollak 2006, 34). Estos recuerdos y sus faltas no dejan de competir con la de la propia comunidad local —si es que difieren—, con lo que solo una reflexión atenta podría diferenciar con certeza qué es propio de cada espacio. En el caso de Rosalind, su identidad irlandesa vía paterna no parece haber producido heridas que hubiera que cerrar imperativamente mediante algún tipo de restitución. Sí podemos decir que la memoria de la generación anterior puede haber permitido en Rosalind una mayor sensibilidad ante sus propias experiencias de desplazamiento (ya sea voluntario, ya sea forzado), lo que le ayudará a observar con madurez y en profundidad el conflicto identitario que emerge en su biografía.

Sin precisar qué es esto de "lo irlandés" en Rosalind (posiblemente una lengua, una rivalidad, algunos afectos, una comprensión más profunda de las posiciones subalternas), su identificación la lleva a oponerse al inglés Oliver Armstrong en una discusión sobre los muertos y los exilios de cada familia en el conflicto entre ambas naciones. En dicha discusión, Armstrong es preciso al mencionar que, para Rosalind, no es Irlanda sino Galicia el eje en torno al cual gira su identidad y, en América, su sensación de pérdida. Ante la denuncia de Rosalind de que su padre tuvo que exiliarse por el hostigamiento de ingleses y protestantes, Oliver Armstrong le responde: *"Pues gracias a eso usted nació en la bella Galicia, a la que tanto añora"* (Lojo 2005, 133). Aquí, Oliver enuncia al pasar lo que luego será parte del aprendizaje fundamental de Rosalind en tierra ranquel: todo desarraigo no es absolutamente negativo.

Por eso, la pérdida de la generación anterior, que puede pesar como falta en la trama familiar, no se ve impuesta como conflicto imperioso en la biografía de Rosalind: su deseo de retorno es otro, el retorno a Galicia y a su infancia, producto del segundo desplazamiento y el más importante, aunque no el más traumático ni el que le permita dar vuelta el argumento identitario.

Este segundo desplazamiento comenzará a sentirse como una falta cuando el retorno se vuelva imposible. Recordemos lo que escribe Rosalind en una de sus cartas citada anteriormente:

> *Todos los días miraba el horizonte en busca de una fisura, una grieta, un pasaje fabuloso que me devolviera a Galicia. No ya a la bella ciudad de Santiago, donde me habían mandado al colegio de señoritas, sino a la aldea de los veranos y de mi primera crianza.* (Lojo 2005, 110)

Esta falta que siente el personaje posee cierta ambigüedad, y aquí pueden enlazarse la pérdida y la ausencia. Si Rosalind busca el pasaje que la lleve a la aldea en la que pasó su infancia, la falta se presenta como pérdida. En cuanto tal, el conflicto se elabora en la obtención actual de algún estado que sea equivalente de modo satisfactorio al estado anterior faltante, incluso hasta el punto de afirmar en algunas circunstancias que se recuperó el anterior (LaCapra 2005, 80). Esta falta se cierra en la última parte de la novela, con el desplazamiento final de Rosalind a Europa y su asentamiento en las tierras añoradas.

Sin embargo, hay una segunda faceta en las palabras de Rosalind; si busca el pasaje que la lleve a la aldea tal como era en el pasado, la falta se presenta más difusa. Más allá de la obvia imposibilidad de este tipo de regreso, el deseo es claro: inmediatamente después del texto citado, recuerda a su abuela y, páginas más adelante, "*desde el fondo de otra vida*", a su abuelo (Lojo 2005, 152) y luego a su padre (153). Una vez que regresa a la aldea —es decir, al comenzar el proceso de restitución de la pérdida—, sube reiteradamente la montaña para encontrar las "*memorias de antes de nacer*", encarnadas en la imagen de su madre cuando esta era niña (237). Escribe: "[Y]*o iba a buscarla día tras día*" (237), pero "*se esfumaba el reflejo de sus trenzas rojas, y su recuerdo volvía a ser una sombra*" (238). Si bien Rosalind logra religarse a la comunidad, es infructuosa esta búsqueda que, fuera de la literalidad, no deja de querer colmar un vacío. "*Nunca llego, nunca llegaré*", afirma; luego, cuando trata de oír la voz de su madre en el bosque, reconoce que "[e]*speraba, vanamente*". Y cada día se dice con obstinación: "*No importa* (…). *Si no es hoy será mañana. Vendré siempre*" (237-238).

Este relato es poético y está lleno de ambigüedades. Creemos que la búsqueda que se plantea no es exclusivamente una simbolización de la memoria heredada y cultural porque, de ser así, Rosalind no se enfrentaría al abismo y al silencio. Pero es difícil establecer una interpretación exacta. Desde una perspectiva psicoanalítica, puede considerarse adecuadamente como un *acting out* de la pérdida que busca encauzarse en duelo (LaCapra 2005, 86 y 156-157). Sin embargo, si unimos esta escena al deseo de retornar a la Galicia de su niñez, podemos considerar que estamos ante la experiencia subterránea de una ausencia, la de la imposibilidad de la permanencia. Desde este análisis, es legítimo pensar a *Finisterre* como parte de aquellas "formas de narrativa crítica y no totalizadora" en las que se despliega "el *acting out* y la elaboración de la ausencia" (LaCapra 2005, 87).

Según lo dicho, a veces no se puede distinguir con precisión si estamos ante un acto de ausencia o de pérdida, sobre todo cuando el texto literario promueve dicha dificultad. Los cruces entre uno y otro son los que LaCapra considera rectores de elaboraciones obstaculizadas. Junto con esta precaución, este teórico recomienda no presentar a las pérdidas "como meros avatares de alguna ausencia o característica constitutiva de la existencia" (2005, 85). Es comprensible esta reflexión, porque ver la realidad como ejemplificación de leyes universales o transhistóricas puede falsear o bastardear la comprensión y las decisiones en torno a un acto histórico traumático. Sin embargo, si se logra sortear dicho peligro, no hay razón para rechazar relaciones y momentos epifánicos que la literatura, en nuestro caso, provoca con cierta insistencia.

En *Finisterre*, la pérdida no deja de tener una aureola de algo imposible. Que el pasado sea un despojo es propio de la condición temporal de la existencia; Rosalind lo enuncia con palabras sencillas pero profundas: "*Mi padre ha muerto. (...). Está muerto y no volveré a verlo en este mundo*" (Lojo 2005, 154). El pasado y el presente tienen relaciones que no son evidentes, y estas relaciones deben ser aprendidas. Por todo esto, Rosalind percibe la falta de modo complejo, a partir de un deseo en el que parecen convivir la negociación de lo perdido y la de lo ausente. Sin embargo, su resolución es positiva, ya que finalmente logra desligar lo restituible de lo que no lo es.

Luego de tres años decide irse de la casa materna: no es que esté desacatando aquel deseo de regresar a la aldea ni la promesa de ese "[v]*endré siempre*", sino que, tal vez aceptando que no se puede desandar el tiempo, sigue la ruta de las memorias de su madre (la aldea), de su padre (Santiago) y de las propias (Finisterre). Al realizar un desplazamiento interno y asentarse en Finisterre, un "*pueblito de pescadores*" (Lojo 2005, 241), vemos que la necesidad y la obligación de no permanecer en aquellos primeros sitios muestra también que la restitución de lo perdido no se da siempre de manera directa. Gracias a lo dicho, podemos comprender por qué Rosalind recuerda explícitamente que regresó a Galicia en la época que se publicaron los *Cantares gallegos* (1863), de Rosalía de Castro. En la larga carta de cautiverio, este dato sería, al menos, atípico y periférico, excepto que se perciba que la restitución de lo que Rosalind siente en falta se produce por vías más complejas.

De Finisterre, Rosalind escribe que "*en ningún lugar que no sea este me resulta posible escucharme a mí misma y desgranar el relato de los días que pasaron como si fuese otra la que pudo vivirlos*" (Lojo 2005, 242). Las largas cartas que envía a Elizabeth Armstrong son un largo proceso de "escribirse" a sí misma (242), es decir, de construir una biografía de sí (ese otro ser enunciado en el que nos reconocemos) para dar cuenta de la complejidad de la propia identidad. Esto es prontamente comprendido por Elizabeth, porque al terminar de leer una carta trunca, sospecha que "[a]caso [Rosalind] había olvidado (…) que decía estar escribiendo para ella [Elizabeth]" (53). La larga biografía de Rosalind concluye en una sentencia breve y decantada, que resume todo un trayecto de búsqueda y comprensión: "[S]*oy Rosa, la hija de María Josefa y del irlandés, y soy Pregunta Siempre, la que volvió de la llanura como quien vuelve de la muerte.* (…) [S]*oy dos. Soy las dos*" (Lojo 2005, 243-44; ver Crespo Buiturón 2008, 277).

Refirámonos al tercer desplazamiento, que es el rapto de Rosalind y su vida entre nativos. Esta instancia es crucial para la biografía de este personaje, puesto que su comprensión final de que era "las dos" (Rosa/Rosalind y Pregunta Siempre) solo sucede gracias a esta experiencia americana.

Aquí, la pérdida es palpable y se hace carne. En la noche del malón, la misma lanza con la que muere su esposo posee tal ímpetu que atraviesa más allá del cuerpo del hombre y, con la punta, hiere el vientre de Rosalind. Así queda relatado el episodio en sus cartas: "*Mi marido me cubrió con su cuerpo, y su sangre me manchó las manos y el vientre. Supe, por el peso inerte, que estaba muerto, y sentí un dolor agudo en la pelvis. La misma lanza que lo traspasó me había tocado*" (Lojo 2005, 53). De esta manera, pierde al niño que estaba gestando y se vuelve estéril. En un solo gesto, Rosalind comienza su cautiverio desde una posición quebrada, sin esposo y sin hijo.

El personaje de Rosalind encuentra en el cautiverio, además, otra falta, que creemos que no es solo la de la amplia comunidad occidental. Por el contrario, Rosalind reconoce que ya no pisa un suelo estable en relación con su identidad. El trauma del cautiverio le abrió la puerta a la inevitable pregunta por su ser y no tiene manera de evadirse. Su respuesta será una entre muchas posibles, aunque su temperamento y su socialización en un mundo tramado como múltiple (lo español, lo gallego y lo irlandés) la conmina a aceptar la amarga y forzada invitación a complejizar su identidad y el concepto de "identidad" en general. *Finisterre* contiene en su primera página la siguiente reflexión de Rosalind:

> *Yo tuve que cruzar el océano, adquirir otra lengua, cambiar de trajes como si fueran los disfraces de un teatro o las caras desconocidas que aparecen en las transformaciones del sueño, para completar el camino.* (Lojo 2005, 11)

La teatralidad de los trajes que propone Rosalind manifiesta la intuición del personaje de que la estabilidad de las identidades puede perderse, quizá por se carácter de construcción, pero que, como sea, en el fondo de toda identidad no hay más que la ausencia de algo firme (Crespo Buiturón 2008, 237).

Cautiva, Rosalind experimenta una exacerbación de las identidades particulares según los ejes opositivos. Estas identidades son los "*trajes*" de la cita anterior, que, a pesar de su teatralidad profunda, no dejan de diferenciar seriamente a quien los porta. Por supuesto, el gran conflicto que se produce es entre cultura occidental / cultura ranquel. Pero Rosalind entablará relaciones con otros personajes en las que quedarán al desnudo polaridades en tensión. Ante la madrileña doña Ana, la oposición centro/periferia en tierra española (Madrid y Galicia) es evidente. Y el enfrentamiento entre identidad irlandesa e inglesa se presenta en diálogo y contacto con Oliver Armstrong. La constante negociación de las fronteras y los modos de establecer interacciones entre dichos marcos culturales es lo que le permite a Rosalind ir posicionándose, en su biografía, de modos no estancos a lo largo de los años.

Como reflexionamos antes, en tierras nativas será también donde Rosalind tendrá la oportunidad de pensar en Galicia como algo más que aquel lugar pobre del que había tenido que emigrar para intentar armar un futuro. Esta simultánea y confusa imagen espacial y temporal irá ganando terreno como objeto de deseo hasta que, en 1865 y ya libre, emprende el regreso a Europa.

Paradójicamente, la tierra nativa es el lugar en que las pérdidas conviven extrañamente con lo que se podrían llamar "ganancias", solo para mantener la relación asociativa de las palabras. Por ejemplo, logra ascender en la sociedad indígena de mera cautiva a asistente del *machi* (brujo) y luego *machi* ella misma. Además, uno de los grandes aprendizajes de Rosalind es aquella verdad amarga que ya estaba prefigurada en las palabras de Oliver Armstrong, citadas antes: "*Pues gracias a eso* [el exilio paterno] *usted nació en la bella Galicia, a la que tanto añora*" (Lojo 2005, 133). Entre toda falta y todo dolor —incluso estos como causa—, es posible la emergencia de actos y experiencias que sostengan la vida, y ninguno anula al otro. Por eso, Rosalind, en medio de turbulencias políticas y guerras, puede encontrar sosiego en la relación erótica con Oliver:

> *Fue tiempo de matanzas para los ranqueles de Manuel Baigorria: de ataque y de emboscadas, de fusilamiento de prisioneros en los cuarteles* huincas, *de fuga y de miseria. Para mí, sin embargo, fue también un tiempo de amor.* (Lojo 2005, 143)

El haber encontrado la realidad de la violencia en ambos lados del océano, entre todas las culturas —Rosalind escribe que las atrocidades son cometidas por "*tostados o pálidos*" (Lojo 2005, 136) indistintamente—, sumado a la falta de estabilidad identitaria y el reconocimiento de que no hay una experiencia positiva que no engendre la negativa y viceversa, todo esto lleva a que Rosalind concluya con una revelación mucho más trascendente, menos individual, que aquel importante "*soy las dos*". Las últimas líneas de la novela, ocupadas por la carta final de Rosalind, dan cuenta de esta revelación.

La testigo Rosalind ("he visto" [138] y "he tocado" [244]) recuerda haber observado en su vida, ante todo, cuerpo humanos —sin distinciones— que sufrieron el golpe violento de la historia y de las identidades: abiertos, aplastados, quemados, hinchados, secos, violados, torturados, rotos, muertos (Lojo 2005, 244-45). Ante tanta violencia, la presencia de la gran falta emerge: "¿Qué vi? ¿Qué supe? ¿Qué entendí? ¿Que aunque haya Dios, triunfa el Infierno? ¿Que aunque no haya Dios, la vida es Infierno?" (244). Aquí la biografía vacila en abismarse o no a la ausencia de la divinidad[2]. La falta de sosiego y de paz tiene como causa oscura la indiferencia de Dios o, tal vez, su inexistencia.

Pero hay algo diferente en la enumeración final de los cuerpos. Entre ellos, "[u]*n cuerpo que nace en otra batalla, protegido por líquido, grasa y sangre. Una cabecita saliendo entre las piernas de una mujer*" (Lojo 2005, 245). La elevación de la existencia a esta lucha perpetua entre muerte y vida, entre violencia ejercida por el ser humano y resistencia de la vida a perpetuarse, es el anillo general dentro del cual se encierran todas las experiencias anteriores. Además, esta es solo la penúltima imagen de la enumeración; la novela se cierra con otra. Dice Rosalind que también fue testigo de "[u]*na potranca nueva, empapada, que se pone de pie sobre las patas torpes, huele el olor de su madre, relincha al mundo, levanta la cabeza*" (245). Esta es la máxima trascendencia, la respuesta sin esperanzas a la interpelación de la gran ausencia: lo animal, por fuera de toda cultura y ciudadanía y frontera, es la imagen vulnerablemente victoriosa con la que se trata de compensar una biografía marcada por la falta y la distancia. Desde este espacio de comunión en que lo humano y sus identidades no se desvanecen pero sí se diluyen, lo vital en la tierra gana en su extraña positividad por sobre las particularidades y las violencias de las culturas. El cierre de la novela anula las oposiciones gracias al doble nacimiento (el niño y el animal) y busca pensar —sin mayor desarrollo— la posibilidad de una biografía nueva, común y no meramente antropocéntrica, desde la cual negociar el lugar del ser humano (este animal en problemas) en el cosmos.

En esta ampliación de la argumentación mediante anillos cada vez más arraigados en el ser es donde Lojo asienta su reflexión final, la trama que actúa de base y que busca dar cuenta de las grandes ausencias que Rosalind atisbó: la de Dios, la de las identidades, quizá la de la permanencia. Esta reflexión no es un planteo original, aunque sí se enuncia con intensidad poética: la potranca sobre la tierra. Y de esta tierra es de lo que versa una de las últimas enseñanzas de Mira Más Lejos. Esta reflexión, que alude con un fundamental quiebre a Mateo 5. 45, dice así:

> *¿No sale el sol y cae la lluvia para todos, aun para los malvados? (…) Ancha es esta tierra, nuestra madre y madre tuya. Para ti son sus dones. Cuando todos se mudan, ella queda, y su paciencia tampoco tiene fin.* (244)

Este anillo ulterior y universal, donde lo individual —lo humano, lo animal— logra sofrenar la caída libre en la que puede descubrirse, no borra en última instancia las identificaciones ni las culturas, aunque es el marco propicio para que Rosalind comprenda el juego en el que el ser humano compromete su existencia.

No un solo camino

Ante las tensiones identitarias que logran una resolución en el personaje de Rosalind, la investigadora Marcela Crespo Buiturón, en su tesis sobre la obra de Lojo, recuerda que "estas cuestiones, si bien entablan un diálogo fluido con la sociología y la psicología, son, en todo momento, propuestas literarias que afectan esencialmente a la concepción y calificación de lo ficcional" (2008, 247) La observación es pertinente; al referirnos a LaCapra, nos habíamos alineado en esta postura. La dificultad radica en evitar armar una preceptiva y, al mismo tiempo, sostener la línea argumental y existencial que Lojo propone como reflexión en *Finisterre*. Este breve apartado intenta mostrar cómo la autora se cuida de instalar la biografía de Rosalind como normativa.

Que no haya un solo modo de resolver cómo y con qué identificarse se encuentra desarrollado extensamente en *Finisterre*. Cada personaje desarrolla un modo de comprender las identidades y de comprenderse, y en este consorcio de subjetividades irreducibles se pierde eficazmente la posible fuerza de una tesis sobre la elaboración de la identificación. Así, la novela se abre con una advertencia que nos invita a no creer que el derrotero de Rosalind es modélico. Hay quienes, escribe Rosalind, logran tener una existencia plena en un espacio cerrado, pequeño y, quizá, monocultural: "*una aldea, una ciudad, un puñado de acres en tierra solariega*" (Lojo 2005, 11). Es decir, la pregunta por el buen vivir tampoco se responde unívocamente. Esta advertencia inicial intenta evitar la posible idea de que hay una jerarquía de existencias diferenciadas según la presencia o no de conflictos identitarios.

Sin embargo, la biografía de Rosalind se impone y puede llegar a opacar al resto a causa de su mayor desarrollo y complejidad. Esto sucede en parte por la centralidad de su presencia narrativa y por su focalización privilegiada. Este amplio desarrollo nos permite reconocer un extenso espectro de concepciones sobre la identidad. En su biografía observamos, por ejemplo, el alineamiento consciente de las tres identificaciones nombradas en el apartado anterior (la cultural, la de la sangre y la del suelo), pero también su perturbación, quizá debido a la madurez que estas experiencias provocaron en el personaje.

Al regresar a Galicia, Rosalind vuelve a relacionarse con la identidad respecto del suelo progenitor. Reproduzcamos más extensamente un párrafo ya citado: "*En la corteza del invierno el bosque ocultaba mis memorias de antes de nacer. (...). Era mi madre*" (237). Pero también con respecto del propio suelo: "*Ésa fue mi primera noche en la casa donde había nacido, un verano, cincuenta y un años atrás*" (236). Y también con respecto de la cultura, de la comunidad: "*Los pasos se me atrancaban en las huellas de los carros que las campesinas han llevado durante siglos a donde crecen los brotes de* toxo" (237).

Ahora bien, esta reflexión, que presenta una identidad que, en este caso, parece imperturbable, Rosalind la acompaña de manera casi inmediata con aquella que afirma que ella es, además, Pregunta Siempre, la cautiva que llegó a ser médica entre los nativos. "[S]*oy dos. Soy las dos*" (244), ya vimos que escribe en la última carta. Por todo esto, la biografía de Rosalind es, entre todas, de una complejidad destacable.

Demos un ejemplo contrastante. El personaje de Manuela Rosas, también de construcción eficaz, se opone tenazmente a esta ampliación identitaria, a pesar de comprender la posibilidad de diferentes biografías. Cuando se entera del proyecto de Elizabeth de viajar a Sudamérica en busca de sus raíces, Manuela le conmina a aceptar la doble identidad, a reconocerse como "una india inglesa" (207). A pesar de ser quien le ofrezca a Elizabeth una clave similar a la de Rosalind de cómo generar marcos de interpretación en relación con su biografía, su postura es incólume a la herencia: "Pues yo estoy en otra tierra, donde han nacido mis hijos, y hasta me he disfrazado de inglesa", dice en cierta tertulia (102). Aquí la identidad de sangre en sentido descendiente se ve palpitando en sordina. Pero lo importante es el "me he disfrazado" que se opone a aquel "*cambiar de trajes como si fueran disfraces*" de Rosalind. Para esta última todas son ropas ficticias; para Manuela, solo las de su estado actual.

No ahondaremos en otros ejemplos; solo diremos que una virtud de la novela es la polifonía de modos diversos de entender la identidad y de entenderse cada uno según observa su derrotero biográfico. Todos los personajes están firmes en su concepción de las identificaciones y, si se encuentran en duda, están firmes en ella. A pesar de que estos seres estén construidos a partir del eje de la falta —un entrelazado de pérdidas y ausencias—, no hay una sola brocha con la que se colorean sus ideas, sino que exponen, cada uno, una amplia paleta de colores identitarios. Los personajes principales, Rosalind y Elizabeth, son flexibles y capaces de sensibilizarse ante los pequeños pliegues de la existencia; el resto defenderá diferentes grados de inercia o de ruptura en sus prácticas y experiencias. Pero no hay, ante tantas voces discordantes, un juicio narrativo que condene a algunos y absuelva a otros. Si bien Rosalind controla con su presencia el eje de la novela, en la exposición de su biografía se reconoce el mismo cuidado que, por ejemplo, en la de Manuela Rosas, la de Manuel Baigorria, la de Oliver Armstrong o la de Audrey Kent: el cuidado polifónico de dejar que cada personaje se exponga como núcleo de sentido autónomo (Bajtín 1988, 16).

Y esta diversidad de visiones y resoluciones de la identidad se encuentra de modo explícito en la novela. En medio de la discusión entre Rosalind y Oliver, causada por la rivalidad histórica entre irlandeses e ingleses, este afirma que los irlandeses son papistas y, encima, fanáticos. Rosalind le responde: "*Algunos papistas podrán ser fanáticos y algunos fanáticos podrán ser irlandeses. No es una combinación necesaria*" (133). Al negarse a concluir con alguna proposición universal, Rosalind no solo respeta las reglas del silogismo, sino que además bloquea cualquier determinismo. Retrospectivamente, Rosalind no acepta pautar ninguna biografía, en este caso la del pueblo de su padre, y esto afirma la flexibilidad que tiene al negociar sus propias posiciones culturales en un entorno que está aprendiendo a comprender. Tal disposición, ofrecida por el mismo personaje que podría ser la insignia existencial de la novela, nos obliga a no enjuiciar a todos los que pueblan *Finisterre* mediante el mismo rasero identitario. Ningún personaje se parece a Rosalind —y esto abulta sus privilegios dentro de la estructura de la novela—, pero, de hecho, ningún personaje se parece a ningún otro, y esta pluralidad biográfica es un acierto de la autora.

A pesar de esto, la novela apunta inevitablemente a un estadio universal, a una reflexión que no estalla simplemente en una miríada de posibilidades; también busca trascender las fuerzas intratextuales. Al fin del apartado anterior, habíamos encontrado una serie de instancias cada vez más amplias: lo individual, lo humano y lo animal/biológico. Y en este sentido, sí, Rosalind tiene la mirada privilegiada de quien completó el camino.

Conclusión

A lo largo de las páginas anteriores, nos centramos en el personaje gallego-irlandés-ranquel de Rosalind Kildare Neira / Pregunta Siempre y en su largo relato de cautiverio. Nos concentramos en la problemática que anuda el tema de la falta con la pregunta por la identidad, y supusimos, siguiendo a Dominick LaCapra, que sería productivo diferenciar entre faltas a partir de la ausencia o de la pérdida. En esta trama de diferenciaciones, creemos que el derrotero existencial e identitario de Rosalind quedó resaltado en sus núcleos más evidentes. Pudimos observar que, además de las propias cuestiones biográficas que exigían algún tipo de duelo o restitución, late en las reflexiones del personaje un abismo cuya elaboración es, según el planteo de lo ausente, imposible. Entre las pérdidas, los desplazamientos (ya sea como migrante, ya sea como exiliado) son prioritarios en la novela, y también la búsqueda de clausura. Por el contrario, con la ausencia hay que aprender a convivir, afirma LaCapra. *Finisterre*, en este sentido, ofrece una posible aceptación: el asentarse en la integración del humano en lo animal y lo universal, comprender el todo como trama mayor que sosiega la perspectiva humana. En *Finisterre* se podría haber planteado alguna otra respuesta: el olvido de la falta mediante la absorción en alguna identidad parroquial excluyente, la confianza y fe en una trascendencia religiosa, el imperturbable sostén de la ausencia como herida que ni cierra ni se desea que cierre (Jorge Luis Borges es nuestro mayor exponente de esta posición)… Sin embargo, la decisión narrativa fue ofrecer una tensa ataraxia de mirada profunda. Si decimos "tensa" es porque no solo se logró luego de un derrotero doloroso, sino porque también negoció con las identidades particulares en un difícil equilibrio que las sostuvo sin solidificarlas.

En próximas investigaciones, deberíamos reflexionar desde la misma perspectiva acerca de la figura de Elizabeth Armstrong. Por ser el otro personaje sobresaliente de la novela, el análisis debería ser productivo. En principio, habría que suponer que, a partir de la construcción polifónica de los personajes en *Finisterre*, los desplazamientos y las faltas de Elizabeth organizan posiciones diferentes y otros modos de enfrentarse a la pérdida y a la ausencia. Las particularidades de cada uno de estos dos personajes nos harían aventurar una conclusión acerca del final abierto de la biografía de Elizabeth. Además, siguiendo este mismo análisis, se podría confiar en que la comparación entre las estrategias narrativas en torno a estos dos personajes principales y los otros que organizan el texto nos permitiría ahondar en por qué se destacan Elizabeth y Rosalind por sobre el resto (o tal vez se pueda crear algún tipo de gradación entre los personajes). Como tercer eje de investigación, deberíamos ver si la conclusión existencial encontrada en *Finisterre* se sostiene, presenta otros aspectos o se rechaza en el resto de la obra de María Rosa Lojo. Por último, consideramos pertinente preguntarnos en reflexiones siguientes por el carácter de literatura de cautiverio que presenta *Finisterre* y su relación con la falta de testimonios de primera mano de cautivas en nuestra historia. Al referirse a su novela, María Rosa Lojo escribió: "Es en esta peculiar correspondencia (…) [entre Rosalind y Elizabeth] donde se va conformando un género inexistente: la carta o relato 'de cautiva'. (…). Las cartas (…) se sitúan, pues, en el lugar de lo ausente, del silencio y de lo silenciado, de lo que no se ha querido escuchar" (Lojo 2006b, 147). Más allá de la coincidencia o no del término, no deja de ser atractiva esta idea para continuar la investigación.

Para finalizar, ya que hablamos recién de los otros personajes que sostienen la trama de *Finisterre*, nos gustaría volver al título del trabajo, que propone una reflexión de Elizabeth sobre su padre: "Tal vez (…) deseaba ya pocas cosas, como casi todos los hombres que iban para viejos y que consideraban su vida una carta jugada. *Tal vez lo que deseaba era, simplemente, lo imposible*: cambiar los hechos de esa vida que lo habían llevado hasta allí" (96; las cursivas son nuestras). La presencia del artículo neutro ante el adjetivo "imposible" hace de esta frase marcada el mejor resumen de aquella sensación difusa que quisimos rastrear en la trama biográfica de Rosalind / Pregunta Siempre. No es que el objeto de deseo sea imposible, es decir, algo cuya concreción no tenga cabida por obstáculos contingentes. Por el contrario, el objeto mismo es esa imposibilidad buscada e inapresable. Y esto es, dentro del gran anillo del ser en el que un niño es parido y una potranca se alza sobre sus patas, lo que nos permite diferencialmente habitar el fin de la tierra, aquel "*límite del mundo familiar* [y] *de la realidad que creemos conocer*" (11). En otras palabras, aquel espacio en el cual tenemos el ímpetu de contarnos y de escribirnos.

Notas

1   Rosalind es uno de los dos personajes que, en conjunto, portan el protagonismo (el otro es Elizabeth Armstrong). Es el personaje más prominente, primero, por la distribución acaparadora de sus apartados, los cuales, además,

dominan momentos estratégicos de la estructura de la novela: el centro (desde la página 105 hasta la 200, en las que no hay narración sobre Elizabeth) y el fin (desde la página 227 hasta el cierre de la obra, 45 páginas más adelante). Segundo, la serie de cartas presenta una posible autonomía en relación con la historia de Elizabeth, aunque esto no es reversible. Tercero, el título mismo se centra tanto geográfica como simbólicamente en un espacio privilegiado en la biografía de Rosalind. Por último, Lojo presenta esta novela como literatura de cuativerio, y son las cartas de Rosalind las que sostienen la posibilidad del género.

2   En la primera entrevista entre Rosalind y Oliver entre ranqueles, este último expone, con más ironía que ingenuidad, una reflexión sobre la pérdida de la gracia: "*Me parece que con estos desiertos Dios tiene muy poco contacto, aunque aquí griten para llamarlo a cada rato*" (86).

Referencias bibliográficas

Bajtín, Mijaíl. 1988. *Problemas de la poética de Dostoievski*. México D. F.: FCE.

Bajtín, Mijaíl. 1999. *Estética de la creación verbal*. México D. F.: FCE.

Butler, Judith. 2002. *Cuerpos que importan*. Buenos Aires: Paidós.

Chikiar Bauer, Irene. 2014. "Entrevista a María Rosa Lojo". Acceso el 29 de junio de 2014. <https://www.youtube.com/watch?v=oCzI-GxCgHc>.

Crespo Buiturón, Marcela. 2008. *Andar por los bordes. Entre la historia y la ficción: el exilio sin protagonistas de María Rosa Lojo*. Biblioteca Virtual Miguel de Cervantes. Acceso el 15 de septiembre de 2014. <http://www.cervantesvirtual.com/nd/ark:/59851/bmc086p8>.

Currie, Mark. 1998. *Posmodern Narrative Theory*. New York: Palgrave Macmillan.

Edwards, John. 2009. *Language and Identity*. Nueva York: Cambridge University Press.

Hall, Stuart. 2010. *Sin garantías*. Popayán: Envión.

LaCapra, Dominick. 2005. *Escribir la historia, escribir el trauma*. Buenos Aires: Nueva Visión.

Lojo, María Rosa. 1993. "España (Argentina) en el corazón: Los hijos de la Posguerra". *Revista del Hogar Gallego para Ancianos* (s/f): 60.

Lojo, María Rosa. 1999. "Historia y ficción en la novela argentina contemporánea". En *Literatura: espacio de contactos culturales*. Tucumán: Comunicarte Editorial.

Lojo, María Rosa. 2005. *Finisterre*. Buenos Aires: Debolsillo.

Lojo, María Rosa. 2006a. "Mínima autobiografía de una 'exiliada hija'". <http://www.almargen.com.ar/sitio/seccion/literatura/lojo/>.

Lojo, María Rosa. 2006b. "Traducción y reescritura. A propósito de *Finisterre*". *El hilo de la fábula* 6: 142-156.

Luesakul, Pasuree. 2014. *La visión de los "otros": mujer, historia y poder en la narrativa de María Rosa Lojo*. Repositorio Documental Gredos. <http://gredos.usal.es/jspui/handle/10366/121381>.

Operé, Fernando. 2012. *Historias de la frontera. El cautiverio en la América Hispánica*. Buenos Aires: Corregidor.

Pérez Gras, María Laura. 2014. *Relatos de cautiverio: El legado de tres cautivos de los indios de Argentina del siglo XIX*. Biblioteca Virtual Miguel de Cervantes. < http://www.cervantesvirtual.com/nd/ark:/59851/bmczg8f7>.

Pollak, Michael. 2006. *Memoria, olvido, silencio*. La Plata: Al Margen.

Ricoeur, Paul. 2009. *Tiempo y narración III*. Buenos Aires: Siglo XXI.

Rotker, Susana. 1999. *Cautivas*. Buenos Aires: Ariel.

Salas, Horacio. "Programa *Dar de Nuevo*. Ma. Rosa Lojo". Acceso el 29 de junio de 2014. <https://www.youtube.com/watch?v=WQOY36Ouq9Y>.

Young, Iris Marion. 1990. *Justice and the Politics of Difference*. Princeton: Princeton University Press.

Zahavi, Dan. 2005. *Subjectivity and Selfhood.* Massachusetts: MIT Press.

Historias "ocultas" e "invisibles" que interpelan el presente

Marina L. Guidotti
Instituto de Investigación de Filosofía, Letras y Estudios Orientales de la Universidad del Salvador, Argentina

La colección de relatos que constituyen *Historias ocultas en la Recoleta,* soñados y corporizados por María Rosa Lojo en 1999, con la colaboración —en la investigación histórica— de Roberto L. Elissalde, se sigue leyendo como una manera de entender el presente argentino. Las narraciones despliegan sucesos ocurridos principalmente en el siglo XIX, a través de los cuales es posible tomar contacto con las raíces culturales, ideológicas, religiosas y políticas de nuestra sociedad, y es de destacar que, en este caso en particular, la indagación se plantea a partir del enfrentamiento con la realidad de la muerte.

Dentro de la ciudad de Buenos Aires, una necrópolis —el cementerio de la Recoleta— que no es invisible ni imaginaria, como las metrópolis que pensó Ítalo Calvino en *Las ciudades invisibles* en 1972, aunque comparta algunos de sus rasgos, permite que el lector se adentre entre manzanas, avenidas, calles, veredas y árboles, entre mausoleos, cúpulas y estatuas, y recorra un camino —muchas veces verdadero laberinto— en busca de reencontrarse con una memoria colectiva que sigue marcando a los argentinos.

Más allá de las historias de vida, de lo arquitectónico y escultórico, de los ritos funerarios, nos proponemos indagar sobre los caracteres y sentimientos de las personalidades femeninas que son eje de siete de las quince narraciones que componen la obra.

Asimismo, analizaremos la manera en que la autora rescata a sus protagonistas —al darles voz— de los lugares de marginación social, racial y cultural, y las implicancias de su toma de posición en un presente que clama por un espacio en el que "el otro", "la otra" sean escuchados.

Las ciudades y los signos

El viajero que transita *Las ciudades invisibles*, en "Las ciudades y los signos", reflexiona sobre esta temática:

> El hombre camina días enteros entre los árboles y las piedras. Raramente *el ojo se detiene en una cosa, y es cuando la ha reconocido como el signo de otra*: una huella en la arena indica el paso del tigre, un pantano anuncia una vena de agua, la flor del hibisco el fin del invierno. Todo el resto es mudo, es intercambiable; árboles y piedras son solamente lo que son. (Calvino 2013, 28; la cursiva es nuestra)

De la misma manera, la escritora propone que nos detengamos para descubrir, a través de los signos visibles del cementerio, nuevos significados que se desplegarán en las tramas de sus relatos.

La ciudad de los muertos puede leerse —en tanto espacio— como una construcción semiótica (Greimas), y como tal, se define por oposición a la ciudad de los vivos. Se trata de un espacio global parcelado en unidades espaciales menores, cuya edificación, monumentos y jardines la reproducen. Este entorno —en apariencia mudo— lleva a Lojo a descubrir otras historias "ocultas" que transcurren en un recinto delimitado, el de uno de los tres cementerios de la ciudad de Buenos Aires. Este ámbito se plasma, literariamente, gracias a las múltiples miradas que la autora compone sobre personas y espacios a través de la recuperación de los ecos de voces de otros tiempos y de la indagación, más allá de los ojos ciegos de las esculturas, de las historias no dichas y de ahondar en las glorias y en los padecimientos del alma humana.

Además de la relación de la sociedad con la muerte, nos interesa destacar cómo la escritora, a través de los caracteres femeninos, logra, al decir de da Cunha, "la inclusión histórica de las variadas identidades que conforman la nación desde sus orígenes porque toda experiencia en el presente exige una historia que la refrende en el pasado" (2007, 112).

Es de subrayar que, así como sucede en otras obras narrativas de Lojo caracterizadas por una profunda investigación[1], la colección aquí analizada demuestra una mayor cercanía con el ámbito académico, como se comprueba al observar su estructuración en "Prólogo", cuerpo, "Posfacio", "Bibliografía general" y "Agradecimientos". En el "Prólogo", y en breves apartados, la autora realiza una semblanza de los primitivos dueños del lugar, los franciscanos recoletos, que se instalaron en el norte de la ciudad de Buenos Aires; recapitula, luego, las vicisitudes políticas que se vivieron en la ciudad colonial y, posteriormente, ya independizado el país de España, las luchas internas que asolaron a la Argentina. Rememora, asimismo, a algunos de los artistas más destacados del siglo XIX, arquitectos y escultores, que dejaron huellas de sus intervenciones en varias de las tumbas que hoy, ya en el siglo XXI, siguen despertando curiosidad y admiración en quienes se convierten en observadores atentos de sus manifestaciones artísticas. Son muy significativas las aclaraciones que realiza sobre los "*Usos y costumbres funerarios. Velatorios, entierros, coches*" (Lojo 2000b, 19-23) que, junto con descripciones de algunas bóvedas, referencias a "*Anécdotas y leyendas*" (Lojo 2000b, 24-25), precisiones sobre extranjeros ilustres enterrados en ese predio y compatriotas que no lo están —Borges, quizás, el más notorio—, preparan al lector para un recorrido por quince estaciones, doce que transcurren en el siglo XIX y solo tres, en el siglo XX.

A partir de la evocación de personajes fundantes de la historia argentina, de otros casi desconocidos y de otros imaginarios, los relatos plantean una ruptura con las clásicas antinomias que atravesaron el pensamiento nacional argentino desde sus primeras épocas; para ello, Lojo trae al presente tanto a personalidades que expresaron abiertamente ideologías políticas encontradas como a quienes, pertenecientes a estamentos sociales diferentes o dedicados a diversas actividades —el comercio, la literatura y el periodismo—, defendieron la idea de la pacificación y la unión de la Nación. En este sentido, es interesante la apreciación de Lojo sobre la construcción de sus personajes:

> Mis libros de ficción han diseñado 'dobles' de varones y mujeres que alguna vez estuvieron afuera, en la pared, del lado de la Historia… Lo importante no es, para mí, 're-construir' sus personas empíricas, sino 'construir' su imagen novelesca a partir de la huella o estela de sentido que sus vidas ya inasibles dejaron en la historia. (Lojo 2000a, 289)

Como afirma Sarlo: "El regreso del pasado no es siempre un momento liberador del recuerdo, sino un advenimiento, una captura del presente" (2005, 9); este es uno de los objetivos que estas historias proponen, repensar el presente al dar voz a mujeres que quedaron situadas en los márgenes de la historia y la literatura, subsumidas, en definitiva, bajo el poder del mundo androcéntrico. Cada relato se caracteriza por la recreación de ambientes, por dar a conocer particularidades de la vida privada, así como también costumbres, sentimientos, prejuicios y valores en torno a los personajes que la escritora invoca para dar cuenta de "las paradojas y tensiones de todas las vidas humanas, y también las de una historia patria que se ha edificado sobre la negación y la violencia, a pesar de las utopías conciliadoras" (Lojo 2000b, 29-30).

En el "Posfacio", la autora se detiene en cada una de las narraciones del libro y analiza la génesis de la propia escritura. De esta manera, descubre para los lectores cómo, a partir del discurso de la historia —lo fáctico—, se genera el proceso de asimilación y recreación de épocas y personas reales, y cómo la figuración y la narrativización (White 2010) se convierten en artificios por medio de los cuales dotar de nuevo sentido a los acontecimientos y a quienes los encarnan; en definitiva, revela cómo crea mundos literarios nuevos para sus personajes. Al analizar cada historia, Lojo va desgranando las ideas directrices que las vertebran: el arrepentimiento, en "El que lo había entregado"; el amor en sus diferentes vertientes: el amor maternal, en "La esclava y el niño" (en el que asimismo se refiere al tema de la esclavitud), el amor que lleva a la muerte, en

"El canto del silencio" y "El padre, el hijo", el amor más allá de la muerte, en "La casa de luto"; también la fidelidad: "Vidas paralelas"; lo político, en "El general Quiroga vuelve en coche del muere" y "El polvo de sus huesos"; las muertes injustas por causas políticas, en "La cabeza" y "Las muertes de Florencio Varela"; lo policial, en "Doña Felisa y los caballeros de la Noche"; los prejuicios sociales, en "La hora de secreto"; la búsqueda de la identidad, en "Cuando el corazón está dormido"; la lucha contra la adversidad, en "Todo lo sólido se hace ligero en el aire", y por último y muy especialmente, "Memorias de una historia inconclusa", en el que desarrolla el tema de un secuestro extorsivo realizado por la mafia siciliana, texto que centrado en el tema de la violencia y la incomprensión, tiende un puente con la producción más reciente de Lojo, *Todos éramos hijos* (2014). Tampoco podía estar ausente uno de los líderes de la política decimonónica argentina, Juan Manuel de Rosas, con quien cierra el volumen al relatar el largo periplo que realizan los restos del Brigadier General desde Londres, en 1989, para descansar en tierras del Plata. Para abordarlo, lo hace desde la posición "marginal", en lo político y en lo geográfico, que signó el exilio de esta figura controversial de la Argentina.

En cuanto a la "Bibliografía", da muestra de la solidez de la investigación realizada por el historiador y la escritora. Y los "Agradecimientos", de la honestidad intelectual de ambos.

Desde lo paratextual, destacan los epígrafes que acompañan los relatos; los hay de fuente bíblica, de escritores argentinos —Borges, Mitre, Andrade, Mármol—, un español —García Lorca—, un checo —Rilke—, un alemán —Nietzsche—, un norteamericano —Poe—, de un viajero inglés —Hinchliff—, de un explorador argentino —Lista—; cada uno habilita al lector a realizar una reflexión más profunda sobre el tema abordado. Otros paratextos son las fotos de bóvedas, mausoleos, lápidas y esculturas del cementerio de la Recoleta pertenecientes a las familias y a los personajes que dan vida a estas historias. Completan este acercamiento imágenes que permiten conocer edificios y lugares públicos como eran vistos en el siglo XIX —la Iglesia de San Francisco y la Plaza de la Victoria, ambas litografías de Carlos Pellegrini— y una vista del palacio Miró; los retratos de algunos de los protagonistas, obtenidos del Archivo General de la Nación; la reproducción de cuadros alusivos, como un óleo de Carlos Lezica que capta el momento preciso de la emboscada en la que muere Facundo Quiroga y el cuadro de Manuel Blanes que recrea el asesinato de Florencio Varela; también los archivos periodísticos fueron rescatados para reproducir una foto de 1933, publicada en el diario *La Capital*, de Rosario, que grafica el sepelio de Abel Ayerza.

En síntesis, ciudad y cementerio adquieren la categoría de "textos" que arquitectos, escultores, sociólogos, literatos, historiadores y filósofos aprenden a desentrañar. Sus lecturas requieren de una habilidad especial, la de poder interpretar los signos y descubrir en sus caras ocultas el conjunto de valores, creencias y mitos propios de la comunidad que los construyó, ya que se trata, en ambos casos, de reales "palimpsestos" (Genette). Las estructuras urbanas de la ciudad de los vivos van sufriendo constantes transformaciones, se pierden hitos de la memoria colectiva al ser reemplazados por edificios que dejan de lado el patrimonio histórico-cultural en pos de una creciente modernización. En la ciudad de los muertos, también se observan agentes que atentan contra su pervivencia: el esmog, el deterioro y el olvido, todos ellos dejan su impronta que, a modo de escritura, se torna palpable mediante huellas visibles: el oscurecimiento de estatuas y monumentos, las resquebrajaduras y cicatrices de mármoles y granitos, y la desidia y el abandono a los que estos monumentos son condenados.

Los textos de Calvino que dieron forma a *Las ciudades invisibles*, en 1972, actúan como disparadores que nos animan a proponer un recorrido de lectura por la obra de Lojo, cuyo epicentro es otra ciudad, la enclaustrada en la misma Buenos Aires, la de los muertos que reposan en la Recoleta y las de los vivos que la visitan. En aquel libro señero, Calvino describe el itinerario de un viaje que lleva a Marco Polo a recorrer unas cuarenta ciudades ficticias, trazar un mapa y dibujar —desde diferentes perspectivas— los rasgos distintivos de cada una de ellas, con sus problemáticas, sus conflictos y sus desafíos. Las reflexiones que estructuran su obra, y que utilizaremos como paratextos de nuestro recorrido son: "Las ciudades y los muertos"; "Las ciudades y la memoria"; "Las ciudades y el deseo"; "Las ciudades y los signos"; "Las ciudades sutiles"; "Las ciudades y los intercambios"; "Las ciudades y los ojos"; "Las ciudades y el nombre"; "Las ciudades y el cielo"; "Las ciudades continuas" y "Las ciudades escondidas".

Como ya se adelantó, nos proponemos demostrar que el derrotero que realiza María Rosa Lojo en los relatos de *Historias ocultas en la Recoleta* (2000), focalizados en protagonistas femeninas, introduce nuevas perspectivas sobre las vidas de algunas de las mujeres que allí descansan, al plantear rupturas con la historia oficial en tanto discurso hegemónico masculino.

Las ciudades y los muertos

El espacio demarcado por las murallas del cementerio de la Recoleta, espacio abierto, pero, a la vez, por ellas cerrado, fortaleza de la que sus habitantes no pueden escapar, permite estudiar el comportamiento de una sociedad ante la situación límite de la muerte, lo que conlleva otras cuestiones propias de su funcionamiento: la familia, la propiedad, la religión, la herencia y la expresión estética ante la pérdida. Ante ella, y como en toda narración, se redefinen los roles, se observa la preeminencia de un personaje sobre otro, y el tiempo y el espacio dan marco a la trama que un narrador construye a partir del constructo llamado "realidad".

El texto de Calvino, en "Las ciudades y los muertos, 5", deja al descubierto la estrecha relación que se establece entre ciudad y cementerio, entre vivos y muertos, al describir la ciudad de Laudomia, para concluir que en una suerte de mirada especular, los vivos necesitan re-conocerse y afirmar su identidad y sus sentimientos en la Laudomia de los muertos:

> Cada ciudad tiene a su lado, como Laudomia, otra ciudad cuyos habitantes se llaman con los mismos nombres: es la Laudomia de los muertos, el cementerio (…). *En las tardes de buen tiempo la*

población viva visita a los muertos y descifra los propios nombres en sus losas de piedra: a semejanza de la ciudad de los vivos ésta transmite una historia de esfuerzos, cóleras, ilusiones, sentimientos (…) la Laudomia viva necesita buscar en la Laudomia de los muertos la explicación de sí misma. (Calvino 2013, 149; la cursiva es nuestra)

De la misma manera, la escritora indaga en la ciudad de los muertos, pero no con la finalidad de dar preeminencia a lo arquitectónico o lo escultórico, sino para posibilitar que los lectores puedan tomar contacto con los hombres y mujeres del pasado que forjaron la patria, con sus literatos, sus políticos, sus clérigos, sus comerciantes y también con aquellos que, desde el lugar de servidores y acompañantes, de ser hombres y mujeres de bien —así como de quienes la historia recuerda por una conducta equivocada—, forman parte del entramado social.

Si bien los tres primeros relatos del libro se hallan engarzados entre sí y dejan al descubierto la degradación de los valores morales de tres de sus principales personajes —a la vez que plantean una historia de traición y muerte, de la que no está excluido el arrepentimiento—, el primero y el tercero se centran en las identidades de mujeres de fuerte carácter y férreas convicciones que, aunque pertenecientes a núcleos sociales diferentes, supieron imponerse ante la vida y la adversidad.

"Vidas paralelas", la primera ficción, está narrada desde un "yo" que es la voz de una doble marginación: la de ser mujer y la de pertenecer a una familia humilde, lo que lleva a María Juana a convertirse en criada, en una casa porteña acomodada. Pero, a pesar de la difícil situación que parece esperar a la narradora, se convierte en la acompañante de la niña de la casa, lo que le da la posibilidad de acceder a riquezas mayores que las proporcionadas por el dinero: la lecto-escritura y el manejo de nociones básicas de aritmética.

En la sociedad colonial rioplatense, el concertar un buen matrimonio era prioridad para cualquier familia; esto se explicita a través de datos históricos sobre otros personajes de la narración que así lo corroboran y se concreta en el casamiento de la joven Catalina Benavídez, a quien por su hermosura llamaban "La Estrella del norte", con Francisco, el hijo menor de la prestigiosa familia Álzaga.

El asumir la narración desde la perspectiva de la criada ficticia María Juana Gutiérrez propone una doble mirada sobre la familia y la sociedad porteñas, pues refiere tanto lo cotidiano —al ubicarse en el interior de la casa de los Benavídez y, luego, en la de la pareja recién casada— como lo público —al describir las costumbres sociales del esposo, su afición por el juego y los gastos desmedidos, la bebida y las mujeres, que culminan con el despilfarro de la fortuna—. Paralelamente, el amor llega para María Juana en la figura de un gaucho de la Guardia de los Colorados del Monte —leales a Rosas—, que no es bien aceptado ni por la madre de la joven ni por Catalina.

A través de María Juana, se describe el dolor y la vergüenza en los que Francisco sume a toda la familia cuando, en un acto desesperado por la falta de dinero para cubrir sus deudas, asesina, junto con sus compañeros de andanzas, al comerciante Francisco Álvarez en el año 1828, crimen que conmovió a la sociedad porteña.

Más allá de las historias imbricadas de estas mujeres, en la "vida paralela", la voz de María Juana pasa revista a los luctuosos sucesos políticos que se vivieron en la Argentina: "Se rebeló Lavalle, fusiló a Dorrego, fue derrotado, gobernó Rosas, mataron a Facundo, Rosas volvió a mandar..." (Lojo 2000b, 44). Viuda, hacia 1860 decide trasladarse a la ciudad, donde entrega su vida a la caridad, a visitar enfermos y moribundos, a escribir cartas para los pobres, revaloración del otro bien cultural que adquirió durante su trabajo con la familia porteña. María Juana trata de rearmar la historia de las familias Benavídez y Álzaga, sin lograr dar con el paradero de su antigua ama. Gallo (2014) asevera que, después del crimen de Francisco Álvarez, Catalina fue rechazada por la familia Álzaga, y con el correr de los años, se transformó en una mendiga. Este dato corrobora, como afirma López que "la ficción, en lugar de aparecer en oposición a la verdad, se postula como un sistema de comprensión... porque coincide con la narración histórica en su capacidad de generar imágenes de lo real" (2007, 208).

En el texto, la anagnórisis se produce en la escalinata de la iglesia de San Francisco, cuando la mendiga de ojos verdes cruza una mirada con quien en ese momento le da una limosna. Así como el pintor Auguste Raymond Monvoisin (1790-1870), en el cuadro *La Porteña en el templo* o *Retrato de Rosa Lastra*, recupera momentos de la vida cotidiana porteña, las costumbres, la indumentaria y las ceremonias, de la misma manera, Lojo pinta con gestos y palabras no dichas la desolación de la mujer que, a pesar de lo que ha vivido, no ha perdido su dignidad. Catalina ofrece preparar pasteles para María Juana, inversión de los roles que demuestra la templanza de la mujer caída en desgracia. De esta manera, fugazmente, vuelven a reencontrarse, pero sin sincerarse.

El epígrafe bíblico "Quitó de los tronos a los poderosos, y exaltó a los humildes (La Santa Biblia, Lucas, I, 52)" refuerza el sentido profundo que la autora quiere imprimirle al texto y predispone la lectura a partir de dos ejes temáticos: poder / humildad, encarnados en las dos protagonistas, Catalina, "La Estrella del norte", y María Juana, la fiel doncella personal que se compadece de la situación en la que ha quedado su ama.

Este cuento puede inscribirse en lo que Grillo ("El nuevo descubrimiento de...") ha denominado el "ciclo rosista", formado por las novelas *La pasión de los nómades* (1994), *La princesa federal* (1998), *Una mujer de fin de siglo* (1999) y varios de los cuentos de las colecciones *Amores insólitos de nuestra historia* (2001) y los aquí estudiados ceñidos al ámbito de la Recoleta.

Desde lo conceptual, y pensando en lo postulado por Spivak (1998) con respecto a la carencia de lugar de enunciación de lo subalterno, Lojo elige construir un espacio textual en el que el discurso de esas voces subalternas sea escuchado, de manera que alcancen otra estatura en el plano simbólico y cultural.

Relacionado con el anterior, el segundo relato, "El que lo había entregado" —al que no nos referiremos en particular por tratarse de protagonistas masculinos—, continúa los sucesos en torno a la vida de los Álzaga.

La historia tiene su cierre en "La casa de luto", el último cuento que constituye con los anteriores una trilogía. Paratextualmente, ya desde el título se adelanta la funesta carga que debieron soportar quienes habitaron en ella. La frase inaugural del relato "Soy la última" (Lojo 2000b, 73) da pie a una narradora homodiegética, Anastasia, que mediante la analepsis se retrotrae a la infancia y recuerda la situación familiar hasta el momento de la muerte de su padre, don Martín de Álzaga. Este, acusado de actuar contra el Primer Triunvirato —aunque nunca se pudo probar fehacientemente su relación con la supuesta conspiración (De Gandía 1946)—, fue fusilado en la Plaza de la Victoria —actual Plaza de Mayo—, el 6 de julio de 1812. Tanto el pueblo como las autoridades parecieron olvidar que se trataba de uno de los hombres de más destacada actuación en la defensa de la ciudad de Buenos Aires, al producirse las invasiones inglesas de 1806 y 1807 (Williams Álzaga 1971).

El relato da cuenta, luego, del ámbito en el que se recluyeron la esposa, doña María Magdalena de la Carrera e Inda, y las seis hijas solteras del desgraciado comerciante español, quienes por decisión materna solo abandonaron el solar para ser llevadas al cementerio. Las actas de defunción atestiguan que todas murieron solteras. Los datos sustentan la construcción del perfil que la escritora imprime a esta mujer fuerte, madre de familia que ahora ocupa el rol del padre ajusticiado, posición a partir de la cual mantiene la hegemonía familiar al apropiarse del discurso masculino y acatar y hacer acatar las normativas vigentes para las familias constituidas por viudas e hijas solteras. El derecho colonial, recuerdan Facio y Fries (2005), a través de normas jurídicas explícitas, determinaba la obediencia de la mujer al esposo, la obligación de seguirlo a su lugar de residencia, la pérdida del apellido, entre otras reglas que dejaban en evidencia la desigualdad de derechos y la discriminación de que las mujeres eran víctimas. En ese contexto, la viuda de Álzaga y sus hijas quedan subordinadas a la figura patriarcal ausente y siguen fielmente los preceptos y las pautas de la educación androcéntrica que, como las mujeres de su época, habían recibido.

El hecho político marcó las situaciones que de ahí en más vivieron las mujeres de la familia. La casa se transforma en lugar de contención, pero a la vez actúa como límite, como frontera y también como necrópolis. Dentro y alrededor de ella se entrelazan las historias que se desenvuelven, por tanto, en dos espacios: el espacio tradicional de la casa y el espacio social, que se vincula con lo político y con lo religioso. Como afirma Ricoeur, en el espacio de la casa es posible que se "teja a la vez, una memoria íntima y una memoria compartida entre próximos" (2010, 191), ya que ese recinto favorece la asociación de los recuerdos con las vivencias corporales y los lugares en los que se desenvolvieron esas experiencias. En el primer espacio, el ámbito de la casa y del entorno inmediato, se palpan las tensiones familiares, se priorizan los tonos de voz, los gestos, las posturas de estas mujeres que vivieron solas evitando la comunicación con el exterior, recluidas en la cárcel-claustro que la madre construyó para ellas. Asimismo, se reflexiona sobre las relaciones que sus ocupantes tienen con aquellos hermanos y hermanas que pudieron casarse y formar una familia, única puerta de escape de la prisión urbana. En el segundo espacio, el "afuera", la ciudad va trasmutando su fisonomía con el paso de los años, han desaparecido las amenazas de los malones ranqueles y el nuevo transporte ferroviario enlaza la capital con "tierra adentro". También en la política del país se han producido cambios significativos, la muerte de Quiroga, en 1835, y la caída de Rosas, en 1852. Pero la movilidad del afuera se trueca en lento pasar de horas y días para las mujeres que ven perder su lozanía y, junto con la anulación del deseo, la negación de la maternidad. Las expectativas y aspiraciones frustradas de Anastasia la acompañan hasta el momento de la muerte, en el que el "yo" es más que lo singular y pasa a identificarse con lo colectivo, pues representa a ese puñado de mujeres que dejaron su vida tras la imposición de la madre, figura dominante que toma las decisiones vitales dentro del gineceo forzoso que había construido.

El epígrafe confirma que se trata de una Bernarda Alba porteña que decidió expresar de esa manera su dolor y responder así al agravio que su esposo y su familia habían recibido por parte de la ciudad.

Los tres cuentos construidos en torno a Martín de Álzaga y de sus descendientes exponen sentimientos de carácter negativo como el miedo, la angustia, la soledad, el rencor, el desprecio por la vida, pero también valores positivos como la solidaridad, el altruismo, la lealtad, el respeto y el amor, mediados por tramas construidas desde la interioridad de personajes que, para la historia, se sitúan en una posición marginal. Este aspecto socioideológico de la narrativa de Lojo ya fue señalado por Palermo al analizar la manera en que, a través de biografías e historias centradas en personajes masculinos, salen a la luz "las historias invisibilizadas de las mujeres próximas a ellos, ésas de cuya potencia física e intelectual la historia oficial política y del arte no han dejado demasiada huella" (2007, 71).

Las ciudades y el nombre

El espacio del cementerio de la Recoleta posibilita que lo arquitectónico y escultórico torne explícita la vinculación de una sociedad con sus antepasados, la riqueza, la honorabilidad, las convicciones políticas y religiosas así como también, con el poder. La ciudad de Buenos Aires, desde mediados del siglo XIX, demuestra su crecimiento como urbe europeizada, se abren calles y avenidas, se construyen edificios públicos, escuelas, hospitales, teatros y se destinan espacios al aire libre para la recreación de sus habitantes. Esa misma efervescencia es la que pinta Ítalo Calvino en "Las ciudades y el nombre. 4":

> A los tiempos de indigencia sucedían épocas más alegres: *una Clarisa mariposa suntuosa brotaba de la Clarisa crisálida menesterosa; la nueva abundancia hacía rebosar la ciudad de materiales, edificios, objetos nuevos*; otras gentes afluían del exterior; nada ni nadie tenía que ver con la Clarisa o las Clarisas de antes... (Calvino 2013, 119; la cursiva es nuestra)

De la misma manera, Buenos Aires comienza a constituirse en espacio de encuentro y a recibir a millares de inmigrantes que irán cambiando su fisonomía; no le será tan fácil al ciudadano finisecular "re-conocerse" en ella.

La cuarta historia, "La esclava y el niño", ubica la acción en una época previa —en cuanto a la modernización de la ciudad— a los hechos antes descriptos, y muestra cómo de esa "crisálida menesterosa" nacerá la "mariposa suntuosa". Para ello, indaga en una de las cuestiones poco abordadas sobre la construcción identitaria nacional: la relación de la sociedad porteña con el mundo africano. No abundan en la literatura argentina textos cuyos protagonistas sean negros; no ocurre lo mismo en este relato, en el que la mirada recae —en el rol protagónico— en la servidora negra que vivió con la familia Sáenz Valiente y se ocupó de uno de los hijos del matrimonio. Se trata de Catalina Dogan (1788-1863), que, como era costumbre en el Río de la Plata, tomó el apellido de su ama, doña Rita Dogan.

A través de lo narrado, se describe una realidad social de la Argentina decimonónica; las familias más adineradas contaban para ayudarse en el trabajo doméstico con criados negros, a pesar de haberse dictado la ley de Libertad de Vientres, en 1813. Como señala Crespi (2011), aún después de que las tierras que constituían el Virreinato del Río de la Plata se liberaron de España, no se resolvió la problemática de la esclavitud ni se solucionó la condición jurídica de los afroargentinos esclavos. Hasta el momento de dictarse la Constitución de 1853, se percibían en el país dos ideologías contrarias: los que defendían las libertades individuales sin importar el origen étnico, y quienes manifestaban el derecho de propiedad sobre los esclavos. En los primeros momentos de la Independencia, algunos esclavos negros obtuvieron su libertad gracias a su participación en los ejércitos patrios, pero esto no les granjeó el derecho a la igualdad, entre otras limitaciones políticas y sociales. Otros, que se desempeñaban en trabajos urbanos, adquirieron su libertad por decisión de sus amos, aunque continuaban trabajando en sus casas, pues difícilmente contaban con recursos para emprender una actividad propia.

En la historia de Catalina Dogan, la escritora prioriza el reconocimiento de la familia a su lealtad y al amor que brindó a Bernabé (1800-1869) y luego a su hijo, Juan Pablo (nacido en 1847 y fallecido en la infancia). De acuerdo con el reordenamiento social posterior a la Independencia y con las convicciones de los Sáenz Valiente, Bernanbé le otorga la libertad, pero Catalina no abandona a la familia. El vínculo con ellos establecido trascendió su vida, como lo atestigua el haber sido enterrada en el cementerio de la Recoleta, además del epitafio que la recuerda. No obstante, la arquitectura del emplazamiento demuestra que las diferencias de clases se seguían marcando, por lo que Catalina no reposa "con" la familia, sino "junto a ella", en el mismo perímetro, pero fuera del mausoleo. Esta toma de posición por parte de la familia habilita, entonces, una doble lectura; por un lado, el mausoleo es un espacio destinado solo a quienes poseen vínculos familiares pero, por otro, dicha ubicación ha permitido "visibilizarla" desde esa época hasta la actualidad, ya que se trata de una de las pocas personas de color de las que se guardan registros en el ámbito del cementerio. La propuesta de Lojo puede relacionarse, en este sentido, con indagaciones que examinan la situación de la mujer africana en América y que plantean, desde las líneas del feminismo negro, la "reivindicación de esas voces a menudo colocadas en los márgenes, en el exotismo de lo periférico" (Jabardo Velasco 2008, 39).

Dos epígrafes encabezan la narración; el primero, del Cantar de los Cantares (I. 4-5), "No reparéis en que soy morena, porque ha robado el sol mi color", clara alusión al color de la piel de Catalina; el segundo reproduce la inscripción de la tumba, "Fue, en su humilde clase de sirvienta, un modelo de fidelidad y honradez" (Lojo 2000b, 87). En este caso, la lápida funeraria es expresión de la ideología imperante, ya que sigue marcando la posición subalterna de Catalina, "humilde sirvienta". No obstante, la sentencia no pone de manifiesto prejuicios raciales y sí prioriza los valores que la familia reconoció en su persona.

Los documentos históricos no han podido recuperar las palabras de Catalina ni de otros sirvientes de color, es por ello que la autora, desde una perspectiva que no es neutra, pues da vida y voz a una mujer que no es blanca ni poderosa, revalida lo postulado por Beverley (2003) en cuanto a que el subalterno persiste, aún más allá de la muerte.

 Otro hecho signa la vida de Catalina. Aunque no se desarrolla de manera extensiva su relación amorosa con el cochero negro Fermín Ocampo —quien enrolado en el regimiento de morenos pierde la vida durante las invasiones inglesas—, sí se sabe de modo indirecto que Catalina ha decidido poner fin a su embarazo. La situación es descripta con eufemismos: "La sangre sigue fluyendo. No bastan los remedios habituales, las cataplasmas ni las telas de araña que manos oficiosas llevan al cuartito de Catalina" (Lojo 2000b, 93). Para las convenciones de la época, el que la atienda el médico de la familia en ese trance y continúe trabajando, a pedido de la dueña de casa, habla de una particular comprensión hacia quien "quedará inútil para tener más hijos" (Lojo 2000b, 94).

 La diégesis da cuenta de que las diferencias entre federales y unitarios se habían acentuado, lo que determina el exilio de la familia Sáenz Valiente al Uruguay. En la trama textual, Bernabé ha dejado de ser el niño de salud endeble que Catalina debe cuidar; se ha convertido en hombre, se ha casado y, en su residencia de Montevideo, recibe la visita de otro exiliado político: el escritor José Mármol (1817-1871). Las palabras del proscripto muestran una realidad social inserta en contradicciones ideológicas; se observa la falta de tolerancia de hombres y mujeres pertenecientes a una parte de la elite ante una política de igualdad entre patrones y sirvientes, propulsada por Rosas. El tiempo narrativo acelera los hechos de la historia y la acción se traslada al momento en que Bernabé decide regresar a Buenos Aires, pues ya ha caído el Gobernador. Los avatares políticos y los enfrentamientos entre los argentinos siguen tiñendo las horas y los días; y el emigrado solo parece recuperar, en los recuerdos de la infancia, los momentos de una vida feliz.

 Más allá de las relaciones que la literatura establece entre los personajes, es de destacar la posición decolonial desde la cual la voz narrativa aborda la historia, puesto que, como plantea Mignolo

(2009), esta opción permite tomar conciencia de la diversidad del mundo y de las historias particulares frente a un pensamiento único proveniente de la cultura occidental. El mundo ficticio creado para Catalina posibilita a los lectores, desde una perspectiva integradora y de coexistencia, el acercamiento a la vida de una liberta africana, en la Argentina de mediados del siglo XIX, que, de esa manera muestra su excepcionalidad frente a lo postulado por bell hooks (1984), ya que por ser negra no es convertida en "objeto", ni es considerada "inferior", ni se ejerce sobre ella la supremacía del discurso blanco. A su manera, la familia Sáenz Valiente manifestó públicamente, al otorgarle un lugar junto a la tumba familiar, su deseo de consolidar una nación unida y más igualitaria, aunque la lucha por los derechos de las minorías siga siendo una problemática vigente en nuestro presente.

Las ciudades y los muertos 2

La sexta historia, "La cabeza", tiene como protagonistas a Marco Avellaneda —que ideológicamente simpatizaba con los unitarios—, a una valiente mujer, Fortunata García de García —también de extracción unitaria— y a un coronel "enemigo", Juan Bautista Carballo, representante del bando federal, a quien doña Fortunata ha tenido que albergar en su propia casa, situación que le genera sentimientos de disgusto e impotencia, pues equivale a tener al enemigo dentro de su propio hogar. Carballo reconoce el valor de las madres argentinas y su rol de educadoras en el ámbito familiar; quizás por esta razón, se deja llevar por la garra de Fortunata y, como ella, piensa que dar cristiana sepultura a "la Cabeza", en la iglesia de San Francisco, puede ayudar a la pacificación del país.

El viajero de Calvino, en "Las ciudades y los muertos. 2", al llegar a la ciudad portuaria de Adelma, reflexiona: "Si Adelma es una ciudad que veo en sueños, donde no se encuentran más que muertos, el sueño me da miedo..." (2013, 107). Esto mismo parece sucederle a la voz narrativa de este relato; Clotilde, hija de Fortunata García[2], se ha trasladado a Buenos Aires desde tierras tucumanas.

Tras visitar la tumba de Marco Avellaneda (1813-1841) —muerto a los veintisiete años, víctima de la traición de uno de los suyos y de la decisión de un lugarteniente de Rosas, Oribe—, rememora los luctuosos sucesos en torno a ese episodio y recuerda cómo, tras la ejecución, la cabeza de Marco, colocada en una pica, fue expuesta en la plaza pública de Tucumán, a manera de escarmiento para quienes pensaran como él. Esta imagen la persiguió durante muchos años.

El asesinato —hoy poco recordado— ya se había convertido en materia poética, en 1849, cuando Esteban Echeverría publicó, en Montevideo, el extenso poema *Avellaneda*, dedicado a Juan Bautista Alberdi (Iglesia 2014, 372-73). El poeta, exiliado hacía ya más de diez años, se oponía en esos versos, abiertamente, a la política rosista.

Si bien el relato se desarrolla en una atmósfera de ensoñación, el paratexto fotográfico que lo acompaña vuelve visible a este protagonista olvidado. Desde lo escultórico, la estatua que corona su mausoleo en la Recoleta personifica a un joven que se encamina hacia la madurez; una mano se extiende en ademán de estar dirigiéndose, quizás, a los integrantes de la Liga del Norte —creada para oponerse a Rosas—; la otra, porta un bando. En la cima de su pedestal, en el presente atemporal de la piedra, su mirada sobrevuela los techos de las otras bóvedas como otrora observó, tal vez, a los compatriotas con quienes compartía ideales de libertad para la Nación.

Varios temas del fantástico —la invisibilidad, el bien versus el mal (Jackson 1986, 46)— aparecen en los sueños de Clotilde, que analépticamente regresa a la niñez y ve a la Cabeza ensangrentada que "baila" con su madre, vestida de luto, el minué federal; luego, esa misma cabeza culpable del exilio de su padre cobra vida "gracias a los poderes metamórficos de la magia nocturna (…) se va manchando de sombras inquietantes, la boca vuelve a moverse y Clotilde se tapa los oídos para no escuchar sus reclamos y seductoras persuasiones" (128). Por último, cuando la Cabeza es rescatada y enterrada en el camposanto, la narradora recuerda a su madre, ahora vestida de blanco, y por fin, la cabeza de Avellaneda ha desaparecido en su sueño. Lojo ha traído al texto una realidad "otra", la de la leyenda y, a través del ojo de la conciencia y del ensueño de Clotilde, ha hecho posible que Marco Avellaneda reaparezca hasta alcanzar la paz definitiva.

De esta manera, con material proveniente de la historia, la literatura y la tradición, la escritora aborda hechos y personajes relacionados con ese lóbrego suceso y ficcionaliza una experiencia dolorosa para la sociedad tucumana y del país todo. El epígrafe elegido pertenece a uno de los libros históricos del Antiguo Testamento —II, Paralipómenos, 11, 2— que permite vislumbrar la idea subyacente: es necesario, más aún en los momentos de mayor adversidad, lograr la conciliación entre los habitantes de la Nación, pues las luchas fratricidas a nada conducen.

Esta historia, como tantas otras, refleja la experiencia directa del sufrimiento, no solo físico, sino moral. En las familias de los Avellaneda y de los García se sintetiza el dolor de una Argentina dividida por la violencia, la falta de diálogo y el desentendimiento político y cultural. No obstante, el texto subraya que, a pesar de las diferencias y las contradicciones ideológicas, la conciliación es posible.

Las ciudades y los ojos

En consonancia con la anterior historia, el noveno relato, "Doña Felisa y los Caballeros de la Noche", recrea los insólitos sucesos vividos por Felisa Dorrego de Miró[3], quien, al igual que doña Fortunata, demuestra poseer un carácter enérgico con el que enfrentar la adversidad.

Algo que desaparece, ojos que no ven y el azar son enfrentados por miradas que posibilitan rescatar a figuras del olvido, como las que el narrador, en "Las ciudades y los ojos. 1", describe:

> Los habitantes de Valdrada saben que todos sus actos son a la vez ese acto y su imagen especular, que posee la especial dignidad de las imágenes, y esta conciencia les impide abandonarse ni un solo instante al azar y al olvido. (Calvino 2013, 67)

En esta narración, la autora prioriza el *plot* policial al corporizar los incidentes en los que se vio involucrada la familia del exgobernador de Buenos Aires, Manuel Dorrego. Respondiendo a la estructura básica del relato policial, se parte de un hecho delictivo, de un enigma que es necesario resolver. En los diarios porteños de 1881, se publicó una crónica sobre un grupo de jóvenes autoproclamados los "Caballeros de la Noche" que habían secuestrado el féretro de doña Inés Indarte de Dorrego, madre de Felisa; para devolverlo, exigían un cuantioso rescate. Para encontrar a los culpables, la dueña de casa dio parte a la policía —representación de la mirada profesional—; asimismo —según cuenta la tradición—, consultó con su mayordomo —investigador aficionado—, quien, sagazmente, observó que un féretro de ese tamaño y peso no podría haber sido sacado del cementerio. El razonamiento deductivo del mayordomo posibilita la resolución del enigma, enmarcado en un ámbito cerrado, en el que los personajes sospechosos no han tratado de ocultar su identidad. Las circunstancias vividas por la familia fueron de extrema tensión, y la resolución del caso, feliz.

Además de la línea policial, la trama deja al descubierto nuevamente los enconos entre unitarios y federales, pues la protagonista, sobrina del federal Dorrego, residía en la mansión ubicada frente al predio que, en 1878, por una ordenanza municipal, llevó el nombre de Plaza Lavalle, en memoria del héroe de la Independencia y de la Guerra del Brasil, el unitario Juan Galo Lavalle. En respuesta a esta decisión y como manifestación de repudio hacia quien había ordenado el fusilamiento de un compatriota, la familia Dorrego tapió las ventanas que daban a la plaza, para no ver la columna que se levantó, en 1884, con la imagen de quien había desatado el conflicto.

El artificio literario al que recurre la escritora para desarrollar los hechos y dotar la trama de intriga —como en todo relato policial— es la transcripción de la carta que dirigen los secuestradores a doña Felisa, para extorsionarla. Una vez resuelto el enigma de la ubicación del féretro, la ofensa queda sin castigo, pues no había una ley que penara el daño.

En la tercera y última parte del relato, se revela el porqué de la falta de castigo, explicación que se vincula con el ámbito judicial. El Código Penal argentino de finales del siglo XIX no contemplaba como delito el secuestro de cadáveres, por lo que los Caballeros de la Noche pudieron salir en libertad. Como consecuencia de este hecho, posteriormente, se incorporó al Código el artículo 171, que penaba la sustracción de cadáveres.

Según cuenta la historia "no oficial", doña Felisa conoció al jefe de los secuestradores al que luego ayudó económicamente. Al propiciar ese encuentro, recupera "esos actos [que] son a la vez ese acto y su imagen especular" (Calvino 2013, 67). En la ficción, Alfonso Kerchowen demuestra que ha prestado un servicio a la familia al rescatar del olvido a las mujeres que continuaron viviendo a la sombra de Manuel Dorrego y que, gracias a él, han tenido un protagonismo que sigue asombrando —aún hoy— a los visitantes de la Recoleta.

El final del relato se corresponde con la cita elegida para el epígrafe: se trata de la reflexión sobre la vanidad de la vida, extraída del Eclesiastés, 8, 14. Por un lado, el diálogo entre la protagonista y el jefe de los secuestradores presenta a un joven que se vanagloria de sus logros y se jacta de su inteligencia, lo que lo relaciona con el pecado de la vanidad; por otro, Doña Felisa, ya cercanos sus últimos años, cavila sobre la fugacidad de la vida y lo perecedero de lo terrenal, que, finalmente, también es vanidad.

Las ciudades y la memoria

El narrador de Calvino —un Marco Polo que dialoga con el Kublai Kan— en "Las ciudades y la memoria. 3" afirma que la ciudad está hecha de "relaciones entre las medidas de su espacio y los acontecimientos de su pasado" (2013, 25). Y, aunque el camposanto no se menciona explícitamente entre los lugares que detalla como reservorios de la memoria, Lojo la corporiza en el espacio simbólico del cementerio. Para referirse a la identidad y a la existencia, plantea el narrador:

(...) la ciudad no cuenta su pasado, lo contiene como las líneas de una mano, escrito en las esquinas de las calles, en las rejas de las ventanas, en los pasamanos de las escaleras, en las antenas de los pararrayos, en las astas de las banderas, cada segmento surcado a su vez por arañazos, muescas, incisiones, comas. (Calvino 2013, 26)

Varios de los elementos que conforman la enumeración precedente son recobrados por la escritora —calles, ventanas, escaleras— y, a través de las "incisiones" que se observan en los monumentos, las "muescas" que asoman en las esculturas, los "arañazos" y raspaduras aparecidos en la tapa del ataúd de una joven mujer, se adentra por los intersticios de la mente de quienes ahora habitan ese lugar como última morada. Las palabras, los puntos y comas, los silencios van tejiendo estas historias que comienzan a develar un mapa oculto, que solo una quiromántica es capaz de descubrir.

Una bóveda y una escultura permiten recuperar parte de las identidades de quienes allí descansan, así como las imágenes que proyectaron en la sociedad de su época. Las relaciones de los Cambacérès con sus contemporáneos no fueron sencillas, ni desde lo ideológico ni desde lo social; no obstante, más allá de estas connotaciones, la Recoleta guarda entre sus historias predilectas y en la memoria colectiva el recuerdo de una muerte nunca aclarada.

Rufina (1883-1902), hija de Eugenio Cambacérès, es la mujer que da vida a una de las historias que más alto impacto emocional tuvo en su tiempo y que hoy, todavía, sigue moviendo a compasión y dolor. Se trata de la décima narración de la colección, cuyo título es "La hora de secreto"; el epígrafe elegido por la autora pertenece a Edgar Allan Poe, "Espíritus de los muertos", e invita al lector a reflexionar sobre un conflicto existencial: la soledad de la muerte y la imposibilidad de transmitir los pensamientos del alma una vez traspasada la frontera terrenal.

La bóveda de la familia Cambacérès se constituye en ejemplo paradigmático de las tumbas construidas en el cementerio de la Recoleta durante el siglo XIX, que corporizan el intento de la alta burguesía porteña —que vivía en importantes mansiones, que concurría al teatro Colón, que se reunía en clubes prestigiosos como el *Jockey Club* o el *Club del Progreso*— de mostrar, en ese ámbito especular de la necrópolis, quién había sido en vida el difunto, cuáles eran sus relaciones familiares y sociales, sus vínculos políticos y con el poder.

Esta tumba, desde el punto de vista arquitectónico, es un claro ejemplo de *art nouveau*, como se comprueba por las figuras curvilíneas que flanquean la puerta de acceso y parecen desbordar de su marco, el empleo de formas tomadas de la naturaleza para la profusa decoración: motivos florales y vegetales, tales las hojas que como penacho de un yelmo la coronan y la trabajada reja de hierro que parece impedir que una Rufina de líneas alargadas y de rostro angelical baje de su pedestal y deambule por el cementerio. La escultura, de imponentes dimensiones, fue obra del escultor alemán Richard Aigner e inmortaliza a la joven en el momento en que parece ingresar a la bóveda.

El monumento funerario de los Cambacérès plasma a Rufina en un accionar aparentemente cotidiano como es el abrir una puerta, pero no es la que le franquea la entrada a la casa familiar, sino al lugar de su último descanso. Cobra importancia, además, desde lo simbólico, pues su ubicación en una ochava lo vuelve más visible, y allí, desde un emplazamiento que la coloca por encima del nivel de la calle, Rufina parece desafiar a quienes rechazaron a su madre, Luisa Bacichi, que no fue aceptada por la pacata sociedad porteña por ser una artista. De las abordadas por Lojo, es una de las historias que más puntos de contacto tiene con el misterio y la leyenda, ya que cobija los sueños de una joven de diecinueve años que no pudo cumplir en vida sus anhelos más íntimos.

El relato en tercera persona conduce al lector desde el momento presente, en el que un chirrido parece escucharse en la bóveda familiar, al pasado, para adentrarse en la historia de Eugenio Cambacérès, denostado por su literatura xenófoba, sus "novelas inmorales" (Lojo 2000b, 205), su crítica hacia las clases más altas y por denunciar la corrupción en su propio partido político, sin por ello dejar de reconocérsele la incorporación a la novela argentina de los procedimientos naturalistas (Jitrik 1970, 128). La analepsis traslada al lector a la infancia de Rufina, describe las visitas que realiza a familias porteñas acompañando a su padre, el rechazo del que es víctima por ser una hija del "pecado" y la muerte temprana del padre, a causa de la tuberculosis. No obstante, Cambacérès les había legado propiedades y un buen pasar económico que posibilitó a la esposa y a la niña defenderse en un medio hostil. Con la adolescencia, llegan las lecturas, los libros y los héroes —sir Galahad y Sandokán—, que siempre acompañan a Rufina, pero también el enfrentarse con la escritura de su padre y el juicio adverso que en sus textos expresa sobre la mujer. Son momentos de tensión en los que priman dos sentimientos: la decepción y la tristeza. Los libros y sus héroes conforman el mundo en el que la joven se refugia y del que, obstinadamente, la madre quiere apartarla al presentarla en sociedad. La noche fatídica del 31 de mayo de 1902, la de su cumpleaños, la desgracia se apodera de su ser. El médico que la asistió confirmó su muerte a causa de un síncope, pero, en el presente de la narración remarcado por el deíctico "ahora" (Lojo 2000b, 212), se la describe transformada en una "Bella Durmiente" que inútilmente trata de liberarse dentro del ataúd. Así, la joven Rufina que brilló en su esplendor —enterrada erróneamente tras un ataque de catalepsia, según cuenta la leyenda— vacila ante las puertas de la bóveda familiar y mira al infinito, buscando una salida que no podrá encontrar.

La tradición señala que la madre halló el ataúd movido y violentado —tal vez consecuencia de un robo, pues había sido enterrada con sus mejores joyas—; también se dice que la joven deambuló por el cementerio entre gritos y sollozos. Su historia se superpone con otra leyenda urbana, la de la "Dama de blanco", la mujer que, siempre de blanco, vagabumdea entre las tumbas del cementerio de la Recoleta.

Al focalizar la historia en Rufina y, tangencialmente, en su madre, mujeres que ocuparon una posición ex-céntrica con respecto a la encumbrada sociedad porteña, la autora visibiliza el lugar marginal al que fueron relegadas Luisa Bacichi, por provenir del mundo artístico y por ser una inmigrante, y su hija, por haber nacido fuera del matrimonio. Al recuperar esas voces, el relato propone al lector entablar una nueva relación con los sujetos históricos a través de tres ejes: en primer término, el de la historia personal, al componer el mundo íntimo de Rufina asociado al universo de sus lecturas, las de adolescencia que le permitían escapar de su dura realidad, y las que le llegarían, luego, con la irrupción en la vida de las dos mujeres de la nueva pareja de su madre, don Hipólito Yrigoyen, quien escoge para ella lecturas sobre educación femenina, higiene y progreso. Así, a través de una memoria afectiva, como comenta Arfuch (2010), el relato construye la subjetividad de esta joven mujer y da cuenta de su relación con el mundo de los adultos.

En segundo término, el texto puede analizarse como correlato de la historia nacional y el discurso de dominación androcéntrica, ya que toma como base obras literarias, documentos y testimonios de época a partir de los cuales construye a las dos figuras masculinas fuertes del relato: Cambacérès e Yrigoyen. En la literatura del primero, es clara la desvalorización de las subjetividades femeninas; en cuanto al personaje de Yrigoyen, al traer al espacio fictivo la relación de Luisa con don Hipólito, va más allá de lo que los textos históricos han dejado trascender. Si bien queda expuesta, por segunda vez, la posición de marginación social en la que la Bacichi queda sumida al no casarse "legalmente" con el "Peludo"[4] (Gallo 2014, 595), es ella quien cuestiona la conveniencia de legalizar esa unión; por tanto, al asumir su propio deseo, torna visible su singularidad y su voz se alza desde un lugar de resistencia a los cánones morales de la época.

Por último, el tercer eje se articula a partir de la recuperación de hechos transmitidos oralmente y que han quedado fijados en la memoria colectiva. La leyenda urbana refiere la trágica muerte de la protagonista y da pie a la escritora para plasmar estéticamente ese trauma, a la vez que crear un relato en el que las voces femeninas den cuenta de sus anhelos, sus deseos y frustraciones. La Rufina marmórea que se yergue ante la puerta del mausoleo familiar, imagen icónica de la muerte prematura, cobra vida a través de la narrativa lojiana para reflexionar sobre su época, la literatura, la identidad nacional, el lugar de la mujer, así como cuestionar la mirada monolítica de la historia.

Las ciudades y el cielo

A llegar a Eudoxia, en "Las ciudades y el cielo. 1", el viajero descubre un tapiz que es reflejo de la ciudad y afirma que, aunque sea fácil perderse en ella, los hilos de diferentes colores con los que está tejido guían a sus moradores para encontrar su camino. No obstante, los habitantes interrogan el oráculo para desentrañar "la relación misteriosa de dos objetos tan diferentes como el tapiz y la ciudad" (Calvino 2013, 110). La respuesta es esquiva, como la de todo oráculo: "Uno de los dos objetos —fue la respuesta— tiene la forma que los dioses dieron al cielo estrellado y a las órbitas en que giran los mundos; el otro no es más que su reflejo aproximado, como toda obra humana" (110).

La misma incógnita parece vincular a los personajes de "El canto del silencio", la undécima de las *Historias ocultas en la Recoleta*. Sus protagonistas buscaron respuestas a sus existencias "en el cielo estrellado", ella en la poesía y el arte, él, en sus expediciones por las inexploradas tierras argentinas, pero solo encontraron en este mundo un "reflejo aproximado, como toda obra humana" (Lojo 2000b, 220).

El oxímoron que plantea el título del relato adelanta la relación de este texto con el mundo poético. Ya desde el epígrafe surge la voz inquisitiva de la poeta Agustina Andrade (1858-1891), autora de "Lo que soy", nostálgica composición que, desde el yo de los primeros versos, "Yo soy un ave, tímida, agreste / Nacida sólo para cantar" (217), da cuenta de su descentramiento al encontrarse lejos de las aguas del río Uruguay, donde todo lo aprendió. Las dos primeras estrofas la conectan con el tiempo y el espacio perdidos de la niñez y la adolescencia entrerrianas, para cerrar la composición, en la tercera estrofa, con una referencia al "ahora" en el que el yo lírico añora el lugar de la libertad y la felicidad al que desea regresar: "Por eso apenas murmuro ahora / Los dulces cantos que allí aprendí: / Me falta el cielo, la luz, el aire / ¡Ah! ¡Quién pudiera volver allí!". El poema expresa discursivamente una posición ambigua, ya que, por una parte, al asumir la voz de un ave cantora "tímida" y "agreste", parece partir de un lugar de debilidad, mientras que, por otra, sostiene con vigor que ya no cuenta con un espacio propio para componer su discurso. Esta crisis queda plasmada en la imagen de libertad simbolizada en el canto del ave, frente al sometimiento y la falta de voz, "apenas murmuro", que su nueva vida le ha deparado.

La función del epígrafe es reforzar las tensiones, conflictos y efímeros momentos de alegría de una mujer que vivió a la sombra de dos hombres: de la fama de su padre, el político y poeta Olegario V. Andrade (1839-1882), y de su esposo, el explorador científico Ramón Lista (1856-1891), que la abandonó —sin oficializar una separación— por una mujer tehuelche que conoció en una de las expediciones que comandó a tierras patagónicas y con la que entabló una relación duradera.

La vida y la muerte se unen en esta historia; por un lado, con el nacimiento de la hija mestiza de Lista, por otro, con la muerte espiritual —debida a la frustración personal y artística— y física de Agustina. Una voz desde el dolor, la de la propia madre, doña Eloísa, revela que tomó la decisión de quitarse la vida al no poder asumir la soledad, el engaño y la humillación, pero, fundamentalmente, por no poder enfrentar el futuro.

Como a tantos otros literatos, un doble linaje le marca su existencia; de su padre recibe: "las letras, la poesía, la política: disciplinas que exceden la disposición femenina y que hay que merecer" (220); de la madre, las armas para defenderse "puertas adentro" y en una sociedad esquiva: "Agustina pronto sabe coser y bordar, saludar y sonreír bajando un poco los ojos" (220). La impronta paterna se impone en sus años juveniles, lentamente se abre paso en los periódicos porteños y publica sus composiciones, edita un libro de poemas que titula *Lágrimas*, en 1878, y en 1879, *Flor de un día*, pero conoce a Ramón Lista, con quien contrae matrimonio ese mismo año, y a partir de allí, su mundo cambia.

Su esposo comienza a planificar sus viajes por el norte y sur del país, y Agustina, en contrapartida, emprende un viaje interior, pues está recluida y aislada de las actividades sociales, y su voz se silencia en la prensa periódica. Las dos hijas del matrimonio y los honores del esposo no logran colmar sus propias necesidades, sigue viviendo en función de su familia. La poeta se convierte en símbolo de la fatalidad; frustrada, torturada psicológicamente, no tiene fortaleza para continuar su lucha; el engaño por parte de su esposo y la apatía de la sociedad parecen guiar su mano hacia el desenlace.

La desazón que se produce en el lector no merma en el siguiente relato, "Cuando el corazón está dormido", que da cierre a esta historia de amor trágico. Ramón Lista también morirá persiguiendo utopías, luchando contra sus obsesiones y los recuerdos de los selknam u onas, los habitantes nativos de la Isla Grande de Tierra del Fuego, que murieron víctimas de la expedición que comandó en busca del supuesto oro que esas tierras ocultaban, en 1886.

Estas dos narraciones encadenadas por el sufrimiento remiten a tragedias individuales y colectivas —la de los esposos, en el primer caso, y, en el segundo, a la de los onas masacrados y la de los tehuelches, que nunca fueron incorporados al territorio nacional. De esta forma, ambos relatos dan cuenta de las relaciones conflictivas que sostienen los protagonistas con el mundo que los rodea.

Al transcribir el poema de Andrade "Lo que soy", Lojo le otorga un espacio textual a Agustina a través del cual mostrar los sentimientos de vacío y de carencia que la conducen a la enajenación, después de haber elegir el modelo decimonónico de familia rioplatense que la lleva a recluirse en el hogar y perder todo contacto con el "afuera".

Esta escisión pone de relieve una realidad vivida por muchas mujeres argentinas de la época: la influencia del modelo sociocultural del siglo XIX que priorizaba el paradigma esposa y madre, cuyo accionar quedaba constreñido al hogar-mundo, en contraposición a una vida que saliera del estereotipo y les permitiera alcanzar la libertad a través de una educación equivalente, de igualdad de oportunidades en el ámbito laboral y político, y de la creación artística en todas sus manifestaciones. Debió pasar más de un siglo para que, en este nuevo espacio conquistado gracias a la narrativa lojiana, Agustina recuperara su voz.

Las ciudades escondidas

Llegamos al destino final; las ciudades de los vivos y los muertos se han constituido en elementos funcionales para el análisis. Las historias "ocultas" se han convertido en acicate para estudiar el particular abordaje que realiza María Rosa Lojo de lo histórico y observar cómo rescata a un puñado de mujeres que nos siguen interpelando, ahora con voces recobradas, desde esa ciudad "escondida" e "invisible" tras los muros de la Recoleta.

Reflexiona el viajero en el último texto de *Las ciudades invisibles,* "Las ciudades escondidas. 5":

> De mi discurso habrás sacado la *conclusión* de que la verdadera Berenice es una sucesión en el tiempo de ciudades diferentes, alternadamente justas e injustas. Pero lo que quería advertirte es otra cosa: que *todas las Berenices futuras están ya presentes en este instante, envueltas la una dentro de la otra, comprimidas, apretadas, inextricables.* (Calvino 2013, 169; la cursiva es nuestra)

El narrador coloca a su lector frente a las dos ciudades que Berenice contiene en sí misma; ocupan un espacio geográfico común, pero, como círculos concéntricos, una contiene a la otra, la organización y la estructura de una se replica en la otra, en su expansión.

El casco urbano de la ciudad de Buenos Aires repite igual configuración; uno de los círculos de su entramado tiene epicentro, en este caso, en el cementerio de la Recoleta: calles, monumentos funerarios, elementos constructivos y decorativos permiten conocer su desarrollo arquitectónico y escultórico a través del tiempo. Asimismo, la morfología del lugar predispone a realizar lecturas diacrónicas asociadas con episodios históricos y con quienes fueron sus reconocidos intérpretes, así como con aquellos que, desde un lugar casi anónimo o secundario, también vivieron, sufrieron y amaron, aunque hayan sido los protagonistas de pequeñas historias, de otros círculos concéntricos.

En cada historia de las aquí analizadas, Lojo ha problematizado el rol de las mujeres, las ha rescatado del olvido que el mismo espacio simbólico del cementerio pareciera proponer. Son protagonistas que se asumen desde un "yo" que pugna por mostrar otras facetas que van más allá de lo que el imaginario colectivo ha determinado para ellas.

Desde el lugar subalterno de la servidumbre, María Juana Gutiérrez y Catalina Dogan rompen con el cliché amo-esclavo a partir de la mirada decolonial que presenta la voz narrativa. En ambos relatos las mujeres transitan el espacio doméstico y alcanzan su independencia; María Juana accede a importantes beneficios tras su casamiento gracias a la educación que le han brindado sus patrones; Catalina Dogan elige continuar con la familia desde su lugar de liberta africana y acompañarlos, en vida y tras la muerte, desde el lugar que le fue asignado, y demostrar que es posible sortear las rupturas y propiciar los encuentros.

Otras mujeres —Catalina Benavídez y la esposa y las hijas de Martín de Álzaga— son heroínas que pierden todo aquello que les hacía ocupar un lugar preeminente en su sociedad. Terminan sus vidas como "perdedoras": Catalina, denigrada y repudiada por la familia Álzaga; doña María Magdalena de la Carrera e Inda, viuda de Álzaga, y seis de sus hijas, recluidas en la casa familiar, consecuencia de las vicisitudes políticas del periodo histórico que les tocó vivir.

La historia que protagoniza Fortunata García, en relación con la cabeza insepulta de Marco Avellaneda, pone en evidencia que los traumas producidos por las guerras internas de una nación perviven desplazados a otros ámbitos; en este caso particular, el de la leyenda. Al dar voz a una mujer de extracción unitaria y a un hombre del federalismo, la autora introduce nuevos perfiles —una mujer valiente que se hace escuchar y que actúa, y un hombre sensato, con otra visión sobre los acontecimientos políticos— y plantea que ambos pueden construir una sociedad basada en el respeto por el adversario.

En esa misma línea, se ha analizado la historia protagonizada por Felisa Dorrego; si bien el substrato histórico pone en evidencia el enfrentamiento entre unitarios y federales en las figuras de Lavalle y Dorrego, en el relato, se priorizan la trama policial y la mirada de una mujer madura que no idealiza el pasado y que, a través de la comprensión y la templanza, pone en evidencia la necesidad de reparar el dolor para construir el futuro.

Por último, en los relatos que tienen como protagonistas a Rufina Cambacérès y Agustina Andrade, la focalización está puesta en la relación de ambas con el medio literario. Rufina debe luchar contra la palabra del padre y debe lidiar con la encumbrada sociedad porteña que rechaza a su madre. Su mundo está escindido y, en este caso, la ascendencia europea no le permite lograr una mejor posición social. El infortunio termina con la vida de la joven; no obstante, sus desventuras perduran en la memoria colectiva ancladas en la transmisión oral de la leyenda urbana y cobran espesor redefinidas por la literatura.

En la historia de Agustina Andrade es claro el lugar de subordinación de la protagonista a las convenciones sociales de su época que marcaban para el hombre el dominio del espacio público y, para la mujer, la reclusión en el espacio privado del hogar. Aunque se trata de una mujer letrada, Agustina parece perder con el matrimonio el don de la palabra, circunscripta solo a lo doméstico y a parir a dos hijas, que quedaron al cuidado de su madre después de su trágica decisión. La desesperanza que le genera el sentirse engañada da muestra de una subjetividad abatida y sobrepasada por la situación traumática; a la vez que su cuerpo abandonado y enfermo metaforiza un cuerpo literario "autocercenado". La narración rescata, en el epígrafe, parte del cuerpo textual de Agustina Andrade para mostrar, en los intersticios de su poesía, que una vez fue un ser independiente de la autoridad literaria del padre.

Por lo hasta aquí comentado, puede observarse cómo la autora, desde una textualidad tradicional, el cuento "histórico", presenta una mirada alternativa de la historia y la literatura. Al construir varias de sus "historias ocultas" a partir de miradas y voces narrativas femeninas, mediadas por personajes reales y ficticios, cuyas vidas transcurrieron en distintas épocas de la historia argentina y ocuparon diferentes espacios, Lojo des-centra a la mujer del lugar de dominación patriarcal y colonial para explorar y proponer, como ella misma lo expresó (Lojo 2000a), lecturas inéditas de una historia que cada generación va vislumbrando e intentando completar para comprender el ser nacional argentino.

A través de estas narraciones, Lojo ha apelado tanto a la memoria histórica como a la artística para desarticular una manera única de leer la realidad —la trazada por el pensamiento hegemónico— al proponer historias particulares centradas en vidas de mujeres que se convierten en sujetos de sus investigaciones por haber ocupado lugares de privilegio o de marginación social, económica y cultural. Y, a través de diversas estrategias narrativas, y con la voz y la mirada de una mujer en los albores del siglo XXI, sostiene que nociones como "subalternidad", "marginación", "lucha contra el discurso patriarcal" deben ser expuestas y discutidas. Tumbas y mausoleos le han servido como disparadores para presentar, en los relatos aquí analizados, temáticas de vida, y le han permitido, asimismo, brindar un espacio textual a las voces silenciadas, marginadas u olvidadas por la historia oficial argentina.

Notas

1 Pensamos en la labor de documentación que antecedió a otras de sus novelas, entre ellas: *La princesa federal* (1998), *Una mujer de fin de siglo* (1999) y *Finisterre* (2005) —de las que nos ocupamos en "La investigación académica como sustrato de la narrativa histórica de María Rosa Lojo" (2012)— y su novela más reciente, *Todos éramos hijos* (2014).

2 Fortunata García (1802-1870) contrajo matrimonio con Domingo García (1765-1834). Este abogado tucumano se sumó a los ideales de la revolución de 1810. En 1812, fue designado gobernador intendente de Salta. Colaboró con Gorriti en la lucha contra Facundo Quiroga, lo que lo obligó a exiliarse en Bolivia y Chile (Fandos y Fernández Murga 2001, 211).

3   Su destacado rol social queda en evidencia al ser elegida madrina, en 1883, de la iglesia de San José de Flores, que luego pasaría a ser la famosa Basílica de San José de Flores, honor que compartió con el entonces gobernador de Buenos Aires, José Dardo Rocha, quien ofició de padrino.

4   Este fue el apodo con que se nombró a Hipólito Yrigoyen (1852-1933). Fue presidente de la Nación en dos oportunidades; tuvo un hijo con Luisa Bacichi, que debió luchar, después de la muerte de su padre, para que se le reconociera el apellido paterno.

Referencias bibliográficas

Arfuch, Leonor. 2010. *El espacio biográfico. Dilemas de la subjetividad contemporánea.* Buenos Aires: Fondo de Cultura Económica.

Beverley, John. 2003. "La persistencia del subalterno". *Revista Iberoamericana*, L XIX.203: 335-342.

Calvino, Ítalo. 2013. *Las ciudades invisibles.* Aurora Bernárdez, trad. Buenos Aires: Grupal.

Crespi, Liliana. 2011. "Esclavos, libres y libertos del Río de la Plata. Un lento acceso a la ciudadanía". En *La ruta del esclavo en el Río de la Plata. Aportes para un diálogo intercultural.* Editado por Marisa Pineau, 194-199. Buenos Aires: EDUNTREF.

Cunha, Gloria da. 2007. "Re-visión de la identidad argentina en los cuentos históricos de María Rosa Lojo". En *María Rosa Lojo: la reunión de lejanías.* Editado por Juana A. Arancibia, Malva Filer, Rosa Tezanos-Pinto, 111-119. Buenos Aires: Instituto Literario y Cultural Hispánico.

De Gandía, Enrique. 1946. *Nueva historia de América.* Buenos Aires: Claridad.

Facio, Alda y Lorena Fries. 2005. "Feminismo, género y patriarcado". *Academia. Revista sobre enseñanza del Derecho de Buenos Aires* 3: 259-294.

Fandos, Cecilia y Patricia Fernández Murga. 2001. "Sector comercial e inversión inmobiliaria en Tucumán. 1800-1850". *Travesía* 5-6: 181-232.

Gallo, Claudio R. 2014. *"Claroscuros" de la Historia Argentina. (1806-1945)*. Buenos Aires: Dunken.

Genette, Gérard. 1989. *Palimpsestos. La literatura en segundo grado*. Traducido por Celia Fernández Prieto. Madrid: Taurus.

Greimas, Algirdas J. 1983. *La semiótica del texto. Ejercicios prácticos*. Barcelona: Paidós.

Grillo, Rosa María. 2013. "El nuevo descubrimiento de América en femenino: María Rosa Lojo y las mujeres argentinas". En *El exilio literario de 1939, 70 años después*. Editado por María Teresa González de Garay y José Díaz-Cuesta, 185-201. Logroño: Universidad de La Rioja.

Guidotti, Marina L. 2012. "La investigación académica como sustrato de la narrativa histórica de María Rosa Lojo". En *Actas VII Congresso Brasileiro de Hispanistas*. 829-835. San Salvador de Bahía.

hooks, bell. 1984. "Mujeres Negras: Dar forma a la teoría feminista". Acceso el 12 de agosto de 2016. <https://www.marxists.org/espanol/tematica/mujer/autores/hooks/1984/001.htm>.

Iglesia, Cristina. 2014. "Echeverría: La patria literaria". En *Historia Crítica de la Literatura Argentina*. Vol. 1. Dirigido por Cristina Iglesia y Loreley Del Jaber, 351-383. Buenos Aires: Emecé.

Jabardo Velasco, Mercedes. 2008. "Desde el feminismo negro, una mirada al género y la inmigración". En *Feminismos en la Antropología: Nuevas propuestas críticas*. Coordinado por Liliana Suárez, Emma Martin y Rosalva Hernández, 39-54. Donostia: Ankulegi Antropologia Elkareta.

Jackson, Rosemary. 1986. *Fantasy: literatura y subversión*. Traducido por Cecilia Absatz. Buenos Aires: Catálogos.

Jitrik, Noé. 1970. *Ensayos de literatura argentina*. Buenos Aires: Galerna.

Lojo, María Rosa. 2000a. "¿Quiénes son los 'dueños' del pasado?". En *Del tiempo y las ideas. Textos en honor de Gregorio Weinberg*. Editado por Agustín Mendoza, 285-292. Buenos Aires: Los hijos de Gregorio Weinberg.

Lojo, María Rosa. 2000b. *Historias ocultas en la Recoleta*. Buenos Aires: Alfaguara.

López, Silvia K. 2007. "Revivir en la palabra. La bisagra entre historia y ficción en *Historias ocultas en la Recoleta*, de María Rosa Lojo". En *María Rosa Lojo: la reunión de lejanías*. Editado por Juana A. Arancibia, Malva Filer, Rosa Tezanos-Pinto, 205-210. Buenos Aires: Instituto Literario y Cultural Hispánico.

Mignolo, Walter. 2009. "La idea de América Latina (la derecha, la izquierda y la opción decolonial)". *CyE* 2: 251-276.

Monvoisin, Auguste Raymond. 1824. *La Porteña en el templo* o *Retrato de Rosa Lastra*. Buenos Aires: Bonifacio del Carril.

Palermo, Zulma. 2007. "La escritura letrada como proceso descolonizador". En *María Rosa Lojo: la reunión de lejanías*. Editado por Juana A. Arancibia, Malva Filer, Rosa Tezanos-Pinto, 65-78. Buenos Aires: Instituto Literario y Cultural Hispánico.

Ricoeur, Paul. 2010. *La memoria, la historia, el olvido*. Traducido por Agustín Neira. Buenos Aires: Fondo de Cultura Económica.

Sarlo, Beatriz. 2005. *Tiempo pasado. Cultura de la memoria y giro subjetivo. Una discusión*. Buenos Aires: Siglo XXI.

Spivak, Gayatri Chakravorty. 1998. "¿Puede hablar el sujeto subalterno?". *Orbis Tertius* 3.6: 175-235.

White, Hayden. 2010. *Ficción histórica, historia ficcional y realidad histórica*. Buenos Aires: Prometeo.

Williams Álzaga, Enrique. 1971. *Martín de Álzaga en la reconquista y en la defensa de Buenos Aires (1806-1807)*. Buenos Aires: Emecé.

Genealogías improbables. Notas para un relato fundante

Sonia Jostic
Instituto de Investigación de Filosofía, Letras y Estudios Orientales de la Universidad del Salvador, Argentina

Organización de un mapa literario

La producción más reciente de María Rosa Lojo (Buenos Aires, 1954) ha diseñado una mutación dentro del corpus de la obra de la autora. Sus orígenes poéticos[1] resultaron acaso eclipsados por una derivación narrativa y ensayística alimentada, en gran medida, por personajes —ficcionales y no (tanto)— que supieron interpelar y ser interpelados por los espasmos de la historia argentina y las rugosidades de su geografía más íntima, la Tierra Adentro[2]. Luego, se impuso un período que, en continuidad con el siglo XIX (aunque revisitando, también, el comienzo del XX) y con la misma mixtura ficcional/referencial que en ocasiones dio lugar al género de las llamadas "novelas históricas", se interesó, más bien, en la intimidad de figuras fundamentalmente femeninas que, de un modo u otro, han hecho historia y cultura[3].

Pero en los últimos años, la travesía literaria de Lojo ha propuesto el arribo a una zona de cierto espeso despojamiento, en la que se afianza una cartografía de la intimidad ya no tanto ajena (aunque sin abandonarla) sino propia. *Árbol de familia, El libro de las Siniguales y del único Sinigual* e "Historias del Cielo" (perteneciente a *Bosque de ojos*) son textos que, aparecidos —de uno y del otro lado del Atlántico— en 2010, incursionan de muy peculiar modo en la lógica autobiográfica[4]. A lo largo de estas líneas, trabajaré especialmente con *El Libro de las Sinigual y del único Sinigual*, pensado como pivote de un análisis que ensaya posibles diálogos con los otros textos, cuya contemporaneidad con aquel permite leerlos como posibles interlocutores, de tal manera que se abren tesoros de sentido.

Jugando a las escondidas

La explicitación de adscripciones genéricas ("novela", en el caso de *Árbol de familia*; "microficciones", en el de *Bosque de ojos*) tendientes a apartarse del registro referencial; el escamoteo del nombre propio (y del propio nombre) en los cuerpos textuales; el desplazamiento (y aun el extravío) del relato pormenorizado de la propia vida en pro del conjunto de los relatos de vidas ajenas (las de dos familias —materna y paterna— que se unen en la persona y la voz de la narradora); constituyen operaciones dirigidas a depotenciar —solo en apariencia— los filamentos "autobiográficos" (volveré sobre este aspecto más adelante) de una producción que intenta azuzar la subjetividad con perturbador énfasis. Se trata de una escritura que bien podría pensarse en articulación con las reflexiones en las que Roland Barthes reconoce que "En su grado más pleno, el Imaginario se experimenta así: todo lo que quiero escribir de mí mismo y que a fin de cuentas me resulta embarazoso escribir" (1978, 117). Propongo que Lojo no verbaliza "*todo* lo que quiere escribir sobre sí misma" (mi subrayado), sino que recurre al escamoteo, a la dosificación de datos y detalles que se administran mediante una cerradura sin llave a través de la cual espiar "lo embarazoso". Se trata, aventuro, de una pulsión que, desde algún sitio, necesita explicitarse, más que de una intención volcada con absoluta y total voluntad.

En primera instancia, los textos de Lojo se ubican en un sitio que merodea (tocando, apenas) los ya pioneros planteos de Philippe Lejeune (1975). Aunque sin acatar las especificidades "contractuales" que este teórico le exigía al pacto autobiográfico para consagrar su legitimidad (esto es: la presencia de una *firma* que refrendara la identidad entre autor-narrador-personaje), se habilita la flexibilidad de un *espacio* ("fantasmático") sembrado de huellas (los *fantasmas* reveladores del individuo) en virtud de las cuales, desde la lectura, se tiene la posibilidad de completar y producir, de manera más o menos exitosa, ciertas transferencias identitarias pertinentes[5]. A su vez, y como es sabido, la mirada que sobre el tema ofrece Paul de Man debate con una excluyente índole documental(ista) para, en cambio, sostener que el sesgo autobiográfico del relato pasa por constituir "*algo similar a una ficción*, la cual (…) adquiere cierto grado de productividad referencial" (1979, 113; el subrayado es mío). Desde la vereda de enfrente de Lejeune, de Man posterga completamente la relevancia de las analogías y la dependencia del referente para privilegiar, en cierto modo, su contrario, a saber: la falta de correspondencia entre un "yo" ("informe" punto de partida) que solo mediante el relato autobiográfico es provisto de ese "yo" (ahora, "desfigurado" punto de llegada y resultado del relato). En otras palabras: la ficción.

Afín con la línea de P. de Man, es apropiado echar mano de la más reciente (y muy polémica) categoría de la *autoficción* (Doubrovsky)[6], cuya diferencia fundamental con la autobiografía reside en que aquella "aceptará *voluntariamente* la imposible reducción de la autobiografía al enunciado de realidad (…) la imposible sinceridad u objetividad, integrando la parte de mescolanza y ficción debida en particular al inconsciente" (Darrieussecq 2012, 79; el subrayado es de la autora)[7]. Expresión del "pacto ambiguo" (2007, 2012), la feliz fórmula acuñada por Manuel Alberca que suscribe la autoficción, esta tiene su fundamento en "la identidad visible o reconocible del autor, narrador y personaje del relato (a partir de la cual se) dibuja un original espacio autobiográfico y novelesco en el que se (…) mezclan las fronteras entre lo real y lo inventado, demostrando la fácil permeabilidad creadora entre ambas" (2007, 32). Se trata, en definitiva, de un planteo cuyo filón más transgresor pasa por la admisión de la porosidad ficcional en una textualidad tradicionalmente monopolizada por la pretensión referencial. Ello no eclipsa, sin embargo, esa suerte de *resto de realidad* que se le impone a la articulación autoficcional y corresponde, fundamentalmente, al homonimato entre personaje-narrador y autor[8]. Pero, puesto que los textos de Lojo abordados aquí no explicitan (al menos, con la contundencia requerida[9]) esa yuxtaposición entre *dentro* y *fuera* de la letra, cabe abrir otras puertas de reflexión.

Por una parte, aspectos de carácter extra y paratextual, que contemplan cuestiones vinculadas con la recepción de la obra de Lojo. En la medida en que, según se señaló, la suya no es una producción asociada (al menos, hasta 2010) con una escritura que haya comprometido explícitamente una dimensión *personal*, la producción acostumbraba abrir horizontes de expectativa que el lectorado vinculaba rápidamente con el "pacto" de naturaleza abiertamente novelesca. En cambio, los textos que aparecen en 2010 alteran la convención que frecuentaban para acentuar no solo su complejidad y ambigüedad sino, también, cierta inestabilidad[10]. Cuando Annick Louis (2010) plantea la posibilidad de una "emancipación" de la autoficción para dejar de abordarla como "género" o "subgénero" necesariamente emparentado con otros, acuña otra feliz fórmula, a saber: "sin pacto previo explícito". De este modo, el texto no postula con claridad la zona de su posicionamiento y admite reflexionar acerca de diferentes operaciones desarrolladas por Louis. La que más me interesa aquí corresponde a lo que la crítica formula como "la iniciación literaria": en rigor, Louis hace referencia a "los primeros relatos de un autor (que) los lectores no asocian (…) a un género determinado." (79) Creo que esa observación puede ampliarse hasta un sentido que no es del todo literal puesto que, en cierto modo, el corpus de Lojo constituye una especie de "literatura inicial" (dentro de una producción que es, paradójicamente, muy abundante) ya que implica un cambio de rumbo y, por eso, puede ser percibida como punto de inflexión que contiene cierta "iniciación". Louis también menciona otros ítems que pueden resultar de utilidad, como la materialidad de la edición[11]; en este caso, me referiré a los trazos de la tapa de *Árbol de familia*, dada la profusión de su sentido y de cómo este se abrirá en *El libro de las Siniguales y del único Des-*

igual. Dicha tapa se compone de dos (o tres) elementos. Se impone en ella un vestido de color tiza, en cuyo diseño más bien pueril se distinguen claramente dos partes: la superior, de corte neto y despojado (cuello redondo, sin mangas); la inferior, "cortada" respecto de la anterior y provista de frunces, que contrasta un poco con la sencillez superior. Por otra parte, la figura del vestido no aparece completa sino "suprimida" un poco debajo de esos pliegues (aunque resulte sospechada). El vestido se encuentra prolijamente colgado en una percha de madera; y esto ocurre mediante un enganche adosado a una especie de pared de un gris apenas más oscuro que el vestido, pero a diferencia de él, ornamentada con hojas y zarcillos más grises aún. Ahora bien, la hipótesis que la lectura de esa imagen me sugiere es la siguiente: obviamente, son las hojas las que desde detrás de bambalinas, convocan sinecdóticamente el árbol del título. Escasas, pero de líneas un tanto artificiosas, se completan con la madera de la que está hecha la percha, para corroborar la alusión al susodicho árbol. La pared y la percha (léase: el árbol –genealógico-) "sostienen" el vestido, aunque de modo quizá precario debido a la fragilidad solitaria del clavo que funge de sostén. Las hojas provienen de izquierda y de derecha del vestido (las líneas paterna y materna), y luego se perciben otras detrás del vestido (arriba y a cada lado de él; es decir: el vestido como punto de reunión de dicho follaje); el trazo está consolidado por la doble rama de madera en la que la percha (el tronco) se divide. Pero la composición no concluye allí: es sobre el vestido que aparece el nombre de la autora (como adjudicándole su pertenencia, podría aventurarse); y en este también es posible detectar, según se señaló, lo doble, el contraste entre las partes y el "corte" entre ellas (volveré sobre esto más adelante). Todo es ineludiblemente pálido, gris, monocromo y proclive a las sombras: la de los pliegues inferiores y, de modo interesante, la que el propio vestido proyecta sobre la pared-árbol, como si la presencia que ese vestido cubre tuviera una relación no tanto sombría sino, más bien, anodina, hecha de la languidez de la sombra.

Finalmente, Louis menciona la "puesta en escena del narrador" y su despliegue en primera persona del singular. *Árbol de familia* solo ofrece este narrador (aquí, narradora) hacia el final del cuerpo textual, cuando parece que todas las superficies biográficas ajenas se han agotado. Aunque con mucha reticencia, la narradora no puede escapar a su turno: último y frágil como la sombra. En este punto, encuentro útiles algunos desarrollos de Toro, Schlickers y Luengo (2010) acerca de lo que denominan la *auto(r)ficción*, donde "el personaje del autor irrumpe de forma sorpresiva y metaléptica como el autor del texto que estamos leyendo, haciendo así hincapié en la artificialidad del relato" (21). Esa intromisión autoral puede tener carácter verbal o corporal; asimismo, el autor puede situarse en un lugar lateral respecto de la trama e intervenir en términos metaliterarios[12]. En *Árbol de familia*, el hecho es que la narradora-personaje en las que se intuye a la autora parece reconstruir su *prehistoria* como tal: el lector asiste a aquellas circunstancias que, tras haber evolucionado, concluyeron en la conformación de la escritora María Rosa Lojo pues se cuenta el origen de la conexión entre la escritora y las palabras. Y algunas hojas del árbol de la familia fueron determinantes (o no tanto) en la aventura de ese ensamble. Un día, por ejemplo, el tío Adolfo

> me llevó de la mano hasta un armario de buena madera (…) que estaba desde siempre en el cuarto de planchar y que no me habían permitido abrir.
> "Oye, ya has cumplido los ocho años, así que eres mayor. De ahora en más, serás tú la que tenga la llave de mi biblioteca".
> Allí estaban todos los piratas, los brujos y los reyes, las aventuras, las traiciones y las lealtades, los países desconocidos ocultos en el mapa de lo obvio, los mundos olvidados que están dentro de éste. Phineas Phogg y el Tigre de Mompracem, Long John Silver y el último de los mohicanos, D'Artagnan y Ayesha, Milady y la reina de los Caribes, Tarzán y Jane. Entré en esas historias como quien entra en un planeta de hongos alucinógenos. El cerebro no se me secó del poco dormir y del mucho leer, antes bien tomó temperatura y humedad de jungla, donde animales fabulosos y guerreros nómades merodeaban a la sombra de los baobabs. Nunca salí del todo de ese planeta. (2010a, 197-198)

O la abuela Julia, dueña y señora absoluta de los saberes manuales y domésticos, pero

> No (…) porque descuidase los del intelecto o los juzgara inadecuados para las mujeres. Era ella, después de todo, la que había satisfecho mi curiosidad por las letras, la que me había enseñado a unirlas y a entender los efectos de esa reunión prodigiosa, mucho antes de ir formalmente al colegio. "Su abuela vale un Perú", me había dicho la madre Beltrán, castellana como ella, que sería mi primera maestra en la escuela de monjas. Doña Julia estaba orgullosa de mis habilidades precoces para la lectura y la escritura (…) y no vacilaba en exhibirme despiadadamente, como una mona sabia, ante cuanta visita se pusiera a tiro. (2010a, 231-232)

Por estas razones es que, al decir de la narradora:

> Yo conocí a Alicia en el país de las maravillas.
> Era mi vecina y mi mejor amiga, siempre un poco más alta, rubia rizada, con anteojos y mofletes. Estaba convencida de su indiscutible superioridad, que atribuía sólo, con modestia, a razones cronológicas.
> —Cuando tengas seis años, vas a ser tan inteligente como yo- solía decirme en los comienzos de nuestra amistad. (…) Alicia, con la autoridad que le confería un año más, se dispuso a ejercer sobre mí una función protectora y educativa, aunque la desconcertaba el hecho de que yo —gracias a doña Julia- supiese leer y escribir sin haber comenzado aún la escuela primaria. Afortunadamente le quedaba un resquicio para desarrollar su prematura vocación docente. Alicia iba desde siempre al Conservatorio y en su casa había un piano vertical. Como doña Julia con la costura y el bordado, ella tampoco tuvo éxito conmigo, no por falta de empeño didáctico sino por carencia de aptitudes de su forzada alumna.
> Otro era el lenguaje en el que podíamos entendernos: las historias que leíamos juntas en el sofá cama de su cuarto. Las favoritas eran las de llorar a mares, pero heroicas, que diseñaban una épica infantil: *Los hermanos negros*, *Sin familia* y *En familia*, con sus desdichas y felicidades complementarias, y sus niños maltratados y huérfanos, deshollinadores o vagabundos. (2010a, 253-254)

Sin embargo, no habría palabras más tristes que aquellas en las que, voluntaria o involuntariamente, la protagonista fuera instruida por doña Ana (en quien puede intuirse a su propia madre). Ana, vendedora en la librería de las tiendas Harrods; quien, fundamentalmente, "sabía de libros por haber sido desde la temprana adolescencia una lectora adicta, y por haberse puesto ella misma una librería en cuanto pudo hacerse de unos ahorros" (2010a, 263) Posteriormente, Ana vendió sus alhajas y con ese dinero compró "tecnología de punta: una máquina de escribir con nombre de arma de fuego: Remington, fuerte, dura y pesada como un caballo de tiro. Contaba con el capital de una ortografía perfecta y una redacción correctísima. Ofreció sus servicios para todo tipo de copias, así como para pulido y puesta en limpio de cartas y documentos. Durante un tiempo vivió de esos trabajos, siempre algo azarosos…" (264). En ocasión de sus travesías a la capital, Ana "podía, también, cuando encontraba asiento, leer (…) y hasta tomar notas con una preciosa y nítida caligrafía de letras separadas. En sus libretas, con un desorden de desván antiguo, convivían conjugaciones de verbos en francés con apuntes de filosofía de la India y recetas de cocina, poemas y apuntes taquigráficos." (265) Pero Ana, "la Dama de los Libros", es paulatinamente arrasada por la enfermedad y por la angustia (o viceversa) hasta que "la intérprete de caligrafías, la grafóloga, que adivinaba el misterio de los seres en el grosor, la forma y la estatura de esos trazos vivos (…) se desintegra y vuelve al origen (mientras) yo desnazco" (289). Así como el *vuelo* temerario de la imaginación se activa alrededor de las páginas, las historias, las palabras, las letras, solitarias o compartidas; la *caída* (maternal) abre un universo otro, hablado con un lenguaje corrosivo que "borra", "devora", "disuelve", "escurre", pero también posee cierta potencia creadora en la que yace lo tortuoso, hecho de materia negativa. Así funciona la inversión originaria que culmina en "desnacer".

La escritura de "pacto ambiguo", la que carece de "pacto previo explícito", provee, entonces, la oportunidad de una hipótesis en la que se verifica la importancia decisiva de la autofiguración[13]. En el caso de *Árbol de familia*, dicha categoría funciona en términos en cierto modo embrionarios, puesto que la coincidencia entre la imagen pública y la que el individuo (aquí, la escritora) tiene de sí misma no exhibe a esta última como la autora potente, de gran eficacia poética y ya consumada, sino a aquella en plena y temprana formación; una formación guiada productivamente por una mujer (doña Julia) y devastada por otra –aún más cercana-, que es la que la expone al lado oculto y enigmático de la letra de la poesía (doña Ana). En la figura infantil[14] ya se encontraba, en estado larvario, la narradora-personaje-autora adulta.

Sofisticaciones lúdicas

En pos de un clivaje fecundo para el análisis, *El libro de las Siniguales y del único Sinigual* constituye un efervescente caldero. Dada la materialidad heterogénea del libro, hecho de palabras y de imágenes, en *Las Siniguales* cristaliza una *poética del tránsito* que modula especialmente el trabajo de opacidad y problematización del género autobiográfico por parte de Lojo.

Louis Marin (1993) ha señalado que se producen metamorfosis mutuas cuando los textos son atravesados por imágenes, pues estas los cambian y ellas son, asimismo, transformadas por aquellos. Ocurren así desviaciones y derivaciones que se generan y son captadas *por* y *en* la circulación de una serie a la otra: la palabra es excitada por el poder de la imagen, que la activa y la abre para mostrar aspectos que ella, la palabra, no puede o no desea enunciar; y, a la inversa, la "irreductibilidad de lo visible a los textos" (Chartier 2001, 76) vuelve a la imagen ajena a la lógica de la producción de sentido que engendra el discurso verbal. Esa heterogeneidad semiótica provoca una crispación, un lugar de inflexión y de reflexión en la bisagra texto-imagen, ya que el uno y la otra se experimentan a la vez como límite y como provocación. Esto da lugar a una serie de reenvíos que exceden la obvia mecánica de la ilustración y de la sustitución; antes bien, palabra e imagen, ambas, ejercen poderes genealógicos, productores de sentido, en un doble aspecto: crean condiciones de visibilidad bilaterales y también organizan una plusvalía de sentido por fuera de sus propias esferas.

Si en *El libro de las Siniguales y del único Sinigual* se tensan —sin mezclarse— distintos registros, quizá también sea posible identificar en él dos relatos asimismo distintos. Con el objeto de explorar esta hipótesis, leeré el corpus sintácticamente (es decir: *El libro de las Siniguales* en juego con *Árbol de familia*[15]) e intentaré, así, la articulación de series y relatos. En otras palabras: propongo, en *Las Siniguales*, la existencia de un relato paterno en el nivel de las palabras y la de un relato materno, en el de las imágenes. De este modo, *El libro de las Siniguales* encara un estrecho diálogo con *Árbol de familia*, más allá de las distancias aparentemente infranqueables entre ambos libros; y, a través de ese diálogo, practica una inusual reproducción de la difícil propuesta autobiográfica de la autora.

¿Piedra libre?[16]

Las "siniguales" son seres maravillosos que la narración convoca mediante una suerte de oxímoron, dada su "definición improbable"[17]. Definición marcada, de alguna manera, por una densidad negativa (en el sentido sustractivo), ya que, de estos seres femeninos, "sin cara precisa", se nos deja saber que poseen atributos de "sirenas aéreas", que "no se sabe dónde viven", pero de las que, fundamentalmente, "no se sabe si son brujas o hadas" porque "parecen más brujas que hadas por su edad" y "más hadas que brujas por las cabelleras de tul y (…) por su compromiso con la luz del día". Así, más que ambas cosas, las siniguales no serían ninguna de ellas. En definitiva, son bautizadas como tales porque "No eran *meigas*, hechiceras y curadoras, no parec(ía)n *bruxas*, amigas del demonio, y tampoco *fadas*, de belleza irreal y diamantina"; porque "no son ni una cosa ni la otra (esto es: ni hadas ni brujas) y con ninguna criatura viviente pueden parangonarse" (2010b). *Árbol de familia*, sin embargo, inclina uno de los platillos de la balanza cuando menciona (aunque sin aludir a la "sinigualidad") a "un hada con forma de hilandera" que, algunas líneas más adelante, ostenta la fricación

Figura 1. Imagen fotográfica de Leonor Celina Beuter, publicada originalmente en la edición gallega de *El libro de las Siniguales y del único Sinigual*, por editorial Galaxia (Lojo, 2010c); con permiso de la artista.

inicial de la *f* vasca para descubrir su condición de "*fada* pequeña" (Lojo, 2010a, 93). Dentro de la mitología gallega (Torres, 2008), las *fadas* son mujeres encantadas que fueron hechas prisioneras por los *mouros* (seres de gran tamaño, de color oscuro y de residencia subterránea); las *fadas* aparecen al amanecer para peinar sus rubios cabellos, o para *hilar y tejer* con hilos dorados (todos ellos, símbolos del sol, el astro que al amanecer las libera de la prisión de la noche). Y *El libro…* despliega esa magia al revelar que las Siniguales duermen "en los costureros, tapadas con pedacitos de raso o de paño lenci, confundiendo sus velos de tul con los retazos plegados en el fondo de las canastas" (2010b; Figura 1 en la página 129); y que durante la vigilia se protegen "con escudos, oblongos o redondos" que luego se explicitan como botones (2010b; Figura 2 en la página 130). Eventualmente carentes de órgano sexual, se sospecha que las Siniguales envuelven "en tules, terciopelos y brocados de oro y de plata el centro vacío de sus extremidades de alambre forradas de hilos de colores"; ellas instrumentan su reproducción artesanal y

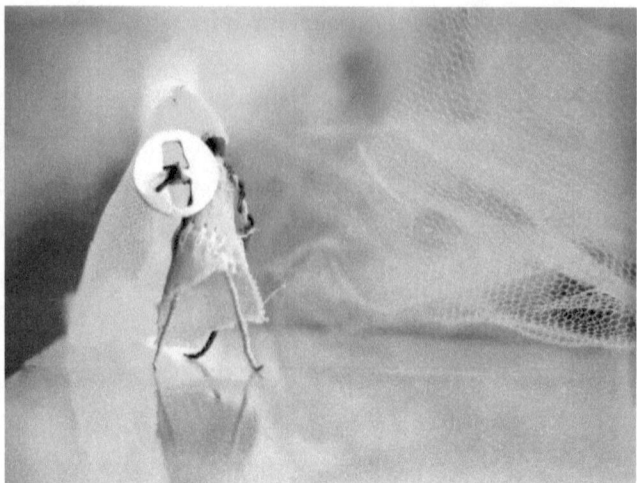

Figura 2. Imagen fotográfica de Leonor Celina Beuter, publicada originalmente en la edición gallega de *El libro de las Siniguales y del único Sinigual*, por editorial Galaxia (Lojo, 2010c); con permiso de la artista.

comunitariamente: cortando y cosiendo, pegando y suturando a lo largo de una o de varias noches, hasta obtener un "cuerpo lleno de ojos para mirar el mundo" (2010b).

La narradora de *Árbol de familia*, por su parte, asume que "Ningún elemento del legado materno (la Gran Vía Madrileña con sus cafés, el Paseo de la Castellana, la Cibeles, ni siquiera el Museo del Prado) pudo competir —al menos para mí (es decir: ella)— con la belleza secreta de ese mundo arcaico y por lo tanto inmortal y seguramente mágico" (2010a: 100) que había conocido su padre en el que fuera el "Paraíso Perdido" de él: la aldea gallega de la infancia, en Barbanza. La maravillosa existencia de las Siniguales es, por tanto, una metáfora de la *galleguidad* (ratificada, además, lingüísticamente, ya que el libro se publicó en gallego) recibida de "Antón, el rojo", padre de la narradora. Antón fue, ante todo, ideológicamente rojo; un socialista que supo volar temerariamente aviones de combate "parecidos a libélulas" (2010a, 117; y las libélulas reaparecen, tal como se verá, en *El libro de las Siniguales*...) durante la guerra de

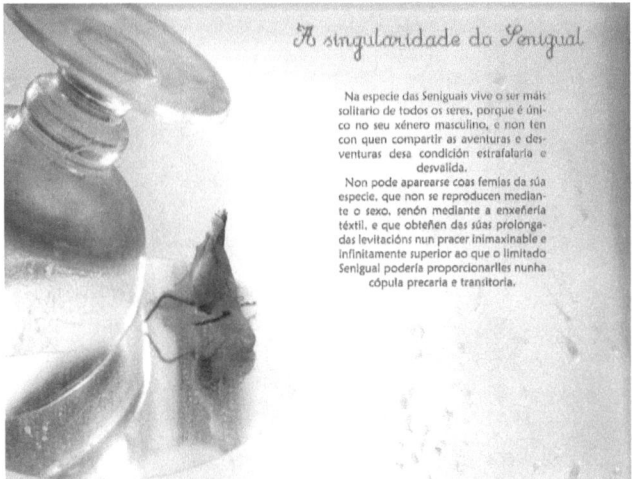

Figura 3.   Imagen fotográfica de Leonor Celina Beuter, publicada originalmente en la edición gallega de *El libro de las Siniguales y del único Sinigual*, por editorial Galaxia (Lojo, 2010c); con permiso de la artista.

España. Por otra parte, no debe olvidarse que, en rigor, *El libro de las Siniguales* también incluye a un único Sinigual (2010b; Figura 3 en la página 131), eventualmente vinculado con Antón.

El Sinigual es un ser redundante: el "más solitario de todos los seres", dada su excepcionalidad dentro de una especie que es, de por sí, excepcional. El "único Sinigual" no puede aparearse con las Siniguales, ya que, según se mencionó, ellas se multiplican por obra y gracia de la ingeniería textil, desinteresadas por el placer que la "cópula precaria y transitoria" del Sinigual podría suscitarles. Por eso, el Sinigual recurre a *libélulas* (2010b; Figura 4 en la página 132) en ocasión de cuya persecución erótica debe ejecutar diestros "vuelos de gran altura" durante los cuales "todo su cuerpo de tul *rojo*" se despliega.

La narradora de *Árbol de familia* decide poner en palabras el filo con el que la guerra parió el vínculo entre sus padres: "Ana, la bella" y el nombrado "Antón, el rojo". Ocurrió que Ana estaba a punto de casarse con un primo que fue sorprendido (al igual que

Figura 4. Imagen fotográfica de Leonor Celina Beuter, publicada originalmente en la edición gallega de *El libro de las Siniguales y del único Sinigual*, por editorial Galaxia (Lojo, 2010c); con permiso de la artista.

la familia de este) por una muerte inesperada y prematura, en los tiempos en que el Generalísimo gravitaba no solo sobre las ideologías y las conciencias sino, más que nada, sobre la vulnerabilidad de los cuerpos rebeldes. En ese sentido, "Pepe, fusilado en una zanja, constituía por sí mismo una acusación muda e irredimible contra Antón, el rojo (aunque ninguna parte personal hubiese tenido éste en la masacre)" (2010a, 176). La narradora-hija cuenta, entonces, que Ana solía decirle a ella: "Me tendrían que haber matado esa tarde, con Pepe y con la tía Luisa. Hubiera sido mejor" (2010a, 178); y que si Pepe estuviera vivo, "'Tú (es decir: la narradora) serías unos cuantos años mayor, claro. Pero viviríamos juntos en España, o en Lieja, qué más da.' (…) como si yo (es decir: nuevamente, la narradora) fuese o hubiese sido siempre la hija de Pepe (o hija sólo de Ana y de su deseo)[18] y no de Antón, el rojo" (2010a, 182). Por eso, concluirá la narradora, "Mi padre (Antón) es el constructor y dueño de esa casa y *cree, a veces* (…) que también es dueño del amor de doña Ana" (2010a, 196; el subrayado es mío). Una lectura posible

Figura 5. Imagen fotográfica de Leonor Celina Beuter, publicada originalmente en la edición gallega de *El libro de las Siniguales y del único Sinigual*, por editorial Galaxia (Lojo, 2010c); con permiso de la artista.

supone, entonces, conectar el color rojo y cierto fracaso amoroso de Antón con la singularidad solitaria y enrojecida del gallego Sinigual.

En principio, podría considerarse que las imágenes de *El libro de las Siniguales y del único Sinigual* funcionan como ilustración o incluso como glosa de las palabras que conforman el texto de *Árbol de familia*. Sin embargo, esta mecánica se cancela desde la propia concepción del libro, cuya (pro)motora fue, ya no la propia Lojo, sino Leonor Beuter, hija de la autora y artista responsable de las imágenes. *El libro de las Siniguales y del único Sinigual* fue elaborado, por lo tanto, a contrapelo de la organización (quizá más convencional) que concibe la serie lingüística como necesaria fuente, original, hipotexto que luego las imágenes vienen a reproducir o a sustituir. En este caso, el proceso se ha distribuido inversamente: fueron las imágenes las primeras en ser concebidas para que, luego, las palabras les ofrecieran una eventual réplica. En *El libro de las Siniguales y del único Sinigual*, de hecho, las imágenes se resisten a ser leídas al (mero) servicio del texto debido al protagonismo de su visibilidad,

Figura 6. Imagen fotográfica de Leonor Celina Beuter, publicada originalmente en la edición gallega de *El libro de las Siniguales y del único Sinigual*, por editorial Galaxia (Lojo, 2010c); con permiso de la artista.

su volumen y la extrañeza propia del artificio iconográfico que las sustenta. Es que —al fin y al cabo, objetos de una "definición improbable"— las Siniguales son portadoras de una apariencia que no se corresponde con la de ninguna criatura definida: a la vez insectos, aves, humanos, fetiches, miniaturas… Las formas siniguales remiten al universo feérico, pero no desean acomodarse a siluetas identificables dentro del mismo. Las imágenes sostienen un relato propio, cuya lógica burla tanto la redundancia de la ilustración cuanto la polémica de la refutación. En el relato iconográfico, por ejemplo, los cuerpos de las Siniguales no están "llenos" sino vacíos de ojos (2010b; Figura 5 en la página 133); el único Sinigual desmiente el puro color rojo para optar por el púrpura (2010b; Figura 3 en la página 131); las Siniguales, dóciles, se dejan mecer mansamente por las manos humanas (2010b; Figura 6 en la página 134). Y, sobre todo, el relato visual se abre con un enigma: una Sinigual que ingresa (o abandona) un molinillo de café (2010b; Figura 7 en la página 135).

Figura 7. Imagen fotográfica de Leonor Celina Beuter, publicada originalmente en la edición gallega de *El libro de las Siniguales y del único Sinigual*, por editorial Galaxia (Lojo, 2010c); con permiso de la artista.

Ahora bien: aunque las palabras habían revelado que, a pesar de no ser "domésticas ni domesticables", las Siniguales pueden vivir durante mucho tiempo "alimentándose de los olores de los alimentos" (2010b) y que disfrutan enormemente el jugar con la sal que desparraman al punzar los paquetes de las alacenas, ellas, las palabras, nada parecen saber sobre el universo de la última imagen a la que se hizo referencia: ni sobre el aroma, ni sobre la textura, ni sobre el color del café. La narradora de *Árbol de familia*, sin embargo, cuenta que, para "Ana, la bella", su madre, "los cafés eran lo que el ojo de agua para el beduino" (2010a, 261) por la sociabilidad cómplice que se instala en el humo de sus locales y por la deliciosa intensidad de la infusión: "En aquellos oasis, envuelta en el aroma del café (tanto más sabroso que la bebida misma)[19], (...) Ana recuperaba parte de la ciudad que había dejado (la de la Gran Vía Madrileña con sus cafés)[20], e incorporaba otra" (2010a; 262) que se resumía en el café Tortoni o en el del Molino. El café deviene, en cierto modo, ocasión de fuga hacia otro espacio (en este caso, Madrid)[21] que también era otra vida.

El molinillo de café se sitúa nada más ni nada menos que en el *incipit* del libro e inauguraría el relato materno en función de una manera de contar que no se corresponde con la de las palabras que Ana —quien, además de "bella", es "la Dama de los Libros"— conocía por "haber sido desde la temprana adolescencia una lectora adicta" (2010a, 263), por haber contado "con el capital de una ortografía perfecta y una redacción correctísima" (2010a, 264) y por tener el hábito de "tomar notas con una preciosa y nítida caligrafía de letras separadas" (2010a, 265). El relato materno no se genera positivamente (desde, por ejemplo, el patrimonio y los recursos verbales), sino desde la carencia y la supresión. En *Árbol de familia*, la narradora se detiene en la transformación de "Ana, la bella" en "doña Ana", una madre "sin raíces", jamás "rotundamente anclada en la vida"; es decir: en perpetua levitación, como les sucede a las Siniguales. Doña Ana, que acaba consumiendo "de una sola vez, su capital acumulado de somníferos, ansiolíticos, antidepresivos (…) justo una semana antes del primer parto de su única hija (la narradora)" (2010a, 270), fue sometida a diversas intervenciones quirúrgicas que terminaron mutilándola hasta dejarla sin sexo[22], sin dientes y, sugestivamente, sin vista. De ahí que sea imposible descubrirla en la "mirada múltiple" de las Siniguales que describen las palabras, aquellas de las que "(n)o se sabe dónde tienen los ojos (porque) Quizá todo su cuerpo casi impalpable es un solo ojo o muchos ojos" (2010b). Doña Ana no tiene la "mirada múltiple"; doña Ana está tan vacía (y no "llena") de ojos como las Siniguales que se dejan *ver* (y no *leer*) en el libro. Los ojos también son convocados en "Historias del Cielo" (el tercero de los textos del corpus, a su vez incluido en *Bosque de ojos*[23]), donde los reproches de una hija los anudan nuevamente con el tópico de la filiación:

> Las madres de las demás protegen a sus hijas desde el Cielo.
> La mía no. La mía quizá no está en el Cielo, o se le ha olvidado la dirección de esta casa, donde vivo en la Tierra.
> (…)

La mía *no mira*.
La mía *estaba ciega y no quería ver luz ninguna*.
La luz la desollaba y la desgarraba como una mordedura de ácido. Mi madre era frágil como un vampiro asustado,[24] temeroso del dolor de esa luz, pero también, sobre todo, de la carga de la vida inmortal.
Por eso no puede estar viva, en ningún cielo.
(…)
Quizá flote sobre una tierra crepuscular
(…)
Quizás el único contacto entre nosotras sea esa ausencia; el roce de un soplo, de una brisa, de un aliento[25], las palabras que no se dijeron, el hueco de un cuerpo en el aire.
(…)
Mi madre es un agujero negro detrás del muro, la boca del vacío[26], la muerte… (2010b, 18-19)

Es posible, por tanto, que sea en la figura de doña Ana (en "Historias de cielo": madre-vampiro-muerte) donde deba intentarse una respuesta a la confusión suscitada en torno de la naturaleza de las Siniguales: "¿Es posible que en el reverso de un hada se esconda una bruja?" (2010a, 267), se pregunta la narradora de *Árbol de familia*.

En *El libro de las Siniguales y del único Sinigual* asoma una niña, una niña que no es cualquiera, sino una "niña vieja", acaso ligada (¿con hilos?, ¿con un tejido?) al oxímoron de esas Siniguales de "definición improbable". Isolina, la niña vieja, conoció alguna vez a las Siniguales, pero desde hace largo tiempo "(n)o ha vuelto a verlas en su larga vida viajera por campos y ciudades de naciones diversas[27], y desespera de hacerlo y cree que morirá sin volver a escuchar la música encantada". Las Siniguales, sin embargo, viven muy cerca de Isolina, "hospedadas en el costurero antiguo que fue de su madre", y "salen de su refugio y le rozan el cuello con sus incomprensibles patitas de alambre y seda" mientras la niña-vieja duerme sobre su escritorio[28]. Ahora bien: en *Árbol de familia*, Isolina es el nombre de una de las tías paternas de la narradora; es la hija que cuidaba, entre amorosa y resignadamente, a su madre, ¡Rosa!, con quien "se demoraba para *hilar y coser*" (2010a, 67). La abuela Rosa, por su parte, "Cerraba los *ojos*, y pensaba que su vida era un estado de gravedad mortificante (…). No siempre había sido así. Alguna vez la vida había sido *ingrávida*[29] como una *dorna*[30] en un día de mar tranquilo…" (2010a, 68; el subrayado es mío). Con una reticencia infinita, la narradora de *Árbol de familia* aproxima su identidad al nombre de su abuela cuando, en un determinado pasaje, asume que "(h)abría otra Rosa ("otra" respecto de esa abuela; por lo tanto: ¿la propia narradora? Más aún: ¿la propia Lojo?)[31] de su sangre que el mar separaría sin remedio de las costas gallegas. (…) (H)ija de sus padres pero sobre todo, del éxodo (…). Otra, la separada, la distante, que nacería en un país llamado exilio" (2010a, 56-57). Si la narradora de *Árbol de familia* es una Rosa que, aunque fatalmente *otra*, se llama así, y entonces duplica, en cierto modo, a (la tía) Isolina; y la abuela (paterna) Rosa duplica, en cierto modo, a doña Ana (la madre de la narradora). En fin, Rosa es a Ana lo que Isolina, a Rosa. Por eso, la niña-vieja de *El libro de las Siniguales y el único Sinigual* también tiene (como María Rosa Lojo, la autora) "ojos claros y miopes", y (también como la autora) "vive en una ciudad de las afueras de Buenos Aires"[32].

Reflexiones finales

En *El libro de las Siniguales y del único Sinigual*, María Rosa Lojo tiende a escamotear el tejido del relato materno. Es su hija, Leonor Beuter, quien, quizá sin habérselo propuesto, lo hace a través de pequeños ídolos que practican su magia contra un olvido que también es pérdida. Si las Siniguales *contadas* son una metáfora de una *galleguidad* lejana y añorada, las Siniguales *vistas* son una cifra de lo ominoso, de lo sagrado en toda la dimensión de su ambigüedad (lo "santo", pero también lo "execrable"). En *El libro de las Siniguales y del único Sinigual*, ambas, madre e hija, Rosa y Leonor, cuentan, en clave, vidas pasadas y ajenas. Arman así un acertijo que requiere de las pistas ofrecidas por los retazos de muchos otros relatos de vidas. Y proveen los fragmentos de una (auto)biografía que, como la definición de las Siniguales, es "improbable".

Notas

1   Orígenes poéticos que, no obstante, han hecho lugar, también, a una temprana incursión novelística; al respecto, debe considerarse *Canción perdida en Buenos Aires al Oeste* (1987), obra que le mereció a la autora el Premio de Novela del Fondo Nacional de las Artes.

2   Me refiero, por ejemplo, a *La pasión de los nómades* (1994b), donde se propone un maridaje tan provocativo como arriesgado (pero exitoso) entre las culturas argentina y celta; y al casi simultáno ensayo *La "barbarie" en la narrativa argentina (Siglo XIX)* (1994a).

3   Aquí consigno *La Princesa federal* (1998); *Una mujer de fin de siglo* (2000); *Las libres de sur* (2004); *Finisterre* (2005).

4   Aunque excede el marco del corpus explorado en el presente artículo, debe mencionarse *Todos éramos hijos* (2014), donde Lojo recorta una personal adolescencia setentista.

5   Aun sin nombre propio (suficientemente explícito), el empleo de la primera persona se combina con la presencia de esas *huellas* organizadas en torno a la referencia a lugares, anécdotas, edad, nacionalidad, etc., que promueven la asociación entre la autora y la narradora.

6   Remito a Serge Doubrovsky por ser "el padre de la criatura", quien, en 1977, acuñó el neologismo como respuesta a la "casilla vacía" (correspondiente a la del héroe de ficción de igual nombre que el autor) en aquel diagrama con el que, pocos años antes, Lejeune había esquematizado las posibilidades del pacto autobiográfico; en efecto, la novela *Fils* de Dubrovsky, contiene la condición oximorónica en su propia definición como "ficción de acontecimientos estrictamente reales" que tienen lugar en el marco (ficcional) de una sesión de psicoanálisis donde se despliegan los (reales) recuerdos, miedos, deseos del personaje-narrador-autor.

7   Es en este orden que me he permitido hacer referencia a términos tan problemáticos como "pulsión" e "intención" unas líneas más arriba, en el cuerpo del artículo.

8   Alberca considera, además, otras textualidades que sitúa a un lado y a otro de la autoficción; esto es: la autobiografía ficticia, por un lado, y la novela autobiográfica, por otro. Incluye dentro de la "autobiografía ficticia" aquellos "relatos [que] presentan una forma autobiográfica bajo un pacto de ficción. Por tanto, su parecido formal con la autobiografía o con las memorias no asegura

ningún parentesco natural, su relación es puramente formal…" (2012, 137). Se trata de textos que simulan ser autobiográficos y exigen la identificación nominal del narrador-protagonista (histórico o inventado), pretendiendo pasar como referencial una textura escrituraria que, en realidad, es ficticia. Del otro lado, se posiciona la "novela autobiográfica", de carácter formalmente mucho más laxo en la medida en que incluye novelas tanto en primera persona como en tercera, con nombre expreso o anónimas; en este caso, por tanto, el autobiografismo se define pura y exclusivamente mediante cuestiones de enciclopedia en virtud de las cuales el lector determina la pertinencia autobiográfica gracias a su conocimiento de la biografía del autor. Obviamente, los casos más tramposos en este respecto corresponden a aquellos en los que el texto presenta una narración en primera persona a cargo de un narrador anónimo o solo identificado en función de su género. Mi conocimiento personal de Lojo me permite acercarla al segundo extremo, pero descreo de aquellos análisis que se sostienen en factores exclusivamente extratextuales. En este sentido, lejos de despejar las discusiones, estos textos de Lojo recrudecen la complejidad de la cuestión hundiendo sus dispositivos en ambos (y, por lo mismo, por completo en ninguno) bordes de la autoficción. Finalmente, cabe considerar la formulación acorde con modulaciones genealógicas, muchas veces empleadas por el género ("Soy la biznieta de…", "Soy la nieta de…", "Soy la sobrina de…", "Soy la hija de…").

9   En *Árbol de familia*, la identidad de la narradora en primera persona nunca se explicita completamente, pero el texto incluye un despliegue en torno del nombre Rosa ["¿Qué pueden hacer las mujeres que se llaman Rosa? ¿Conformarse con ser o parecer flores…? Rosa parece un nombre simple, natural como una flor. Y sin embargo, pocos seres existen más complicados que esas flores, secretas y llenas de vueltas como escaleras de caracol… (2010a, 63)] y a pesar de que otros personajes del linaje familiar compartan ese nombre (mecanismo que, obviamente, contribuye a trastornar posibles conexiones con el nombre de la autora, que se consigna en la tapa del libro). El momento más próximo a una identificación explícita (que, finalmente, no se concreta) es aquel en el que la narradora llega a asumir que "Habría otra Rosa (respecto, no de sí misma sino de uno de los personajes transitados a lo largo de las páginas; entonces: ¿la "otra" sería ella misma; esto es: la propia Lojo? No debe, además, perderse de vista el empleo del potencial) que el mar separaría sin

remedio de las costas gallegas (…). Otra, la separada, la distante, que nacería en un país llamado exilio" (2010a, 56-57). La narración de *Árbol de familia* se encuentra a cargo de una primera persona anónima y femenina *a priori* remitente a una autora que "aprovecha (…) parte de su vida para levantar su mundo novelesco" (Alberca, 2012: 140) y que quizá se presenta de manera apenas un poco menos elusiva solo para aquel lector que pone a funcionar la competencia adquirida por el conocimiento personal de Lojo.

10 De hecho, de acuerdo con un dato ya anticipado, el subtítulo que provee la obra es (deliberadamente equívoco o, al menos, confuso) "novela".

11 Aspecto que remite, obviamente, a la ya conocida pero siempre desafiante mirada a través de la que Roger Chartier (2001, 2006) logra extraer un *plus* sumamente valioso, ya sea por diverso o por complementario, de la vida interior de los textos.

12 Además de pasar revista de los aportes realizados por los distintos autores que participan de la compilación, las estudiosas se sumergen en una categorización que sostiene diversos vínculos entre autores-narradores-personajes con la textualidad: a) la autoficción biográfica, que incluye, por ejemplo, nombres y apellidos y hechos que comprometen a otros (reales) como en el caso de *La tía Julia y el escribidor*, de Vargas Llosa; b) la autoficción especular, que presenta un "reflejo" del autor en su obra (como en *Las meninas* de Velázquez) y cuya intervención es más bien breve y se ajusta a ocurrir mediante la reflexión metaliteraria; c) la autoficción fantástica o inverosímil, que es aquella en la que el personaje (protagonista) del autor participa de una historia inverosímil (como sucede con Borges en "El aleph"); d) la autoficción autorial, en la que la intervención del autor no se desdobla en un personaje (el narrador no es el autor) que se dedica a esgrimir comentarios y digresiones, manteniéndose al margen de la anécdota. Esta última categoría, según mi opinión, no debe ser siquiera considerada al momento de plantear los problemas que la autoficción sugiere. El caso, de todos modos, pasa por el hecho de que, al menos en principio, la escritura de Lojo no puede ser leída desde ninguna de las postulaciones de Toro, Schlickers y Luengo, si bien hay aristas fértiles que pueden ser examinadas para analizar a Lojo (ver el cuerpo del texto).

13 Es decir: "el modo en el que el género de la autobiografía juega en la mente de los autobiógrafos y autobiógrafas para lograr una imagen pública propia que

coincida con aquella que el individuo tiene para sí…" (Amícola, 2007: 14) Aquí entiendo, directamente, "autobiografía" y "autoficcón" como sinónimos.

14 Puesto que *Todos éramos hijos* se ocupa del período correspondiente a la adolescencia, cabría barajar la aparición de un futuro texto de madurez.

15 Hacia el final del trabajo, también se apelará a "Historias del Cielo", perteneciente a *Bosque de ojos*.

16 La locución se emplea, en el juego de las escondidas, como sinónimo de "¡Descubierto!, ¡Encontrado!".

17 Hasta el momento en el que este trabajo fue elaborado, *El libro de las Siniguales y del único Sinigual* estaba publicado solamente en una lujosa edición en gallego. La versión consultada por mí corresponde a la original —en castellano—, que la autora tuvo la cortesía de cederme. Utilicé, entonces y simultáneamente, el borrador original (en castellano) y el texto impreso (en gallego) con sus imágenes, y fui "siguiendo" uno en el otro. Sin embargo, en ocasión de la 42a Feria del Libro realizada en Buenos Aires, entre el 21 de abril y el 9 de mayo de 2016, *El libro de las Siniguales y del único Sinigual* fue presentado, en castellano, por la editorial Mar Maior. Dado que, en mi caso, consulté la versión castellana que Lojo me cedió y que esta carecía de números de página, no remitiré a estas sino que solo consignaré el año de edición original al momento de citar.

18 Estos últimos paréntesis sí corresponden al texto.

19 Estos paréntesis también aparecen en el texto.

20 Estos paréntesis también aparecen en el texto..

21 Estos paréntesis también aparecen en el texto..

22 En este respecto, parece imponerse una vinculación con los mecanismos reproductores de las Siniguales.

23 Para profundizar la categoría autoficcional en el género poético se recomienda consultar los desarrollos de Laura Scarano.

24 La madre también es extrañamente asociada con un vampiro en *Árbol de familia*: "Si sobrevivir tiene algo de milagroso y de mágico, (…) también tiene —y quizá tiene sobre todo eso— algo de siniestro. El que sobrevive, entonces, no es un afortunado, sino alguien que ha eludido indebidamente su destino: un resto, un desecho de una vida real y siempre anterior, condenado de aquí en más a la dudosa sobreexistencia de los vampiros" (2010a: 177). Luego, por efecto de la luminosidad: "semiciega y parpadeante como un vam-

piro tembloroso, pero sin pulverizarse como los vampiros cuando la luz los toca…" (2020a; 283).
25 Tal como sucede con las Siniguales, cuya proximidad se percibe como "una vibración contante e inaudible", como "Algo (que) se perturba en el aire…" (2010b).
26 Recordemos que doña Ana ya no tenía dientes.
27 Como es el caso de la autora.
28 Que bien puede ser el escritorio de un(a) escritor(a).
29 Como la ingravidez de las "suspendidas" siniguales.
30 La narradora de *Árbol de familia* explica: "(Una dorna es) (u)na cáscara de nuez, así de ligera y así de resistente. Capaz de sobrevivir a todas las mareas y a todos los embates" (2010a; 48). Creo pertinente establecer el lazo con una de aquellas Siniguales que obsesiona a Isolina en *El libro de las Siniguales y del único Sinigual*: "Parece una góndola o una barca vikinga, se desplaza en el aire como si trazara un surco, y mientras navega canta como las maderas cuando crujen, hamacadas por el mar". Sin embargo, la consistencia de las dornas puede no revestir toda la seguridad de un refugio, dicho esto con ayuda de una sugestiva comparación: "Pero quien no siempre sobrevive es el hombre (o los dos hombres, patrón y marinero) que navegan dentro de ella como en el fondo de un útero al que le falta la cobertura".
31 Este paréntesis es mío.
32 Lojo tiene su residencia en Castelar, al Oeste del Gran Buenos Aires.

Referencias bibliográficas

Alberca, Manuel. 2007. *El pacto ambiguo. De la novela autobiográfica a la autoficción*. Madrid: Biblioteca Nueva.
Alberca, Manuel. 2012. "Las novelas del yo". En *La autoficción. Reflexiones teóricas*. Compilación de Ana Casas, 123-149. Madrid: Arco / Libros.
Amícola, José. 2007. Introducción a *Autobiografía como autofiguración. Estrategias discursivas del Yo y cuestiones de género*, 11-47. Rosario: Beatriz Viterbo.
Barthes, Roland. 1978. *Barthes por Barthes*. Barcelona: Kairós.

Chartier, Roger. 2001. "Poderes y límites de la representación. Marin, el discurso y la imagen". En *Escribir las prácticas. Foucault, de Certeau, Marin*, 73-99. Buenos Aires: Manantial.

Chartier, Roger. 2006. "Introducción. Misterio estético y materialidades del escrito". En *Inscribir y borrar: cultura escrita y literatura: siglos XI-XVIII*, 9-17. Buenos Aires: Katz.

Darrieussecq, Marie. 2012. "La autoficción. Un género poco serio". En *La autoficción. Reflexiones teóricas*. Compilaciónn de Ana Casas. Madrid: Arco / Libros. 65-82.

De Man, Paul. (1991). "La autobiografía como desfiguración". *Suplementos Anthropos. La autobiografía y sus problemas teóricos* 29: 113-118. [1979]

Doubrovsky, Serge. (s/f). "Autobiografía / verdad / psicoanálisis". *La autoficción. Reflexiones teóricas*. Ana Casas, 45-64. Madrid: Arco / Libros.

Lejeune, Philippe. 1991. "El pacto autobiográfico". *Suplementos Anthropos. La autobiografía y sus problemas teóricos* 29: 47-61. [1975]

Lojo, María Rosa. 1987. *Canción perdida en Buenos Aires al Oeste*. Buenos Aires: Torres Agüero.

Lojo, María Rosa. 1994a. *La "barbarie" en la narrativa argentina (Siglo XIX)*. Buenos Aires: Corregidor.

Lojo, María Rosa. 1994b. *La pasión de los nómades*. Buenos Aires: Atlántida.

Lojo, María Rosa. 1996. *La Princesa federal*. Buenos Aires: Planeta.

Lojo, María Rosa. 2000. *Una mujer de fin de siglo*. Buenos Aires: Planeta.

Lojo, María Rosa. 2004. *Las libres del sur*. Buenos Aires: Sudamericana.

Lojo, María Rosa. 2005. *Finisterre*. Buenos Aires: Sudamericana.

Lojo, María Rosa. 2010a. *Árbol de familia*. Novela. Buenos Aires: Sudamericana.

Lojo, María Rosa. 2010b. *Bosque de ojos. Microficciones y otros textos breves*. Buenos Aires: Sudamericana.

Lojo, María Rosa. 2010c. *O libro das Seniguais e do único Senigual*. Vigo: Galaxia.
Lojo, María Rosa. 2014. *Todos éramos hijos*. Buenos Aires: Sudamericana.
Lojo, María Rosa. 2016. *El libro de las Siniguales y del único Sinigual*. Buenos Aires: Mar Maior.
Louis, Annick. 2010. "Sin pacto previo explícito: el caso de la autoficción". En *La obsesión del yo. La auto(r)ficción en la literatura española y latinoamericana*. Editado por Toro, Vera, Sabine Schlickers y Ana Luengo, 73-96. Madrid-Frankfurt am Main: Iberoamericana/Vervuert.
Marin, Louis. 1993. *Des pouvoirs de l'image*. Paris: Seuil.
Scarano, Laura. 2014. *Vidas en verso: autoficciones poéticas (estudio y antología)*. Santa Fe: Universidad Nacional del Litoral.
Toro, Vera, Sabine Schlickers y Ana Luengo, comps. 2010. "Intoducción. La auto(r)ficción: modelizaciones, problemas, estado de la investigación". En *La obsesión del yo. La auto(r) ficción en la literatura española y latinoamericana*, 7-29. Frankfurt: Vervuert; Madrid: Iberoamericana.
Torres, Javier. 2008. "Mouros, Fadas, Trasnos y Tardos". *Celtiberia. net Biblioteca* (2008). <http://www.celtiberia.net/articulo.asp?id=3066&cadena=Javier%20Torres>.

La Historia y sus fantasmas en la obra narrativa de María Rosa Lojo. Estrategias para la deconstrucción del discurso hegemónico desde la ficción

María Laura Pérez Gras
CONICET - Universidad del Salvador

> …en el camino de Leubucó, tras las rutinarias tranqueras, en las lagunas medio vacías, acechaban, ocultos para casi todos, lo maravilloso y lo terrible.
> *La pasión de los nómades*, María Rosa Lojo

En el estudio de la ficción histórica narrada por María Rosa Lojo —tanto cuentos como novelas[1]—, encontramos un elemento omnipresente: el problema de la autenticidad del discurso historiográfico. Si entendemos "autenticidad" como la certificación con que se testifica la identidad y verdad de algo, nos preguntamos, en consecuencia, quién ha otorgado esta certificación que testificó la "verdad" acerca de los relatos existentes sobre el pasado[2]. Inmediatamente observamos que estos han sido testificados por el poder hegemónico[3].

Dudar de dichos mecanismos de autentificación exige revisar el discurso historiográfico. En este sentido, Martín Kohan sostiene que "la literatura se ha acercado al discurso histórico, pero no para intensificar sus posibilidades de construir una representación más inmediata de lo real, sino, por el contrario, como una forma de acentuar la mediación…" (2000, 245). Lojo emplea varios recursos para plasmar esa indagación en sus textos narrativos. En esta oportunidad, estudiamos dos recurrentes: uno es la inclusión de personajes silenciados o marginados en las épocas que se busca revisar para darles voz y parte en los acontecimientos históricos recreados desde la ficción y para, desde la originalidad de sus puntos de vista, imaginar versiones alternativas a las oficiales[4]; el otro recurso es la introducción de elementos o personajes sobrenaturales que cuestionan el orden del mundo tal como lo concebimos y funcionan como catalizadores de la deconstrucción del discurso hegemónico[5].

Nos proponemos, con el objeto de profundizar en su estudio, abordar las narraciones históricas de María Rosa Lojo en las que ambas estrategias están presentes: la novela *La pasión de los nómades* y algunos cuentos de *Historias ocultas en la Recoleta*. Para ello abrevaremos en determinadas líneas teóricas que son recurrentes en los abordajes de la obra de Lojo —como los estudios sobre la nueva narrativa histórica, las cuestiones de género y los problemas epistemológicos entre memoria, historia y literatura— para llegar a territorios aún más complejos, donde los cruces estéticos también responden a encuentros de diferentes sistemas de pensamiento, y finalmente arribar al análisis de un concepto tan original como el de "*fantasy* histórico".

La pasión de los nómades es considerada[6] la obra inicial del extenso ciclo narrativo escrito por Lojo que se centra en la revisión de la memoria argentina. En esta novela, Lucio V. Mansilla, el autor de *Una excursión a los indios ranqueles* (1870), vuelve de la muerte, en rigor, se fuga del Paraíso —que le resulta irremediablemente aburrido—, para revivir su viaje por las pampas argentinas. Su falta de materialidad, es decir, su estado fantasmal, no es el único elemento sobrenatural entre los personajes principales, puesto que todos ellos presentan características que los separan del mundo meramente humano. Sus compañeros de viaje son: Rosaura dos Carballos, un hada gallega; el legendario mago Merlín, padrino de la primera, y Manuel Peña, el valet de Mansilla, que también ha vuelto de la muerte. Con la asistencia de la magia de Rosaura, ambos fantasmas recuperan su materialidad, así como ella y su padrino se hacen pasar por simples mortales, para poder cumplir con el itinerario realizado por Mansilla más de un siglo antes.

Mientras van visitando a los pobladores del lugar, quienes les abren las tranqueras de las estancias donde trabajan para que puedan pasar a la espesura de los montes y las lagunas, hitos del camino ya trazado, Mansilla se reencuentra con personajes en su mayoría históricos, todos ellos muertos, que se resisten a irse para siempre de su tierra sin antes revisar con él algunas cuestiones un tanto polémicas sobre el pasado.

El primero en aparecerse es sorpresivamente un personaje literario: Martín Fierro[7]. Este habla de sí mismo como si hubiera vivido y fuera un fantasma más, entre los otros. Encarna la idea del gaucho, perdido como hombre de carne y hueso tras la división y asignación de las tierras de la pampa entre los criollos. Tiene como propósito hacer una crítica del relato de viaje de Mansilla: opina que no llegó a ser tan popular como el poema de Hernández, porque el joven militar tendría que haber escrito menos sobre sí mismo para dar lugar a la creación de un héroe con el que los lectores pudieran identificarse.

El segundo fantasma es Oréllie Antoine de Tounens, viajero y notario francés, autoproclamado Rey de la Araucanía y la Patagonia en 1860, quien en la novela le cuestiona a Mansilla sus severas críticas hacia él y sus aspiraciones, puesto que el propio sobrino de Rosas habría soñado con grandezas de amo y señor entre los ranqueles. Luego aparece su bella comadre, la china Carmen, embajadora de Mariano Rosas[8] a su llegada entre los ranqueles en su primera excursión. Ahora ella le recrimina el abandono y el olvido, después de un amorío algo velado en el relato de la excursión, pero que con los años ha provocado su despecho. El cuarto fantasma es Manuel Baigorria, "el cacique blanco", quien le reclama que le haga justicia histórica tras haberlo vituperado en su narración, porque Mansilla no llegó a comprender las sacrificadas condiciones de su vida entre los indios. Baigorria había sido un enemigo imbatible de su tío, Juan Manuel de Rosas. Fue el unitario más buscado durante el gobierno de los federales, legendario fugitivo de las fuerzas militares federales rosistas, protegido hasta sus últimos días por los ranqueles. Su historia fue narrada por él mismo en su libro *Memorias*.

Finalmente, aparecen juntos su hermana Eduarda y el cacique ranquel Mariano Rosas, ahijado de Juan Manuel. La primera le pide que refleje en su pluma lo que realmente piensa de las mujeres y cuánto las ha apoyado, como a ella, para que accedieran a una educación elevada y a la libertad de ideas, y evite repetir los lugares comunes machistas de la época. El indio, a su vez, le reprocha la falta de cumplimiento del pacto que había ido a concertar con los ranqueles. Es conocido el trunco resultado de la misión de Mansilla:

> El coronel lleva para firmar un tratado de paz dudoso (porque aún no lo ha refrendado el Parlamento) pero no le faltan buenas intenciones: sobre todo, aprender cómo viven los "bárbaros" para poder así también llegar a pactos integradores que eviten inminentes campañas de exterminio. El verdadero fruto de la "excursión" mansillana no es el tratado (que nunca llegó a tener la aprobación final del Congreso y que fue violado por el sucesor de Mansilla en 1871) sino el libro imperecedero que conmemora este avance incruento, esta penetración que no es conquista en el sentido tradicional del término. (Lojo 2012, 25-26)

Por este incumplimiento, en la novela los caciques más importantes de las comunidades indígenas (*lonkos*) vuelven del más allá para buscarlo con el propósito de enjuiciarlo. Para defenderse, el apremiado viajero se ve en la necesidad de recitar en voz alta párrafos enteros de su texto *Una excursión a los indios ranqueles*, con los que quiere demostrar su profunda indignación frente al desinterés de la civilización por los aborígenes y su sincera simpatía hacia ellos.

> —Pues yo vine como empleado del gobierno y no los conocía a ustedes. Luego de conocerlos cambié de opinión en muchas cosas. Yo no quería que los despojasen ni que los liquidasen a todos, al contrario. Me voy a citar yo mismo de memoria, y puede usted confirmarlo si lee mi *Excursión*, ya que tantos libracos tiene. Vea si no: "¿Y qué han hecho éstos, qué han hecho los gobiernos, qué ha hecho la civilización en bien de una raza desheredada, que roba, mata y destruye, forzada a ello por la dura ley de la

necesidad?". "No me cansaré sin repetirlo: no hay peor mal que la civilización sin clemencia". (Lojo 2008, 204-205)

Este episodio entero de la novela abreva también en otras historias verídicas de viajeros y cautivos, como Mariano P. Moreno y el Padre Salvaire[9], quienes fueron enjuiciados por los jefes indios de las comunidades con las que convivieron, y retenidos hasta que su lealtad y sentido de justicia quedaran comprobados. Mansilla no fue sometido a semejante escrutinio durante su excursión histórica —aunque el pacto que propuso en aquel momento sí fue objeto de un largo debate en una junta de tribus—, porque tenía un vínculo anterior, una especie de parentesco, con el cacique Mariano Rosas, quien en rigor era *Panghitruz Güor*, hijo del legendario cacique Painé, pero había sido bautizado como cristiano con ese nombre por el tío del viajero, don Juan Manuel, cuando era niño y un rehén en una de sus estancias. No obstante, la escritora les da la oportunidad a los ranqueles de juzgarlo en su ficción, muchas décadas después de la violación del pacto. Parte del subtítulo anticipa en primera persona: "Me someten al juicio de la Historia"; y aunque anacrónico, el episodio ayuda a revisar si el incumplimiento del pacto fue una traición ejecutada por el propio viajero o si él también había sido víctima de ella. En este sentido, podemos observar que Lojo se inclina hacia la segunda posibilidad, no solo por las críticas reflexiones que aparecen en el relato de Mansilla, donde se cuestiona el sentido de su empresa, como ya se ha demostrado, sino también porque considera que el coronel fue utilizado políticamente por Sarmiento durante ese período, aunque él mismo buscara, a su vez, sacar provecho personal y avanzar en la carrera militar que tanto deseaba. Así lo explica también Lojo en su otra forma de revisar la historiografía, es decir, por medio de su tarea de investigadora:

> Su siguiente destino militar lo volvería notorio por motivos en realidad ajenos a la gloria castrense. Después de haber sostenido la candidatura (exitosa) de Sarmiento a presidente de la República, éste último, ya triunfante, en vez de asignarle un alto puesto en Buenos Aires (Mansilla soñaba con el Ministerio de Guerra), lo nombró subcomandante de la Frontera Sur (1869),

con la misión de avanzar sobre las tierras ocupadas por el pueblo ranquel (una parcialidad aborigen de filiación pampa y mapuche) y extender la frontera hasta el Río V. Mansilla logra el cometido en forma relativamente pacífica, sin grandes incursiones bélicas. Va conociendo íntimamente, por otra parte, los problemas de la comunidad fronteriza, donde aborígenes y cristianos practican tanto el comercio como la guerra y están mezclados étnica y culturalmente. (Lojo 2012, 25)

Sobre el final del episodio, terminan ambas partes por reconocer que tanto Mansilla como Mariano Rosas actuaron del modo en que lo hicieron por necesidades políticas.

En esta novela, a través de las voces, los recuerdos y los pensamientos de los personajes que han vuelto de la muerte en busca de algún tipo de revancha contra el implacable pasado que condicionó sus vidas, vemos los relatos mezclarse, confundirse y hasta desnaturalizarse.

Encontramos expresiones de recelo en el propio Mansilla, que revelan sus reservas frente a las versiones del pasado que se consolidan en el tiempo, como por ejemplo, en las siguientes palabras:

> Yo escandalicé a mucha gente y no eduqué a nadie, aunque Sarmiento (y lo digo sin rencores) no estaba ni siquiera él mismo bien educado. Además era loco, como todo el mundo lo sabía; el apodo de 'loco Sarmiento' estaba vulgarmente extendido y no fue sólo un insulto de Juan Manuel de Rozas. Figúrese qué incoherencia la de un hombre que por un lado acarrea una troupe de maestras normales norteamericanas y por el otro escribe a su pesar un panegírico del Atila que vio reencarnado en Juan Facundo Quiroga, el Tigre de los Llanos (que no era tan bestia como él lo pinta, y se lo digo yo, que lo conocí siendo chico). (Lojo 2008, 39)

Asimismo, dice: "Fui sobrino de Don Juan Manuel de Rozas (sátrapa del Plata o Restaurador de las Leyes, según se mire)" (Lojo 2008, 40). También encontramos afirmaciones en las que los contrastes de las dos épocas que atraviesan a Mansilla en este segundo viaje se evidencian: compara la elegancia de los caciques ranqueles del siglo XIX con los estilos inclasificables de las estrellas de rock del siglo XX (Lojo 2008, 56); incluso, recuerda que en París, en su primer viaje, siendo aún adolescente lo habían llamado indio y lo imaginaban con plumas; entonces, comenta: "Mariano Rosas y yo podríamos ser exactamente iguales, según donde se situara la óptica que nos contemplase" (Lojo 2008, 57); finalmente, apela a la ironía cuando dice que si hoy se volviese a estudiar la figura de Juan Manuel de Rosas y se la comparase con la de los ejecutores de la última dictadura en la Argentina, la primera resultaría mejor conceptuada (Lojo 2008, 70). En varios de estos ejemplos, en un proceso de descolonialización del discurso a partir de nuevas interpretaciones del pasado, se derrumban estereotipos y se cuestiona el binomio diferencia/semejanza desde el cual se construyeron las ideas de identidad y alteridad en los términos de civilización y barbarie, propios del pensamiento moderno[10].

Lojo encuentra ya en la obra decimonónica que ella misma parodia la base de estos cuestionamientos, que en su novela se renuevan y profundizan:

> Eso lo destaca muy bien Mansilla en *Una excursión a los indios Ranqueles*. En definitiva, se pregunta, ¿hay tanta diferencia entre lo que hacían los antepasados de Occidente y lo que hacen las culturas indígenas de su tiempo? No. No hay tanta. Lo que ocurre, es que en la época en que Mansilla está hablando, lo que presiona cada vez más, es el deseo de la Modernidad, en una Argentina que todavía es rural, con muchos resabios coloniales y que no sabe qué hacer con la gente de tierra adentro, con lo autóctono, con los gauchos y con los indios. Estos últimos, evidentemente, están condenados a perder su tierra y a borrar sus huellas culturales. Esa presión de la Modernidad, que viene también de las potencias imperialistas, indudablemente, es muy fuerte. (Giuffré 2002)

En este sentido, la investigadora Zulma Palermo reflexiona:

> El proyecto escritural que sostiene la narrativa de María Rosa Lojo se orienta definitivamente a invertir la condición colonial disputando —a través de todas las instancias textuales— con el poder que controla y domina, anula y desvaloriza las subjetividades "otras". Partiendo de la localización en un campo cultural de

oposición taxativa entre las fronteras que diferencian las culturas centrales de las periféricas, va construyendo un definido espacio de confrontación y resistencia que lleva, finalmente, a la formulación de un espacio "otro", como ocurre en las sociedades, no borra las contradicciones y las diferencias, sino que con ellas y desde ellas puede hacer posible la construcción de utopías nuevas para dar forma a un mundo donde quepan muchos mundos... (2007, 76-77)

Por otra parte, se cuestionan los constructos de la memoria individual y la memoria colectiva[11], cuando Mansilla avanza hacia el territorio ranquel y la gente demuestra no recordar mucho acerca de esos territorios, con excepción de lo que ha quedado "registrado" en el libro que casualmente escribió Mansilla, pero de cuyo autor también parecen haberse olvidado[12]. Incluso, los lugareños dudan de que lo que dice el relato de viaje de Mansilla, vagamente recordado, sea verídico, puesto que no encuentran rastros de la existencia de indios en la zona; pero los lectores actuales sabemos que todo fue robado y hasta llegó a exhibirse en los museos de los que se jacta la civilización. En todo caso, se evidencian los débiles pilares sobre los que se construye la memoria, o las memorias en un sentido más plural, aunque igualmente endeble.

En la entrevista para *Sitio al Margen*, realizada por Mercedes Guiffré en 2002, la propia autora explica qué alcance tienen los cruces, las inversiones y los corrimientos que existen entre la memoria, la Historia y la ficción histórica:

> Hay juegos que practica la literatura y que no practica la historiografía. No obstante, hoy en día se discute mucho el tema de las fronteras. Desde el punto de vista teórico, está muy cuestionado hasta qué punto el historiador no utiliza, también, tropos y recursos literarios y hasta qué punto la Historia no es también una clase de relato. Pero no sólo algunos procedimientos, sino también las finalidades son diferentes. Además la literatura suele tener un público más amplio que el de la historiografía en un sentido estricto. Despliega una "poética de la Historia" que en general detenta un alcance mayor y construye símbolos hondamente enraizados en los sueños, los terrores, las utopías, los deseos de la

comunidad. De ahí su particular posibilidad de incidencia en el imaginario. (Giuffré 2002)

No sin notoria ironía, se deslizan por boca del mago Merlín, quien tiene el rol de sabio ya desgastado, las siguientes frases: "En mis buenos tiempos no se distinguía lo que ahora llaman 'ficción' de la historia, ni lo sobrenatural de lo 'natural'" (Lojo 2008, 28); "Los hombres hasta han dado en pensar que son más reales que nosotros" (Lojo 2008, 29). En general, la función de las criaturas feéricas o del mundo sobrenatural es subestimar las miserias humanas y banalizar sus glorias; es decir, desarticular la figura heroica, que en particular Mansilla tanto aspiraba a construir de sí mismo en vida, y que en este segundo recorrido comprende no necesitar para alcanzar cierta plenitud.

Estos recursos inverosímiles siempre presentes en este texto contrastan de manera notable con la minuciosa fidelidad con que María Rosa Lojo toma información de los documentos históricos, así como de las obras literarias y (auto)biográficas, para construir a cada uno de los personajes. Esta fidelidad documental es una de las características más constantes y notables de su narrativa histórica en general puesto que, además de escritora, Lojo es una investigadora de larga trayectoria; los temas que ella aborda y los documentos que rescata en esta tarea también científica y arqueológica llegan a ser material invaluable para su ficción.

A su vez, es en el arte y, sobre todo, en el género narrativo, donde se hallan los recursos para construir versiones alternativas a las fijadas por el discurso historiográfico y llegar a enunciar pensamientos que la versión oficial de la Historia ha censurado.

La propia autora lo manifiesta en su novela, en boca del hechicero Merlín, cuando declara:

> No es que en el "mundo" no puedan encontrarse estas calamidades. Aunque hipócritamente pretenda resguardar al hombre de ellas, la sociedad muchas veces las agrava y otras las causa. Nunca las enfrenta, porque el pobre lenguaje de que dispone para arengar a las muchedumbres las tapa, las aplaca, las disfraza o las justifica. Pero sí las afronta el arte cuando sirve, realmente, para

algo. Y lo hace con sabiduría y astucia, poniéndolas al desnudo pero enmascarando su rostro abiertamente intolerable, su desgarramiento mortal, transformándolo en esa fascinación que da a lo absurdo el esplendor de sentido que algunos llamaron belleza y otros preferimos llamar magia. (Lojo 2008, 117)

Por todo lo expuesto hasta ahora, se puede afirmar que este texto de Lojo pertenece genéricamente a la Nueva Novela Histórica, en primer lugar, por su voluntad revisionista. En palabras de María Cristina Pons, "algunas de estas novelas históricas hacen reflexionar sobre la posibilidad de conocer y reconstruir el pasado histórico; otras recuperan los silencios o el lado oculto de la Historia, mientras otras presentan el pasado histórico oficialmente documentado y conocido desde una perspectiva diferente, desfamiliarizadora" (*Memorias* 16). En el caso de *La pasión de los nómades*, se alcanzan todas estas posibilidades en simultáneo, puesto que se reconstruye el viaje histórico de Mansilla y su contexto, pero justamente esta vez se les da un lugar de privilegio a los marginales de la Historia, que pueden decir y hacer como fantasmas y desde la ficción lo que no pudieron o no debieron decir ni hacer en vida, o no se ha guardado registro de que así fuera; además, se incorporan al relato elementos góticos, fantásticos, mágicos y maravillosos, lo que genera un distanciamiento crítico aún más acentuado que el que puede producir una parodia sin más.

El texto que nos ocupa se ubica en el marco genérico de la Nueva Novela Histórica no solamente por su voluntad revisionista, sino por la variedad de géneros discursivos y literarios de los que se nutre para formar la amalgama que lo compone: genealogías, diarios/manuscritos, poemas, relatos de viaje, diálogos, epístolas; los tres últimos estaban ya presentes en el hipotexto escrito por Mansilla, y en ellos el interlocutor sigue siendo el mismo: Santiago Arcos. Muchos de ellos son material de archivos históricos, como los documentos de la frontera decimonónica y de la inmigración más reciente; otros, ficción narrativa, o poesía, embebidos en la literatura decimonónica argentina, o herederos de varias tradiciones literarias milenarias. Este cruce de "fuentes" pone en jaque toda taxonomía acrítica sobre los discursos acerca del pasado y la tradición oral o escrita en la que se sustentan.

El material literario en sí mismo es también variado. Los hipotextos más evidentes son los escritos por el propio Mansilla (*Una excursión a los indios ranqueles*, *Mis memorias* y *Entre-Nos. Causeries de los Jueves*), u obras literarias locales como *Martín Fierro* y otros relatos de viaje tierra adentro. Pero también en la elección y reescritura de los hipotextos aparece la otra cara del mestizaje cultural presente en la novela: los textos del ciclo artúrico y de la tradición gallego-avalónica se mezclan con la tradición mapuche, tanto desde lo formal-discursivo, en los poemas/cánticos y las genealogías, como desde lo simbólico, en el personaje de Rosaura, puesto que ella transforma la rígida y anacrónica sabiduría de Merlín en resiliencia y tolerancia en su propia figura, y llega a ser una mezcla perfectamente equilibrada de hada (celta), *meiga* (gallega) y *machi* (mapuche) como resultado de su evolución particular hacia el mestizaje a lo largo de la novela.

La presencia de lo sobrenatural en la narración histórica genera un efecto subversivo: subyacen allí críticas sociales, políticas y morales que el lector activo e informado puede desentrañar. La mundanización de la magia, la desmitificación de personajes legendarios, la degradación de los mitos originarios y la banalización de la tradición producen un efecto propio del pensamiento postmoderno, que plantea el cuestionamiento acerca de la autenticidad de todos los discursos, pero sobre todo del historiográfico.

Justamente, debido a la presencia y conjunción de las estrategias narrativas ya descriptas y ejemplificadas, *La pasión de los nómades* no es una Nueva Novela Histórica sin más, y puede ser también estudiada como *fantasy* histórico[13]:

> (…) esta novela se construye como fantasía histórica o *fantasy* de la historia que registra dialógicamente, en la reescritura, el conflicto entre barbarie y civilización, el pasado y el presente, la historia y la ficción, el mundo mágico gallego avalónico y el mapuche, la conquista y la Modernidad, la tradición argentina y la occidental, el fracaso y el destino, entre tantos nudos de sentido que es posible rastrear. (Bravo Herrera 2012, 100)

Esto se debe a que los recursos que Lojo elige para enunciar aquí su revisión de la Historia son los propios de la literatura maravillosa, porque le permiten aplicar mejor las estrategias que aquí estudiamos: los seres sobrenaturales tienen la misión de poner en tela de juicio el mundo natural tal como lo conocemos, cuestionar sus leyes, y hasta ironizar sobre sus valores; de esta manera, funcionan como catalizadores para la revisión de los discursos acerca del pasado.

Con el propósito de que elementos históricos y documentados puedan convivir con los de la fantasía, sostenidos por las infinitas variables de la tradición oral, la escritora debió tejer ajustadamente la trama discursiva y así imbricar los diferentes tipos textuales para que parezcan uno. Por un lado, aparecen los utilizados por Mansilla en su propia narración: el relato de viaje, el diálogo y la epístola, desde una voz masculina, de peso histórico, que, anacrónica y nostálgica a un tiempo, construye una parodia de sí misma. Por otro lado, nos llega la voz femenina y feérica, migrada de mundos maravillosos, que, no obstante, se expresa a través de un género propio de los registros de archivo histórico, el manuscrito, es decir, el género al que pertenecen las memorias de quienes no llegaron a publicar ni a difundir su manera de ver y estar en el mundo por medio de la imprenta, pero han dejado una huella posible de rastrear con la esperanza de que eventualmente se les restituya su lugar en la Historia.

El manuscrito funciona como una apertura a textos históricos y denotativos, en que se funda un programa de verdad o de coherencia sostenida en la credibilidad. Esta variable sociodiscursiva acompaña entonces una apertura del ámbito maravilloso y de la convención de ficcionalidad, apoyándose por otra parte en la desmitificación de lo mágico a partir de su modelización desde lo cotidiano y desde la variable histórica (Bravo Herrera 2012, 101).

En un tercer plano discursivo, aparecen los poemas/cánticos y las genealogías como géneros mestizos entre lo celta, lo gallego y lo mapuche, y enlazan las dos puntas de la red textual por medio de una voz ancestral y polifónica que rompe las barreras temporales, genéricas, espaciales, culturales y físicas. Una vez más en su escritura, Lojo plantea que solamente en la superación de las dicotomías, tan abundantes en la historia argentina, se puede llegar a vislumbrar la complejidad de los acontecimientos del pasado y a construir proyecciones de futuros más promisorios.

La fragmentación de la voz narrativa, única en el relato original de Mansilla, es un recurso propio de la parodia. Particularmente, en esta novela, en cada voz hallamos diferentes códigos discursivos y tradiciones literarias. Además, encontramos múltiples ecos textuales, puesto que también es característica de la parodia la intertextualidad desbordada[14]. Un ejemplo, entre tantos en la novela de Lojo, es el momento de gran ironía en que Mansilla es confundido con el historiador Carlos Mayol Laferrère, quien había estado siguiendo el itinerario del coronel al decir de su relato con el objeto de trazar los mapas de la excursión histórica para la escritura de un libro propio que tituló *Tras las huellas de Mansilla: contexto histórico y aportes críticos a Una excursión a los indios ranqueles* y, finalmente, publicó en 2012[15]. Los lugareños recordaban el viaje de Mayol, a quién habían tomado por el mismísimo Mansilla, inmersos en las más absoluta ignorancia acerca de la historia de las tierras que habitaban. Es decir, el original es destronado por su copia. Pons explica que "la novela histórica contemporánea tiende a presentar el lado antiheroico o antiépico de la Historia; muchas veces el pasado histórico que recuperan no es el pasado de los tiempos gloriosos ni de los ganadores de la puja histórica, sino el pasado de las derrotas y fracasos" (Pons 1996, 17). En este caso, el Mansilla "toro" autoconfigurado como personaje heroico en su relato de viaje decimonónico se transmuta en una versión antiheroica y anacrónica que no busca el engaño, pero lo produce, de todos modos, como consecuencia de la desinformación de los portadores de la tradición local, que fallan irremediablemente en su tarea. El ser y el parecer se confunden cuando la copia de la copia es la que comienza a guiar el camino. Entonces, la duda y el absurdo se fagocitan la "veracidad" del relato oficial, puesto que pierde ontología con cada paso del viaje, y de la lectura.

No es casual que en la misma página, Lojo mueva al mago Merlín a hablar de la siguiente manera:

> —Vea, Mansilla, a estas cosas hay que acostumbrarse. No sabe los disparates que han dicho y hecho conmigo en películas recientes. *La espada en la piedra*, de Walt Disney, con todo es la más simpática, pero en *Excalibur* me ponen como un señor libidinoso y bastante imbécil que cae en las redes eróticas de la malvada Morgana (la mamá de Rosaura, como usted sabe, que malvada nunca fue, aunque sí bastante presumida). Y sin embargo puedo jurarle que con Morgana mis relaciones, siempre amistosas, no trascendieron jamás los límites de un *flirt* sin mayores consecuencias. (Lojo 2008, 144)

Como podemos observar en este fragmento, no solamente se trabaja con la polifonía, propia de la parodia y de la novela, como afirma Bajtín. Además, estamos ante la presencia de términos importados de otras lenguas (heteroglosia) y giros propios de la contemporaneidad[16].

Como habíamos anticipado, María Rosa Lojo no solo se vale de la novela y de las posibilidades que este género le ofrece para la parodia y la reescritura de la Historia, así como para realizar cruces entre la mímesis y el *fantasy*, sino que emplea también estas estrategias en algunos cuentos de *Historias ocultas en la Recoleta* (2000).

Sus intenciones quedan claramente expuestas en el "Prólogo" del volumen:

> "Historias", pues, tanto "reales" (porque se atienen a un referente pasado) como "ficcionales" (por cuanto crean su propia realidad en el espesor del lenguaje y en la trama conjetural de la narración). Historias, también "ocultas". No sólo porque sus protagonistas, ausentes de la visible y audible superficie terrestre, yacen en lo oscuro y lo cerrado, bajo una capa de piedra y de silencio. Son "ocultas" también porque, aun en los casos de figuras ampliamente conocidas, instaladas en la historiografía oficial y en el imaginario colectivo, los relatos buscan abordar facetas en sombra, perfiles imprevisibles que se revelan bajo un nuevo manejo de la luz, rasgos y actitudes que quiebran los mitos y estereotipos cristalizados. (…) Quizá después de escuchar las historias ocul-

tas bajo las tapas de mármol, los peregrinos de este viaje por el tiempo encuentren en ellas las paradojas y tensiones de todas las vidas humanas, y también las de una historia patria que se ha edificado sobre la negación y la violencia, a pesar de las utopías conciliadoras. Sin embargo, muchos de sus protagonistas reposan hoy bajo el mismo cielo, amparados irremediablemente por los mismos muros. (Lojo 2000, 16-17)

El primer cuento de este libro en el que encontramos tanto la voluntad deconstructiva como la irrupción de lo sobrenatural es "El padre, el hijo". La propia autora explica el argumento en el Posfacio:

> "El padre, el hijo" se centra en un doloroso episodio privado de la vida de Bartolomé Mitre (1821-1905): el suicidio de su hijo Jorge Mariano (1852-1870) durante su estadía en el Brasil. Hay aquí dos protagonistas: un joven inestable, hipersensible, y un padre poderoso, que parece dominar todos los obstáculos, salvo, quizá, el propio pudor severo que le impide manifestar libremente su cariño por este hijo al que considera descarriado y al que se empeña en corregir. Desde el diario de Mitre padre, y las cartas a su mujer, doña Delfina, emerge ese afecto reprimido, y ya sin destinatario, por el hijo irrecuperable. La ficción quiere suplir ese espacio de encuentro que no existió en la vida. Por eso el fantasma de Jorge Mariano sigue ambulando en el Hotel dos Estranjeiros, donde se disparó un tiro, en espera de que el padre, allí hospedado, consiga trasladar su cadáver a Buenos Aires. (Lojo 2000, 189)

El "espacio de encuentro" surge en el cuento gracias a que el fantasma del hijo logra escribirle un mensaje al padre, en el diario de viajes que ha dejado abierto sobre el escritorio de la habitación del hotel, para calmar así su atormentada conciencia. La polifonía se da a partir de los fragmentos intercalados del diario del padre (en primera persona) y la voz narradora omnisciente (en tercera persona), que nos permite conocer qué siente, hace y piensa el fantasma. No obstante, en el momento preciso en que la palabra justa aparece y consuela esas almas en pena, que son ambas, la del padre vivo y la del hijo muerto, el silencio de la noche, el ensueño y la bruma se apoderan del relato, y el mensaje del hijo nunca es revelado al lector.

El silencio, poderoso y sugestivo, se adueña de nuestra imaginación y da lugar a todos los mensajes, cruces insospechados entre mundos paralelos, infinitas posibilidades de la historia.

Otro cuento, "La hora del secreto" parece no incurrir en lo sobrenatural hasta el último momento. Rufina Eugenia (1883-1902), hija del célebre escritor Eugenio Cambacérès (1843-1889) y de la bella artista de exótico origen Luisa Bacichi, es enterrada viva porque sufre de catalepsia. Esto fue comprobado por el desplazamiento del ataúd y por las marcas dejadas desde el interior durante su período de supervivencia.

En su transcurrir, el relato parece una narración histórica sin más, como muchas otras del volumen. No obstante, en lugar de finalizarlo con el ya legendario descubrimiento de las marcas de la supervivencia —a partir del cual, sin inocencia, se evoca explícitamente a la Bella Durmiente y a Blancanieves, heroínas de los cuentos de hadas, paradigma de lo maravilloso—, o con la sola sospecha de que su fantasma, liberado del ataúd, aún deambula por el cementerio, Lojo contrasta los rumores que corren de boca en boca por la alta sociedad de la época con un final esplendoroso, propio de una saga medieval, que justamente abreva en las mismas leyendas artúricas de las que la autora había recuperado a Merlín para componer *La pasión de los nómades*:

> Al día siguiente las señoras del *tout* Buenos Aires se dirán al oído en los salones que Rufina Cambacérès ha muerto enterrada viva, víctima de un ataque de catalepsia. Ninguna ha visto a Eugenio que se lleva a su hija sobre la sombra de un caballo zaino, dormida contra su pecho extrañamente suave, que tiene puesta la armadura del Sir Galahad. (Lojo 2000, 126)

Esta coda, digna de una ópera, eleva a Rufina a la categoría de heroína épica, que cruza las barreras entre el aquí y el más allá, y sale triunfante, cobijada y protegida por los brazos de su sabio padre. Así Lojo contrapone de manera rotunda la construcción de su personaje con el de la leyenda urbana sobre el alma en pena de Rufina, deambulando eternamente entre las lápidas, miserable y descastada, por no pertenecer ya a la sociedad de los vivos, ni a la ciudad de los muertos, que es el Cementerio de la Recoleta.

El último cuento del volumen que nos interesa, por emplear los recursos narrativos que aquí nos ocupan, "El polvo de sus huesos", tiene la particularidad de traernos otro personaje fantasmal; en este caso, se trata de mismísimo Juan Manuel de Rosas. La narración es también en tercera persona, pero la focalización está dada desde el fantasma, que se incorpora de su tumba y atestigua la repatriación de sus propios restos desde el cementerio de Southampton hasta la bóveda familiar de la Recoleta en Buenos Aires. Es el texto más cercano al género fantástico de los que aquí abordamos, puesto que el personaje duda permanentemente acerca de la veracidad de lo que le sucede y cree estar soñando. No obstante, el lector comprende de inmediato que se trata de una experiencia de ultratumba: el exgobernador tiene una segunda oportunidad, breve y fugaz, como la lucidez reveladora previa a la muerte, de observar el mundo de los mortales y apreciar sus últimos dones, como esas honras fúnebres desacompasadas y anacrónicas que le conceden sus compatriotas, en las personas de sus descendientes y funcionarios. En la dudosa interpretación de este ritual entre religioso y heroico, la voz narradora expresa: "Don Juan Manuel no sabe qué pensar de sus demoradas honras fúnebres. Él las ha hecho mejores: recuerda las exequias de su mujer, doña Encarnación, la Heroína del Siglo, con toda una ciudad puesta de luto, y antes aún, las de Manuel Dorrego y las de Facundo Quiroga" (Lojo *Historias ocultas* 295). La utilización política del ritual fúnebre, que Rosas practicó con sus correligionarios y con su misma esposa, evidenciada a la vez que otros actores políticos están haciendo en ese momento lo mismo sobre su propio cadáver, con similares objetivos utilitarios, es una ironía de la autora que muestra las complejas relaciones de amor/odio construidas por Rosas a lo largo de su vida, y aún después de su muerte, sin caer en simplificaciones que atenten contra la veracidad de las pasiones y los acontecimientos.

En el *fantasy* histórico el recurso de lo sobrenatural moviliza la reescritura de la Historia hacia nuevas dimensiones. Contrariamente a lo que sucede con lo siniestro en el relato fantástico, aquí la irrupción de lo sobrenatural no viene a desestabilizar el mundo tal cual lo conocemos: en el *fantasy* histórico de la obra narrativa de Lojo, es el elemento del más allá el que busca —y logra— restaurar el orden. En el primer relato, el fantasma del hijo muerto es el que sosiega el alma en pena de su padre vivo; luego es Eugenio Cambacérès el jinete alado que viene a rescatar al fantasma de su hija de una muerte indigna; finalmente, es la sombra de Rosas la que atestigua el tardío cumplimiento de su deseo de volver a la tierra patria cuando el país le reconociese los méritos de su intensa vida militar y política. El final del último cuento del volumen cierra lo que abren los dos epígrafes contrapuestos por Lojo:

> *Ni el polvo de sus huesos la América tendrá.*
> JOSÉ MÁRMOL, *A Rosas*
> *Mi cadáver será sepultado en el cementerio católico de*
> *Southampton hasta que en mi Patria se reconozca y*
> *acuerde por el Gobierno la justicia debida a mis servicios.*
> *Entonces será enviado a ella previo permiso de su*
> *Gobierno y colocado en una sepultura moderada, sin lujo*
> *ni aparato alguno, pero sólida, segura y decente, si es que*
> *haya como hacerlo así con mis bienes, sin perjuicio*
> *de mis herederos.*
> *En ella se pondrá a la par del mío, el de mi compañera*
> *Encarnación, el de mi Padre y el de mi Madre.*
> Testamento del Brigadier General don Juan Manuel
> Ortiz de Rozas y López, Burgess Farm, 22 de abril de 1876 (Lojo 2000, 172).

La sombra de Rosas ve a su ataúd entrar, por fin, en la bóveda familiar del Cementerio de la Recoleta, y cumplir así su testamento y última voluntad. Una vez más, el orden ha sido reestablecido, a pesar de la poética maldición de José Mármol.

Esta incursión por el *fantasy* de María Rosa Lojo comenzó con la necesidad de llenar un espacio vacío, en la voluntad férrea de la autora de responderse una pregunta que probablemente surgiera con su primer ensayo crítico, *La barbarie en la narrativa argentina: Siglo XIX*, cuando se acoplaba a las agudas observaciones del propio

Mansilla en su relato de viaje, y escribía: "La civilización ha sido capaz, solamente, de un ostentoso viaje al *más allá*, guiada por una 'vanidad' (...). Pero esta vanidad es incapaz del viaje verdaderamente necesario al *interior*, al *más acá*, hacia lo pequeño y hacia lo oculto..." (Lojo 1994, 142; lo destacado es fiel al original).

Nos agrega la autora misma, muchos años más tarde, que la inspiración que produjo el libro de Mansilla se fusionó con la admiración que le causó otro:

> La maravillosa (en todos los sentidos del término) novela *Merlín e familia*, del escritor gallego Alvaro Cunqueiro, me proveyó de un personaje: Merlín, "hijo de madre soltera y extranjero de nación", que se había mudado al Pazo de Miranda para recibir la herencia de una lejana tía gallega. Lo imaginé a fines del siglo XX, envejecido, escéptico, harto de competir con los efectos especiales de Hollywood, y harto sobre todo de los turistas que invadían el viejo "pazo" dejando por todas partes brillantes envolturas de golosinas y envases de Coca-Cola. (Lojo 2006, 23)

Y este fue el comienzo de un cruce, un mestizaje, un nacimiento de formas, imaginación, palabras y sentidos en la obra narrativa de María Rosa Lojo con los que la Historia se trasviste y se traslada a otras épocas y otros escenarios para ofrecernos un relato coral e inasible, en permanente búsqueda y fuga de sí mismo.

Notas

1   En esta línea de ficción histórica se destacan entre sus publicaciones los libros de cuentos *Historias ocultas en la Recoleta* (2000) y *Amores insólitos de nuestra historia* (2001), y las novelas *La pasión de los nómades* (1994), *La princesa federal* (1998), *Una mujer de fin de siglo* (2000), *Las libres del Sur* (2004) y *Finisterre* (2005).

2   Nicolás Casullo describe los parámetros de "autenticidad" que emanan del discurso moderno: "es el desplegarse de una escritura civilizatoria que conquista y fascina por sus certezas y profecías" (16); "la modernidad es un mundo de representaciones que, desde la titánica lucha de la Razón ordenadora, refundó valores, saberes y certezas" (18).

3   Rita Laura Segato denomina Formaciones Nacionales de Alteridad a las "representaciones hegemónicas de nación que producen realidades" (2007, 29), conformadas por "un campo unificado de creencias", "una ideología o sistema de valores hegemónicos, donde cada uno en una sociedad dada, independientemente de su posición, puede encontrar expresión" (2007, 110). En estas representaciones la diversidad queda invisibilizada, puesto que "nacionalizar" implicó homogeneizar las particularidades étnicas, culturales y religiosas de los individuos, y diluirlas en un "crisol" de identidad neutral.

4   "...se trata de recoger la historia 'de abajo', si se piensa en lo representado y 'desde abajo', si se piensa en el punto de vista desde donde se narra. Esta inflexión de la escritura supone una ética: implica la opción de no otorgarles un lugar de privilegio a los agentes artífices de los cambios y las acciones que 'hicieron historia', y de reivindicar, en cambio, a los que sufrieron sus consecuencias o a los que actuaron desde los márgenes: el investigador o el inventor es quien los descubre y los releva otorgándoles la dimensión de personaje" (Pons 2000, 108).

5   Como explica Casullo: "El nuevo escenario social descompone y anacroniza variables ideológicas y políticas organicistas, totalizantes, que durante décadas intentaron ordenar y representar el sentido del avance de la historia, celebrando un presente donde acontecían proyectos futuros" (60).

6   "Esta novela, sin duda, puede considerarse como un texto clave que marca el inicio de una operatoria de cambio en su obra" (Crespo Buiturón 2008, 100).

7   Martín Fierro es el gaucho matrero protagonista de la obra homónima escrita por José Hernández. La primera parte, "La ida de Martín Fierro", fue publicada en 1872, y la segunda, "La vuelta de Martín Fierro", en 1879. Ambas conforman la obra más reconocida del género gauchesco y un texto fundamental en el canon literario argentino.

8   Mariano Rosas fue el segundo hijo del cacique ranquel Painé Güor (líder de la dinastía de los Zorros), y su nombre nativo era Panghitruz Güor ("zorro cazador de pumas"); fue el heredero del cacicazgo al morir su padre. Cerca de la edad de 9 años, fue capturado por las milicias y retenido por el Gobernador Juan Manuel de Rosas, quien lo bautizó con su nombre y lo educó en las tareas del campo, la escritura y la lectura durante los años que duró su cautiverio.

9   Moreno dejó un relato publicado póstumamente por su hijo en el libro *Reminiscencias* (1945) donde narra su breve cautiverio entre los indios manzaneros y cómo, tras lo que parecía un juicio con resultado desfavorable, el propio cacique Shaihueque lo ayudó a escapar durante una noche de celebraciones en que el alcohol había causado un efecto de distracción, puesto que no podía convencer al resto del tribunal de su inocencia. Por otra parte, el relato del padre Salvaire, publicado por el padre Meinrado Hux en 1979, cuenta que tras presentarse en los toldos de Namuncurá, por solicitud del propio cacique y con fines únicamente evangélicos, fue objeto de un terrible juicio por parte del consejo indio, acusado de ser culpable de una epidemia de viruela y otros males que lo señalaban como portador de brujerías o gualichu. El consejo dio un primer parlamento de tres horas en el que las partes estaban divididas. Pero al día siguiente, domingo 31 de octubre de 1875, el parlamento se extendió por cinco horas y todos parecían condenar al religioso, envueltos en la embriaguez de los festejos de la noche anterior. Finalmente, Bernardo Namuncurá intercedió por él poniendo su poncho sobre los hombros del acusado y desafiando a quien quisiera lastimarlo. Poco después se disculparon con él los miembros del gran triunvirato salinero, los tres hijos de Calfucurá: Manuel Namuncurá, Reumay y Catricurá.

10 Explica Segato que "el mundo moderno es el mundo del Uno, y todas las formas de otredad con relación al patrón universal representado por este Uno constituyen un problema. La propia disciplina antropológica es prueba de ello, pues nace al abrigo de la convicción moderna de que los otros tienen que ser explicados, traducidos, conmensurabilizados, procesados por la operación racional que los incorpora a la grilla universal. Lo que no puede ser reducido a ella, permanece como sobra y no tiene peso de realidad, no es ontológicamente pleno, es descarte incompleto e irrelevante" (2010, 22). "Esto nos permite concluir que muchos de los prejuicios morales hoy percibidos como propios de "la costumbre" o "la tradición", aquellos que el instrumental de los derechos humanos intenta combatir, son en realidad prejuicios, costumbres y tradiciones ya modernos, esto es, oriundos del patrón instalado por la colonial modernidad" (2010, 23).

11 Paul Ricoeur sostiene que existe una memoria colectiva pero que esta no anula la memoria individual. No obstante, el lenguaje que usamos para expresar la memoria individual es siempre un lenguaje ya compartido con otros, que

recupera conceptos e ideas ya heredados de la comunidad (*La memoria*, 169). La narración de la Historia no es más que la mediación entre la estructura discursiva y el acontecimiento (2004, 347).

12   Es, justamente, el olvido, según Ricoeur, lo que permite que la memoria individual sea menos asertiva que la memoria colectiva, puesto que esta última no da cabida a la existencia del olvido y se reafirma a sí misma en el discurso historiográfico con pretensiones de "verdad". Sin embargo, explica que toda memoria contiene olvido porque sería imposible recordar todo y, además, sería aberrante. El olvido es parte constructiva de la memoria. Según Ricoeur, hay tres tipos de olvidos: pasivo o "represivo", pasivo/activo o "evasivo", y puramente activo o "selectivo" (Ricoeur 1999, 59-60).

13   Este cruce genérico fue detectando originalmente por la investigadora Pampa O. Arán, así como también los cuestionamientos y las rupturas que se desprenden de él: "Nuestra hipótesis trabaja sobre el supuesto de que esta novela produce la hibridación paródica del género fantástico con el maravilloso para narrar una fábula de identidad, individual y colectiva, desde una cultura periférica asediada por los fantasmas de su historia. Y que duplica, en una versión especular, el entramado histórico y geográfico de las imágenes de un viaje expedicionario, escrito en otro siglo, leído en la actualidad y nuevamente representado, para preguntarse por la construcción y la creación del propio lugar en el mundo, a despecho de las determinaciones geográficas" (122).

14   "Asimismo, el poder cuestionador que caracteriza a estas nuevas novelas históricas se deriva de los varios procedimientos o estrategias narrativas que emplean en la relectura y reescritura de la Historia, entre los cuales se podrían mencionar: la ausencia de una narrador omnisciente y totalizador; la presencia de diferentes tipos de discursos y sujetos de dichos discursos; así como la presencia de evidentes anacronías históricas; la creación de efectos de inverosimilitud; el uso de la ironía, la parodia, lo burlesco, y el empleo de una variedad de estrategias y formas autorreflexivas que llaman la atención sobre el carácter ficcional de los textos y la reconstrucción del pasado representado" (Pons 1996, 17).

15   Véase: Carlos Mayol Laferrère. *Tras las huellas de Mansilla : contexto histórico y aportes críticos a Una excursión a los indios ranqueles*. Prólogo de María Rosa Lojo. Córdoba: Ediciones Del Copista, 2012.

16 "Emparentada con la cuestión de la poliglosia está la de la heteroglosia. La heteroglosia se define aquí como la variedad de registros dentro de un mismo idioma, es decir, la diferenciación interna, la estratificación propia de todo lenguaje nacional. Es falso, propone Bakhtin, que un lenguaje nacional pueda ser monolítico y homogéneo, sin fisuras internas. Por ello, el problema de la heteroglosia es esencial para entender la novela moderna como género, su surgimiento, importancia y supervivencia. En virtud de esa heteroglosia, la conciencia literaria se mueve entre dos lenguajes, el literario y el extra-literario. También se coloca en el borde del tiempo: la novela da cuenta del lenguaje de su época, de los cambios e innovaciones, es un termómetro del estado del lenguaje en ese momento" (Crespo 2012, 27).

Referencias Bibliográficas

Arán, Pampa O. 2007. "De la Argentina y sus fantasmas". En *María Rosa Lojo: La reunión de lejanías*. Editado por Juana Alcira Arancibia, Malva E. Filer y Rosa Tezanos-Pintos, 121-134. Buenos Aires: Instituto Literario y Cultura Hispánico.

Baigorria, Manuel. 2006. *Memorias*. Prólogo, edición y notas de P. Meinrado Hux. Buenos Aires: El Elefante Blanco.

Bravo Herrera, Fernanda Elisa. 2012. "*La pasión de los nómades* de María Rosa Lojo: contrapunto extraterritorial de *Una excursión a los indios ranqueles* de Lucio V. Mansilla". *Il dialogo. Lingue, letterature, linguaggi, culture, Atti del XXV Convegno AISPI*. A cura di A. Cassol, F. Gherardi, A. Guarino, G. Mapelli, F. Matte Bon, P. Taravacci. Napoli, 18-21: 99-105.

Casullo, Nicolás. 1991. Prólogo a *El debate modernidad/posmodernidad*. Buenos Aires: El cielo por asalto, 9-63.

Crespo Buiturón, Marcela. 2008. *Andar por los bordes. Entre la historia y la ficción: el exilio sin protagonistas de María Rosa Lojo*. Lleida: Universidad de Lleida. <http://descargas.cervantesvirtual.com/servlet/SirveObras/01593852768921836350035/032076.pdf?incr=1>.

Crespo, Natalia. 2012. *Parodias al canon: Reescrituras en la literatura hispánica contemporánea (1975-2000)*. Buenos Aires: Corregidor.
Guiffré, Mercedes. "Entender el pasado, superar el presente, construir el futuro". En *Sitio al Margen*. Buenos Aires: mayo de 2002. <http://www.almargen.com.ar/sitio/seccion/entrevistas/mrlojo/>.
Hux, Meinrado, ed. 1979. *Una excursión apostólica del Padre Salvaire a Salinas Grandes*. Buenos Aires: Ediciones Culturales Argentinas.
Kohan, Martín. 2000. "Historia y literatura: la verdad de la narración". En *Historia crítica de la literatura argentina*. Dirigida por Noé Jitrik. Vol. 11. *La narración gana la partida*. Dirigido por Elsa Drucaroff, 245-259. Buenos Aires: Emecé.
Lojo, María Rosa. 1994. *La "barbarie" en la narrativa argentina siglo XIX*. Buenos Aires: Corregidor.
Lojo, María Rosa. 2000. *Historias ocultas en la Recoleta*. Buenos Aires: Alfaguara.
Lojo, María Rosa. 2005. "Los hermanos Mansilla: más allá del pensamiento dicotómico o cómo se escribe una Argentina completa". En *En tiempos de Eduarda y Lucio V. Mansilla*, 15-41. Córdoba: Junta Provincial de Historia de Córdoba.
Lojo, María Rosa. 2006. "Por qué escribí *La pasión de los nómades* (1994): un libro y muchos viajes". *Boletín de Literatura Comparada. Número especial "Literatura de viajes" Homenaje a Nicolás J. Dornheim, 2003 — 2005*. Mendoza: Universidad Nacional de Cuyo, Facultad de Filosofía y Letras, Centro de Literatura Comparada: 19 — 32.
Lojo, María Rosa. 2008 [1994]. *La pasión de los nómades*. Buenos Aires: Debolsillo.
Lojo, María Rosa y equipo, eds. 2012. *Diario de viaje a Oriente (1850-51) y otras crónicas del viaje oriental*, de Lucio V. Mansilla. Buenos Aires: Corregidor.
Mansilla, Lucio V. 1963. *Entre-Nos. Causeries de los jueves*. 5 t. Buenos Aires: Hachette.

Mansilla, Lucio V. 1966. *Una excursión a los indios ranqueles*. Estudio Preliminar y Notas de Guillermo Ara. Buenos Aires: Kapelusz.

Mansilla, Lucio V. 2000. *Mis memorias*. Buenos Aires: El Elefante Blanco.

Moreno, Francisco P. 1942. *Reminiscencias de Francisco P. Moreno*. Compilación de Eduardo V. Moreno. Buenos Aires: Eduardo V. Moreno.

Palermo, Zulma. 2007. "La escritura letrada como proceso descolonizador". En *María Rosa Lojo: La reunión de lejanías*. Editado por Juana Alcira Arancibia, Malva E. Filer y Rosa Tezanos-Pintos, 65-78. Buenos Aires: Instituto Literario y Cultura Hispánico — ILCH, 65-78.

Pons, María Cristina. 1996. *Memorias del olvido*. México: Siglo XXI.

Pons, María Cristina. 2000. "El secreto de la historia y el regreso de la novela histórica". En *Historia crítica de la literatura argentina*. Dirigida por Noé Jitrik. Vol. 11. *La narración gana la partida*. Dirigido por Elsa Drucaroff, 97-116. Buenos Aires: Emecé.

Ricoeur, Paul. 1999. *La lectura del tiempo pasado: memoria y olvido*. Madrid: Arrecife.

Ricoeur, Paul. 2004. *La memoria, la Historia, el olvido*. Buenos Aires: FCE.

Segato, Rita Laura. 2007. *La Nación y sus otros: raza, etnicidad y diversidad religiosa en tiempos de políticas de la identidad*. Buenos Aires: Prometeo Libros.

Segato, Rita Laura. 2010. "Género y colonialidad: en busca de claves de lectura y de un vocabulario estratégico descolonial". En *La Cuestión Descolonial*. Editado por Quijano, Aníbal y Julio Mejía Navarrete. Lima: Universidad Ricardo Palma, 2010. <http://www.lavaca.org/wp-content/uploads/2016/04/genero-y-colonialidad.pdf>.

El quiebre del pacto narrativo: Emergencia de la voz lírica en *La pasión de los nómades*, de María Rosa Lojo

Fabiana Inés Varela

Facultad de Filosofía y Letras, Universidad Nacional de Cuyo—Consejo Nacional de Investigaciones Científicas y Técnicas

Publicada por primera vez en 1994, la novela *La pasión de los nómades* de María Rosa Lojo, se presenta a los lectores como un texto complejo, fruto de un trabajo de parodización de una obra clásica de las letras argentinas —*Una excursión a los indios ranqueles*, de Lucio Mansilla—, cruzado, a su vez, por un amplio registro de variadas intertextualidades, desde *Merlín y familia*, de Álvaro Cunqueiro, hasta el *Gaucho Martín Fierro*, de José Hernández. Surge así una novela como un entramado textual en el que se mezclan discursos y géneros diversos como el diario de viajes o la carta, junto con fragmentos líricos, resultando así una obra híbrida que la crítica ha definido como pastiche:

> (...) esta novela produce la hibridación paródica del género fantástico con el maravilloso para narrar una fábula de identidad, individual y colectiva, desde una cultura periférica asediada por los fantasmas de la historia (...). Nuestra última hipótesis despliega esta dimensión de la novela en el lugar de la enunciación, a través del recurso al pastiche como modo fantasmal de imitación, que aproxima y distancia amorosamente la refracción del otro discurso y de las otras voces que encierra. (Aran 2007, 122)

Este trabajo pretende ahondar en el análisis de aquellos fragmentos líricos presentes en la novela que producen un quiebre en el entramado narrativo, introduciendo un nuevo pacto con el lector: en este caso, el pacto lírico. Nuestra hipótesis apunta a destacar la necesidad del narrador de introducir un discurso centrado en la afectividad y la emoción, anclado fuertemente en el símbolo, que le permita transmitir una experiencia profunda estrechamente relacionada con el conflicto de identidad que se plantea en la novela y que aparece como un elemento recurrente en la obra de María Rosa Lojo (Crespo Buiturón).

La obra narrativa de María Rosa Lojo ha sido estudiada desde variadas perspectivas, entre las que sobresalen aquellas que señalan su estrecha relación con la historia nacional y sus personajes (Molina 2010) y otras que destacan la fuerte presencia de la autoficción, en correspondencia con ciertos conflictos textualizados que plantean, circundan y profundizan la complejidad biográfica de ser "exiliada hija", tal como la misma autora se define (Crespo Buiturón 2007).

Su obra de tono lírico —también difícil de ubicar genéricamente, pues oscila entre el poema en prosa y lo que hoy denominamos microficción— ha sido abordada críticamente, aunque en menor medida. Entre los aspectos más destacados por los estudios, señalamos el cultivo del poema en prosa, género poco frecuentado en nuestra literatura, inscripto en la tradición del simbolismo francés y del modernismo hispanoamericano, en el que se destaca la extrema libertad de la artista en el manejo de la palabra (Rodríguez Francia 1995; Noguerol Jiménez 2007).

Otro aspecto relevante y que nos interesa resaltar es la visión como núcleo constructivo de su lírica. Ana María Rodríguez Francia señala, como una característica de la obra lírica de Lojo, el "aguzar la visión hacia zonas inexploradas, donde la contemplación y el pensar filosófico confluyen" (1995, 119). Por su parte, Noguerol Jiménez observa la relación de la obra de nuestra autora con el surrealismo, tanto pictórico como poético, y con autores como "Hölderlin, Rimbaud, Rilke, Olga Orozco y Enrique Molina, creadores en los que el concepto de visión adquiere una enorme importancia", visión que le permite indagar "en las esencias a partir de imágenes dotadas de gran carga simbólica y que consiguen desautomatizar la percepción como ya pidiera Macedonio Fernández..." (2007, 84). También Silvia Sauter habla de Lojo como "escritora visionaria": "Desde su primer poemario, los versos de María Rosa Lojo despliegan rasgos visionarios inexplicables racionalmente" (2007, 97), poesía esencialmente simbólica, densa y misteriosa, a la vez que profunda e inagotable que "sugiere otra realidad más profunda, casi inescrutable y tenebrosa por la falta de respuestas" (2007, 109).

La crítica ha señalado además la presencia, en su prosa novelística, de imágenes y pasajes que muestran un profundo lirismo que traspasa límites genéricos y prestan cuerpo a su escritura narrativa, como bien señala Gloria Videla de Rivero:

> En la autora se interrelacionan e iluminan mutuamente la lectora crítica y la creadora de ficciones. Podríamos decir que también la poeta, ya que un sutil lirismo traspasa su narrativa. Y se intuye que también el yo biográfico está fuertemente presente, porque aunque el mundo narrado sea aparentemente histórico y lejano, aflora en él lo profundamente autobiográfico y cercano. (2007, 247)

Asimismo, Alejandra Cebreli apunta que la

> escritura aparece atravesada por fragmentos netamente líricos e, inclusive, por poesías o canciones. Si bien estas estrategias no son novedosas, le confieren al texto un valor estético innegable y lo inscriben en una prestigiosa tradición literaria. (1997, 98)

La misma Lojo señala su desconfianza en las divisiones genológicas: "No creo en una brusca divisoria de aguas entre narrativa y poesía. Y mi poesía trabaja a menudo con gérmenes o embriones narrativos" (Depetris 2004, 193). Podríamos señalar también la presencia de lo lírico, de pequeños poemas en prosa insertos en sus textos narrativos, que sirven para dar a conocer aspectos que la discursividad propia del relato oculta y que esta figuración de tipo lírica, a través del lenguaje y el símbolo, pone en evidencia.

Los pactos discursivos

El marco teórico desde el que nos posicionamos para acceder a este texto está dado por la teoría pragmática, en tanto una teoría de la comunicación literaria en la que se destaca la relación co-creadora entre emisor y lector, y el juego entre ambos plasmado en el mismo texto. De modo más específico, la pragmática utiliza la noción de contrato o pacto para "señalar que los participantes de una enunciación deben aceptar tácitamente cierto número de principios que hacen posible el intercambio y cierta cantidad de reglas que lo regulan" (Maingueneau 1999, 31). De esta manera, cada género discursivo está relacionado con un pacto específico, por ello el uso extendido del concepto de "pacto autobiográfico" de Lejeune y, más próximamente, los pactos fabulante, crítico y lírico señalados por Antonio Rodríguez y que nosotros tomamos a través de Gustavo Zonana. Cada uno de estos pactos "configura un cuadro institucional específico que permite la puesta en forma de experiencias radicales" (Zonana 2010, 412). Rodríguez señala tres pactos instituidos en la literatura occidental: el fabulante, el lírico y el crítico. El primero se centra en la acción, y se formaliza mediante la narración y el drama, "su fin es contar o representar escénicamente una historia y entretener mediante ella" (cfr. Zonana 412). El pacto lírico, por su parte, está "centrado sobre la dimensión de un sujeto corporal en el mundo y su universo afectivo, que se formaliza de manera dominante (…) en la poesía. Su fin es hacer revivir una experiencia afectiva o empática" (Zonana 412). Esta dimensión afectiva está concebida por Rodriguez según la fenomenología de Husserl y de Merlau-Ponty:

> Lo afectivo es el suelo en el que se apoyan la percepción, la acción, el conocimiento, la formación de los valores morales y religiosos. En tanto sujeto con cuerpo el hombre habita un espacio, se relaciona con otros y con lo radicalmente otro. Mediante esta red de relaciones perfila el encuentro consigo mismo. La reflexión y la acción humanas se hallan 'compenetradas' con lo afectivo. (Zonana 2010, 413)

El cuadro intencional que surge del pacto lírico está compuesto por rasgos característicos que pueden ser separados con fines metodológicos pero que actúan simultáneamente en el texto. Rodriguez concibe cuatro aspectos que hacen posible la formalización de las disposiciones afectivas, tanto de unión como de separación, en el pacto lírico: la forma afectiva general, piedra angular de la configuración del poema; la formación subjetiva —que atribuye la experiencia a una voz específica—; la formación sensible, responsable de la constitución de sentido a partir de los elementos sensibles del lenguaje (fónico, gráficos, morfológicos, sintácticos, prosódicos, etc.); y la formación semántico-referencial, ligada a la experiencia y a su figuración textual que promueve un efecto de evocación mediante predicaciones que remiten a la vez al texto y al mundo, pero sustentado en la metáfora que permite una visión de este mundo desde otra perspectiva (Zonana 412-415; Grando 2008).

La ruptura del pacto narrativo: los fragmentos líricos en La pasión de los nómades

La pasión de los nómades está construida como un entramado de discursos en los que alternan dos narradores en primera persona: el hada Rosaura Dos Carballos, voz responsable de las tres partes iniciales, que llevan por título general "Del manuscrito 'Viajes inverosímiles' por Rosaura Dos Carballos", y el fantasma de Lucio V. Mansilla, voz de "Nueva excursión a los indios ranqueles donde se demuestra que la tercera es la vencida". Los dos capítulos finales, "Desde la Casa de Plata" y "En el centro del agua que corre", plantean la conclusión desde la perspectiva de Rosaura y Lucio, respectivamente.

Predomina el discurso narrativo, enmarcado en un pacto ficticio de corte maravilloso, dado que los enunciadores son un ser mágico y un fantasma. Sin embargo, en un momento dado del relato, este pacto narrativo se quiebra y permite la emergencia, en primer lugar, de un texto que podríamos definir como lírico, y en segundo lugar, de fragmentos líricos fuertemente imbricados en la narración, que dan cuenta de la conclusión de la historia del hada Rosaura.

El capítulo "Desde la Casa de Plata" se inicia con un poema, texto que analizaremos en detalle. Si bien podríamos ver en él un epígrafe, dada la ausencia de una autoridad explícita a la que se lo remita —como sí encontramos en el resto de los epígrafes de la novela— y al uso de una tipografía distinta, bastardilla del mismo tamaño que el texto de la novela (en los epígrafes se utiliza un tamaño menor), preferimos analizarlo en relación con el texto novelesco y con el capítulo al que precede, refleja y completa. Idéntica situación encontramos en el último capítulo, "En el centro del agua que corre", donde Mansilla concluye su relato, que también está precedido por un texto poético, del que se afirma es una "canción profana —ül— de enamorado" (Lojo 2008, 225). Esta atribución plantea el juego de traducción de un texto mapuche, situación en la que —en esta oportunidad— no nos detendremos.

Sí nos interesa, en cambio, analizar y reflexionar sobre el texto que inicia el capítulo "Desde la Casa de Plata". En el apartado anterior, "Nueva excursión a los indios ranqueles", desde la perspectiva de Mansilla, se relata un nuevo viaje a tierra adentro, al territorio mapuche, espacio donde el narrador enfrenta a numerosos personajes, tanto reales como ficticios. En el diálogo final con Mariano Rosas, se entera de que su compañera de aventuras, Rosaura Dos Carballos, hada de origen gallego y sobrina del ilustre mago Merlín, no retornará junto a él, ya que ha hallado su lugar en el mundo entre los ranqueles, pues se le ha revelado que ella es la "*Antümalguén*, la Doncella del Sol, [que] estaba presa del frío en el reino del Oeste. [Y que] Ahora ha vuelto a nosotros [los ranqueles] y se caldeará la tierra" (Lojo 2008, 208). Si bien Mansilla sostiene su origen gallego y fluvial, pues afirma: "No es cosa que usted dice. Es un hada del agua, un espíritu de los ríos, pero no del *Mamuelmapú* sino de Europa, en un país de montañas donde las aguas entran en la tierra, y que usted no conoce ni conocerá" (Lojo 2008, 208), el cacique insiste en su identidad asociada a los más antiguos mitos de los mapuches, sin por ello entrar en conflicto con su ser anterior:

La Mujer Luminosa es *nguén* de las aguas también, y su cara secreta es la cara de la Luna que gobierna los mares, aunque de día brille su cabeza con el rojo del fuego que todo lo destruye y que todo lo alimenta. Es la verdadera *Antümalguen* que ha superado ya, me lo dicen los pájaros, todos los obstáculos de la entrada. (208)

A continuación y desde la voz de Rosaura, se narra el periplo heroico que ha debido enfrentar el hada gallega: el oscuro llamado de la tierra, que envía sus "peores emisarios", como el *chonchón*, oculto "tras la amabilidad ignata del interventor municipal" (215); la "experiencia crucial" del encuentro con el *meulén*, "el torbellino de viento negro que [... la] arrebató la noche entera" (216), momento equiparable con el descenso a los infiernos, que al ser afrontado le permite el encuentro con las mujeres de la tierra. Luego, ya en otro día, el enfrentamiento con el jinete cadavérico en quien reconoce a *Antüpan*, León del Sol, a quien ayuda a recobrar su identidad perdida y quien le revela a su vez que ella es la Doncella del Sol —"Te doy las gracias, *Antümalguén*, Doncella del Sol, Mujer Luminosa. Esperé mucho tiempo sin esperanza. Ahora has llegado y puedo ir en paz a la casa de los muertos. Gracias" (222)—, y le entrega un espejo que le devuelve a ella una imagen renovada, en la que se combinan los signos gallegos mestizados con los mapuches:

No pude evitar mirarme y mi imagen me extrañó sin desagrado. Llevaba el pelo partido en dos trenzas, como cuando Ginebra me lo peinaba de niña junto al fuego en el pazo de Miranda. Vestía de lana negra ceñida a la cintura con una faja de colores vivos, e iba alhajada a la usanza de *Elyapé* y sus compañeras. Una vincha de cúpula de plata me rodeaba la frente como una diadema. Me calzaban escarpines suaves, con piel de guanaco vuelta hacia adentro (222).

Finalmente, la última noche, Rosaura resiste al "deforme *Anchimallén*, el duende niño" (224), y al superar este nuevo desafío, logra asumir radicalmente su identidad revelada y decide, por lo tanto, quedarse en la Casa de Plata, espacio desde el que se enuncia todo el capítulo.

En este relato, el encuentro con las mujeres mapuches es un episodio central, pues resulta el inicio de su camino hacia el develamiento de su identidad más profunda, que le es revelada en el reflejo del espejo entregado por *Antüpan*, y que coincide con la imagen de las antiguas mujeres mapuche "iba alhajada a la usanza de *Elyapé* y sus compañeras" (223). Una particular visión de este encuentro es el que da inicio al capítulo y, en este caso, el extenso discurso de Rosaura —que hemos comentado— es sustituido por una profunda visión lírica, compleja en el entramado de imágenes y metáforas, a la que ahora nos referiremos.

Entre ríos y fulguraciones
cantando
bajan las mujeres nómades
con el cielo entre los dientes.
Señoras de los animales,
oscuras
retornando
a las flautas de piedra, caña o hueso
para buscar la sombra mágica
que decreta los nacimientos y las muertes:
las portadoras de la bebida,
las ciegas,
las que ven en la noche como las gatas,
las que se acuestan con el demonio
del monte,
las celebrantes de una ceremonia
que une las águilas y las serpientes,
las proscritas, las brujas
que han ascendido por el Árbol del Mundo
llamando con cascabeles a los espíritus,
danzarinas sagradas
enjoyadas con tobillos y ajorcas,
con muñecas y brazaletes
confundidas en un solo esplendor.
Madres:
una labor de secreta alfarería
crece bajo la piel
mientras desciende
con sandalias humanas

sensibles como una música de palmas abiertas
que palpan y auscultan
la superficie de la tierra
para conjurar el movimiento de los volcanes
y la floración de la semilla.
Entre ríos y fulguraciones
bajan del Sur las dueñas del espacio
que pisan,
orando
 no a Dios Padre
sino a los poderes minuciosos del mundo
al numen de la montaña
y a la señora de las aguas claras.
Reinas
que derraman orines prodigiosos
sobre los horizontes de sequía
para que el grano despliegue su corazón,
para que beban los árboles y las estrellas. (212-213; la cursiva en el original)

La forma afectiva general del poema resulta de una experiencia radical y luminosa, como lo indican las palabras que lo abren: "Entre ríos y fulguraciones". A esta alegría se unen el canto, la danza y la confirmación del poder de lo primordial femenino, en una exaltación de este encuentro que ha definido la identidad de la protagonista, pero que también es encuentro de culturas y mitos que trascienden el tiempo y el espacio. Estamos ante una experiencia prácticamente mística en tanto descubrimiento de la relación estrecha, e incluso identitaria, que existe entre las entidades profundas de la tierra, más allá de las palabras, los idiomas y los paisajes que le den forma.

El título, que lo es tanto del poema como de todo el capítulo, indica el lugar de enunciación, la Casa de Plata, punto desde el cual ha de comenzar a contarse este encuentro. La Casa de Plata es un espacio mítico asociado a la luna, como se desprende de las palabras de la narradora: "A veces la casa de Plata gira en el cielo, sube redonda y perfecta hasta alcanzar el vértice de su sombra (…). Otras veces la Casa de Plata cae en el Lácar, donde vive la Sirena…" (214).

Hasta este momento, los personajes se han definido como nómades, seres en busca de su lugar en el mundo (el *ómphalos* que persigue Rosaura), y finalmente su trashumar halla reposo en este lugar de encuentro: "De alguna manera, estoy en casa, en la Casa de Plata, que gobierna las mareas y los mares, en la cara oculta y fértil del sol furioso" (215). El simbolismo presente en la casa también alude a este reposo del cuerpo y del espíritu en un espacio que es arca, jardín cerrado, pero también el propio cuerpo en cuyo encuentro es posible definir la identidad. Por otra parte, la plata es el metal asociado con la luna, el principio femenino, cuyo simbolismo es amplio y complejo, pues se presenta como mediadora entre el cielo y la tierra, receptáculo generador de las almas y también guía oculto de la naturaleza. La casa de plata es entonces el espacio asociado a la noche, a lo maternal, a la imaginación y la fantasía, espacio de la creatividad, del ser vivificante, que en la noche, imperio de los sueños, encuentra el material creativo.

El poema consta de seis paraestrofas conformadas por versos libres, sin rima, pero con intenso ritmo logrado principalmente a partir de las repeticiones sintácticas, que lo acercan, por momentos, a una especie de letanía u oración que halla eco en el canto de las mujeres y a su actitud orante[1], que tratan de expresarse textualmente.

El poema se inicia con una visión de las mujeres en la que se enlazan imágenes visuales, auditivas y de movimiento: "Entre ríos y fulguraciones / Cantando / Bajan las mujeres nómades / Con el cielo entre los dientes". Es de destacar la imagen inicial, cuyo brillo y esplendor se asocia al sustantivo "fulguraciones", que alude a la luz cegadora del rayo, a un resplandor de luz intensa y brillante, que se expande, reflejada en el río. La metáfora final ("con el cielo entre los dientes") es ambiciosa desde la perspectiva simbólica: estas mujeres primigenias logran asir con su cuerpo, con su arma más antigua —los dientes— el cielo, lo elevado, el ideal, el principio masculino, una imagen que transforma la pasividad asociada a lo femenino en una visión dinámica, incluso agresiva, que muestra el esplendor de este poder. Tal poderío, asociado a la actividad, se subraya con el gerundio "cantando".

Las mujeres nómades son el sujeto desplegado en el poema y son definidas a partir de tres sustantivos como "Señoras", "Madres" y "Reinas", que aluden al poder que de ellas emana.

Con "señoras" se refiere al dominio y a la propiedad, en el caso del poema, sobre lo instintivo y natural. Estas señoras son calificadas con un único adjetivo: "oscuras", que se asocia a la noche, a lo secreto, al poder sobre lo que no es evidente, a lo primordial. El uso del gerundio "retornando", expresa un puro presente, sostenido en la visión desplegada en el poema. El retorno es a su lugar de origen representado en la música y el canto, a través de la mención de las flautas hechas de materiales que aluden, en síntesis totalizadora, al reino mineral, vegetal y animal. A continuación, en una extensa serie, son definidas por medio de sustantivos y construcciones sustantivas, que van amplificando y reflejando las distintas y complejas caras que poseen estas mujeres nómades. Esta serie indica elementos femeninos tradicionalmente negativos como la ciega y la bruja, es decir, la mujer que posee una sabiduría ancestral que no siempre ha sabido ser comprendida por los hombres, quienes han tenido miedo de sus poderes. Esta sabiduría apunta a la unidad de lo elevado y lo terreno, a la superación de las antinomias, expresada magníficamente a partir de imágenes de totalidad: "las celebrantes de una ceremonia / que une las águilas y las serpientes" y "las proscritas, las brujas / que han ascendido por el Árbol del Mundo". Finaliza esta estrofa asociando el canto y la danza, y cierra con una imagen, nuevamente, luminosa: "confundidas en un solo esplendor".

La segunda serie corresponde al desarrollo de la imagen de la Madre, asociada fundamentalmente a la creatividad, a la posibilidad de dar vida, tanto corporal como espiritual. La gestación tiene un sentido primordial como podemos suponer a través de la metáfora: "una labor de secreta alfarería / crece bajo la piel". Otra vez aparece el movimiento, también descendente ("mientras descienden), y se hace referencia a imágenes complejas que pueden ser relacionadas con la sensibilidad femenina, con su capacidad de unirse a lo natural ("con sandalias humanas /sensibles como una música de palmas abiertas / que palpan y auscultan / la superficie de la tierra"). La última imagen es totalizadora y unitiva, pues reúne a lo cósmico (volcanes) y lo más pequeño (semillas) en su poder creador: "para conjurar el movimiento de los volcanes / y la floración de la semilla".

Lo religioso aparece de modo diverso por una parte, señora, madre y reina son atributos propios de la Virgen María por otra, hemos aludido a una relación rítmica con la plegaria, especialmente con la letanía. Las mujeres nómades presentan, además, una actitud religiosa, marcada por el gerundio "orando". Se da aquí el apartamiento de lo institucional, de lo tradicional —también de lo masculino—, en la negación de la oración a "Dios Padre", para abrirla a una dimensión más profunda y secreta, asociada a los poderes naturales y a lo femenino ("sino a los poderes minuciosos del mundo / al numen de la montaña / y a la señora de las aguas claras").

La última estrofa desarrolla el término "Reinas", apuntando nuevamente, no tanto al carácter de realeza como a la posibilidad creadora y al dominio de las fuerzas naturales que permiten una creación cósmica como remite la imagen final: "para que el grano despliegue su corazón / para que beban los árboles y las estrellas".

Esta visión compleja de las "mujeres nómades", asociada por otra parte a esta concepción visionaria que caracteriza a la poesía de María Rosa Lojo, se completa, y a la vez duplica, de modo discursivo en el capítulo correspondiente cuando Rosaura describe su experiencia totalizadora. El encuentro inicial está presentado con elementos que son comunes al poema, pues el hada es "despertada" por "el anuncio de un resplandor y un sonido de dijes y cascabeles" (217): la fulguración y el sonido, que despiertan —un verbo no arbitrario— a la doncella mágica. A medida que se acercan, puede distinguir con mayor claridad quiénes son estas mujeres:

> Eran hermosas y casi innumerables, algunas muy jóvenes —hasta había niñas de la mano de sus madres—, otras muy viejas. Otras, como *Elyapé*, mujeres que ya habían dado a luz varias lunas, sin llegar a envejecer. (218)

Esta imagen de las mujeres nómades puede rastrearse, además, en la obra poética de Lojo. Por citar un ejemplo, "Nómades", texto de *Esperan la verde mañana*, asocia a las nómades con la rebeldía, con la capacidad de seguir los propios pasos, el propio camino: "Pero con un oído en rebeldía escucharás el rumor de las nómades que marchan sobre el llano" (Lojo 2011, 113). Esta presencia es, entonces, recurrente y de profundas resonancias en la obra de nuestra autora.

Nos gustaría destacar que, como ya se ha señalado, lo lírico inunda algunos fragmentos dentro del capítulo que adquieren un gran poder evocador a través del ritmo de la prosa y de la concatenación de imágenes. Por ejemplo, cuando Rosaura explica las causas de su permanencia en la Casa de Plata:

> Otra es la causa profunda que me retiene en la Casa tejiendo con lágrimas de plata de la Luna la piel de la mujer mortal para que guíe al varón en el camino de la noche oscura como una gran luciérnaga encendida. Otra es la causa que gasta mis atardeceres, inclinados sobre la tela de la fecundidad y los misterios de la dicha. (2008, 214)

Las repeticiones anafóricas, las imágenes simbólicas, las metáforas del fragmento remiten al lector, a través de su particular cadencia, a la poesía. Similares construcciones de tono lírico encontramos también en la visión de las mujeres nómades en el mismo capítulo:

> Bajaban de las montañas del Sur, demoradas en la primera bruma del amanecer. Bajaban los zarcillos redondos o rectangulares, los pendientes en forma de campana, temblaban las pulseras de cuentas y las ajorcas, los cinturones labrados y los grandes pectorales. Bajaban las cabezas brillantes como lunas, las trenzas envueltas en el *mitrowe* tejido y cubierto de cúpulas de plata, se inclinaban las frentes bajo las cintas argentadas del *trarilonko*. (217)

Nuevamente, las repeticiones anafóricas, dadas por la tercera persona plural del pretérito imperfecto del verbo bajar, sumada a una imagen fragmentaria, dominada por la sinécdoque, nos ponen en presencia de un fragmento fuertemente lírico. Llama la atención esta presentación de las mujeres, en la que se colocan en lugar predominante sus atributos ornamentales (zarcillos, pendientes, pulseras), que componen una imagen donde resalta el brillo de la plata, material de estas alhajas, que convocan nuevamente la imagen del centelleo y la fulguración que inicia el poema ya analizado.

Al inicio del capítulo, la narradora afirma: "Será difícil contar porqué estoy aquí" (214) y, a continuación, en un discurso que hemos visto se vale de un repertorio de figuras poéticas, intenta dar cuenta de una experiencia particular que la arrebata no solo en lo intelectual, sino en la complejidad totalizadora de lo afectivo. Estamos aquí, siguiendo a Rodriguez, en la esfera de lo lírico, pues la voz enunciadora debe transmitir un contenido psíquico que, si bien transcurre en el tiempo, no puede ser totalmente narrado, pues involucra una variada cantidad de estados afectivos, desde el miedo ("Un terror silencioso y desgarrado crecía detrás de los conjuros que iba repitiendo sin éxito mientras el torbellino estrechaba su círculo", 217) hasta la dulce placidez de quien ha hallado definitivamente su lugar en el mundo:

> En cambio yo, tan lejos de todo, encuentro demasiado parecidos estos cerros de piedras poderosas a los que rodeaban el hogar de mi niñez, y no veo distancia entre el muérdago y la encina de los druidas y el *voigue* o el caldén que las *machis* utilizan como escala entre el mundo visible y los compartimientos secretos de los cielos. De alguna manera, estoy en casa, en la Casa de Plata que gobierna las mareas y los mares, en la luz fresca y húmeda que es la cara oculta y fértil del sol furioso. (215)

De este modo, la necesidad de participar esta nueva realidad del alma lleva al narrador a burlar su pacto inicial y proponer al lector otro pacto, más eficaz para lograr la comunicación emotiva.

A lo largo de la novela, ha sido constante la presencia de un enunciador ficcional en primera persona, pues el yo narrador de Rosaura —que nos interesa en este caso— ha sido muy marcado y fuerte a lo largo del discurso. Sin embargo, en el poema que hemos analizado, la voz enunciadora, tan presente anteriormente, se esconde y no puede ser asociada a un yo determinado. En su silencio se universaliza. Si bien el capítulo al que precede está narrado por Rosaura, este poema plantea la ausencia de un sujeto explícito que sea el enunciador de la visión. No obstante, es evidente en el texto la presencia de una mirada que da forma a todo el conjunto y desde cuya perspectiva se organiza la presentación de las distintas imágenes.

Surge aquí la interrogación sobre quién puede ser el sujeto escondido en el poema, pues la expresión de la visión puede ser atribuida no solo a Rosaura, sino también a la misma autora concreta, María Rosa Lojo, pero además, precisamente por la ausencia de marcas del sujeto, al ser femenino universal que participa de esta profunda experiencia vivencial. La mujer ficcional, la mujer real y con ella todas las mujeres —las "nómades"— que alguna vez han iniciado el camino de preguntarse quiénes son pueden ser los sujetos de esta visión. Por ello, tales mujeres, que han sabido cuestionarse y que se han atrevido a hallar modelos femeninos fuera de los discursos estandarizados para tratar de llegar al ser inicial, al principio de todo lo que representa esta fuerza generadora que da ser a las mujeres, pueden identificarse, a través de la universalización propuesta, como Señoras, Madres y Reinas, en suma, fecundas creadoras del propio destino, que no está dicho, sino que debe hallarse y que constituye una experiencia radical y reveladora.

Algunas conclusiones: la imposibilidad de narrar la experiencia profunda

Hemos observado, a partir del análisis del poema que inicia el capítulo "Desde la Casa de Plata", así como de ciertos fragmentos incluidos dentro de la narración en el mismo capítulo, que la voz narradora se eclipsa y recurre a un nuevo pacto, el lírico, para poder expresar una vivencia raigal y muy profunda que se relaciona estrechamente con la experiencia de la propia identidad. Esta visión, desplegada en lo lírico, se une a la revelación de la identidad que aparece asociada simbólicamente con el canto y la danza, el tejido y con las labores creativas que surgen del interior femenino.

En este momento en que se descorre el velo y se manifiesta la verdad del ser, el contar se torna difícil, pues es necesaria la expresión, la transmisión, a través del contenido más concreto del poema, de una experiencia que involucra no solo lo intelectivo, sino el cuerpo en su totalidad, con la potencialidad de sus sentidos abiertos a todo lo que lo rodea. Ya no se cuenta, sino que se expresa, una emoción que lleva a un pacto diferente que atrae la atención del lector sobre la palabra, sobre la imagen y el símbolo, que amplía y hace explotar también los significados.

La experiencia de la identidad, de la revelación del ser verdadero del individuo en todo su esplendor, se asocia en esta obra de Lojo —y podríamos hacerla extensiva a otras obras— a lo lírico, al poder creador y sanador de la palabra, a la fulguración de la visión que no puede ser explicada, sino que debe ser mostrada en todo su esplendor. En esta palabra lírica, que despliega el encuentro de la protagonista con las mujeres primordiales del pueblo ranquel, se produce entonces un nuevo encuentro revelador, ahora entre el lector y la obra, una comunión de almas entre este y el autor.

Notas

1 Obsérvese que en el poema el gerundio "orando" está en una posición central, ocupando él solo todo un verso.

Referencias bibliográficas

Aran, Pampa. 2007. "De la Argentina y sus fantasmas…". En *María Rosa Lojo: la reunión de lejanías*. Editado por Juana Alcira Arancibia, Malva E. Filer y Rosa Tezanos-Pinto, 121-134. California: Instituto Literario y Cultural Hispánico.

Cebrelli, Alejandra. 1997. "*La Pasión de los nómades* o las fronteras de la memoria". En *Mujer, historia y cultura*. Editado por Florencia Ferreyra de Cassone y Gladys Granata de Egües, 93-100. Mendoza: Grupo de Estudios sobre la Crítica, Municipalidad de Mendoza, Zeta Editores.

Crespo Buiturón, Marcela. 2007. "María Rosa Lojo: en las fronteras de lo autobiográfico". En *María Rosa Lojo: la reunión de lejanías*. Editado por Juana Alcira Arancibia, Malva E. Filer y Rosa Tezanos-Pinto, 33-51. California: Instituto Literario y Cultural Hispánico.

Grando, Diego. 2008. *Mais eus do que eu: Sujeito lírico, alteridade, multiplicidade*. Porto Alegre: Pontificia Universidade Católica Do Río Grande do Sul, Faculdade de Letras, Programa de Pós-graduacao em Letras. Consultado 3 marzo 2015. <http://tede.pucrs.br/tde_arquivos/16/TDE-2008-09-17T053427Z-1502/Publico/404761.pdf>.

Depetris, Carolina. 2004. "La inexorable tentativa de la poesía: preguntas a María Rosa Lojo". En *RILCE* 20. 2: 191-198. <www.mariarosalojo.com.ar/sobre/entrevistas_sobre.htm>.

Lojo, María Rosa. 2008. *La pasión de los nómades*. Buenos Aires: De Bolsillo.

Lojo, María Rosa. 2011. *Bosque de ojos: Microficciones y otros textos breves*. Buenos Aires: Sudamericana.

Maingueneau, Dominique. 1999. *Términos claves del análisis del discurso*. Buenos Aires: Nueva Visión.

Molina, Hebe Beatriz. 2010. "La poética de la rosa: Modulaciones de la ficción histórica en María Rosa Lojo". En *Poéticas de autor en la literatura argentina (desde 1950)*. Vol. II. Editado por Víctor Zonana y Hebe Beatriz Molina, 165-226. Buenos Aires: Corregidor.

Noguerol Jiménez, Francisca. 2007. "Aguijones de luz: imagen y minificción en los textos breves de María Rosa Lojo". En *María Rosa Lojo: la reunión de lejanías*. Editado por Juana Alcira Arancibia, Malva E. Filer y Rosa Tezanos-Pinto, 79-95. California: Instituto Literario y Cultural Hispánico.

Rodríguez Francia, Ana María. 1995. *Perspectivas religiosas en la poesía argentina; Alfredo R. Bufano, Francisco L. Bernárdez, María Rosa Lojo*. Buenos Aires: Francotirador.

Sauter, Silvia. 2007. "María Rosa Lojo: Escritora visionaria". En *María Rosa Lojo: la reunión de lejanías*. Editado por Juana Alcira Arancibia, Malva E. Filer y Rosa Tezanos-Pinto, 33-51. California: Instituto Literario y Cultural Hispánico.

Videla de Rivero, Gloria. 2007. "Ojos que miran el todo: en torno a la narrativa histórica argentina reciente". En *María Rosa Lojo: la reunión de lejanías*. Editado por Juana Alcira Arancibia, Malva E. Filer y Rosa Tezanos-Pinto, 237-253. California: Instituto Literario y Cultural Hispánico.

Zonana, Víctor Gustavo. 2010. "De 'Arte poética': Estudio a partir de un corpus de textos líricos argentinos contemporáneos". En *Poéticas de autor en la literatura argentina (desde 1950)*. Vol. II. Editado por Víctor Zonana y Hebe Beatriz Molina, 407-489. Buenos Aires: Corregidor.

Diálogo de voces

Marcela Crespo Buiturón
CONICET
Instituto de Filología y Literaturas Hispánicas "Dr. Amado Alonso" (UBA)
Universidad del Salvador

M.C.B.*: Al leer las voces de los autores que componen el volumen y pensando en mis propias lecturas sobre su obra, me resultan evidentes varios tópicos recurrentes: los problemas identitarios relacionados con la inmigración y el exilio, el cuestionamiento a las dicotomías (civilización/barbarie, femenino/masculino, centro/margen, entre otras) y una problemática relación tanto entre generaciones (padres e hijos) como con lo sagrado (que es, en cierta forma, con el "Padre"). Sería lícito decir, entonces, que estos temas pueden considerarse tres ejes vertebradores de muchos —si no todos— de sus escritos. Aunque, pensándolo bien, cada uno de ellos es parte de un engranaje mayor, piezas de una suerte de maquinaria que pone en funcionamiento en sus textos. Facetas que atestiguan, denuncian y añoran una antigua unidad perdida... El desgarro de la fragmentación que supone la pérdida de la patria, la pertinencia de los sospechosos opuestos, la difícil comunicación y acuerdo entre padres e hijos, las preguntas sin respuesta acerca de lo sagrado... No sostengo que no haya más temas, porque los hay, desde luego, pero considero que, de una u otra forma, aquellos subyacen en cada una de sus propuestas creativas. Si me lo permite, entonces, le propongo

---

* Las iniciales utilizadas en este diálogo corresponden a: M.C.B., Marcela Crespo Buiturón; M.R.L., María Rosa Lojo.

que transitemos, en diálogo con los críticos que han abordado su obra en este libro, esos tres ejes.

Su obra puede, en algún sentido, leerse como una incesante búsqueda para resolver el conflicto identitario de la "exiliada hija"[1]. El camino ha sido largo y la ha conducido a una imagen muy rica: el corredor, el cual, por una parte, puede considerarse, como dice Antonio Esteves en este volumen, un "corredor comunicativo que integra las dos culturas" o, como lo he pensado yo misma en algún momento, un espacio que sugiere, contrariamente, la imposibilidad del regreso del exilio, un lugar de permanente tránsito, un *entrelugar*, en realidad, donde, como dice Rosa en *Árbol de familia*, "no hay descanso" (Lojo 2010, 138). Ese mismo corredor reaparece en su última novela, pero esta vez "no la llevará al pasado añorado por sus padres, a la lejana tierra perdida, sino al presente convulsionado de la Argentina" (Crespo Buiturón 2014, 232). Se me ocurre que el corredor ha devenido en una suerte de personaje siniestro, familiar para los exiliados (sobre todo para los herederos), que aparece o permanece oculto, pero que, de vez en vez, muestra su lado oscuro, amenazante, y que, de alguna manera, denuncia el vaivén de la marea, el infinito conflicto que no se acabará nunca, porque solo la restitución de la unidad perdida podría resolverlo.

M.R.L.: Me parece que el corredor es las dos cosas: un espacio ambivalente, como el dios Jano, del cual también se habla en la novela, justamente en ese capítulo: "Volveré yéndome. Me partiré volviéndome. Como Jano, el dios de dos caras, el de las puertas y las llaves, el de los comienzos y los finales, el que tiembla entre el presente y el porvenir". Es un lugar de creación, pero también de extrañamiento, confusión y pérdida. Es un espacio de alumbramiento y de duelo. Refleja una situación pendular, un conflicto que, en efecto, no tiene solución. Pero en ese mismo vaivén, creo, está su gran riqueza, su poder inquietante y proactivo, que genera incesantemente nuevos textos, nuevas formas de interrogación y de creación.

M.C.B.: Otro de los ejes mencionados al comienzo —su afán por, si no la disolución de las dicotomías, al menos, por su problematización, que en cierto modo se vincula con el eje anterior, ya que supone también el cuestionamiento de la oposición entre lo propio y lo ajeno, siempre presente en el exilio— cobra gran envergadura en su obra, principalmente a partir de la revisión de las antinomias civilización/barbarie, lo femenino/lo masculino y el centro/el borde o margen. Metaficcionalmente, usted lo resuelve en una imagen reelaborada del símbolo como lugar de encuentro de opuestos (Lojo 1997) y, en sus ficciones, a través de personajes ubicados en bordes sospechosos (los hermanos Mansilla, Victoria Ocampo, etc.), como lo advierte Leonardo Graná en su artículo: "el personaje gallego-irlandés-ranquel de Rosalind Kildare Neira / Pregunta Siempre (…) en su largo relato de cautiverio (…) ofrece una posible aceptación: el asentarse en la integración del humano en lo animal y lo universal, comprender el todo como trama mayor que sosiega la perspectiva humana".

¿Podemos pensar que, siguiendo esta línea abierta, se puede identificar una peculiar problematización de la concepción de frontera que ha regido gran parte de sus reflexiones teóricas y elaboraciones ficcionales?

M.R.L.: No conozco otra vida que no sea la de frontera. No imagino otro lugar posible para mí. Es un lugar un tanto incómodo, en lo práctico y en lo abstracto. Y mucho más, en un país como la Argentina, siempre dividido en terribles polarizaciones. Sufro a menudo la tentación del escape. Dejar de problematizar, dejar de cuestionar, dejar de preguntar. Dejar de mezclar. Quedarme quieta de una vez, pertenecer a un bando, a un lado, ponerme un rótulo. Qué cómodo sería, pienso. Qué alivio, qué respiro. Pero no puedo. El alivio duraría poco. Tendría que entrar en el corsé. Condenarme a la inmovilidad, dejar de ir y de venir, abandonar la mirada múltiple, poliédrica, panorámica. Eso que llamé una vez "escribir con ojos de libélula". Un tema recurrente, que reaparece, con humor, en el *Libro de las Siniguales y del único Sinigual* (2016), cuando se dice que el único Sinigual (el ser más singular entre las que ya son singulares) hará cualquier esfuerzo para poder aparearse con una libélula, aunque eso lo obligue a volar a velocidades portentosas. De lo contrario, tendrá que conformarse con otra especie de insectos, las Señoritas, "semejantes, pero de vuelo más corto y más lento, que poseen solo convencionales ojos separados, en vez de los ojos multifacéticos de las libélulas que rodean su cabeza como una corona y que les permiten ver el mundo hacia adelante y hacia atrás y hacia los costados, como el ojo omnisciente de un satélite".

Pese al precio, quiero esos ojos que abarcan el todo, la multiperspectiva, y por lo tanto, ven el territorio planeando por encima de él, más allá de los límites. Ven el globo terráqueo y sus relieves, no el horizonte plano.

No todos aceptan esa transgresión de las fronteras ni entienden tampoco las fronteras como zonas porosas, de interacción, fluidez, transculturalidad, hibridación. Sigo habitando y escribiendo en esa zona donde las aparentes lejanías se vuelven cercanas, donde el ser se abre, se dan de nuevo las cartas de la baraja, se avanza hacia el oxímoron, se derrota la simplificación del pensamiento binario. No todos lo aceptan y las preguntas taxativas suelen acorralarme. Quiero el "y", aunque corro el riesgo de que me acusen de "ni", en casi todos los planos. Pero, al final, dirán o dicen algunos, esta, ¿quién es?, ¿qué hace?: ¿es argentina o gallega?, ¿creadora o crítica?, ¿poeta o prosista?, ¿"civilizada" que reivindica a los "bárbaros"?, ¿posmoderna o antigua?, ¿erudita que apela también a formas de la cultura popular?, ¿atea o creyente?, ¿memorialista o novelista?, ¿historiadora o narradora? ¿Dónde la pongo, cómo la leo?

M.C.B.: Como decía anteriormente, parecen piezas de una maquinaria muy elaborada... Una serie de eslabones, el tercero de los cuales, igualmente ligado a los anteriores, es la conflictiva relación entre padres e hijos, de la figura materna frente a la paterna, de Dios, que es ese otro Padre... Sonia Jostic, en su trabajo, sostiene: "Si las Siniguales *contadas* son una metáfora de una *galleguidad* lejana y añorada, las Siniguales *vistas* son una cifra de lo ominoso, de lo sagrado en toda la dimensión de su ambigüedad (lo 'santo', pero también lo 'execrable')". Esta investigadora condensa, en la figura de esas meigas/hadas, las raíces ancestrales de su padre y del otro Padre, es decir, de lo sagrado. Yo agregaría que también condensan la relación madre-hija. La figura de la madre, que no parecería estar muy presente en este libro, está —creo— en cada página... En la lengua y la literatura heredadas[2], en el propio vínculo que supone el texto: usted ha elaborado las Siniguales contadas, y su propia hija, las vistas... Ser madre, ser hija, ser humana frente a lo sagrado...

M.R.L.: Es muy iluminadora la reflexión de Sonia Jostic. Ante todo, no se trata meramente de un "libro ilustrado", sino de una co-creación. Hubo siempre un ida y vuelta, un doble estímulo entre imagen y texto. Las palabras provocaron imágenes, y las imágenes, palabras. Pero los resultados estéticos son paralelos: cada plano tiene su propio lenguaje. Sí, es probable que las Siniguales resulten especialmente ominosas *vistas*, más que *narradas*. La figura de la madre no puede estar más presente, ya que se trata de un mundo femenino, con un solo macho que no se reproduce dentro de su especie: es el Sinigual, extraño entre extrañas. Después de terminado el libro, empecé a hilar reflexiones sobre ese linaje de seres que habíamos creado con mi hija Leonor. Es como una utopía colectiva de poder femenino. Pero no de poder sobre otros, sino, ante todo, de autonomía: las Siniguales no necesitan de un macho para reproducirse. Fabrican su propia descendencia: la tejen, la cosen, la ensamblan, y eso se decide comunitariamente. Son autónomas también en lo que hace al placer y a la relación con lo sagrado: se conectan con la música del universo mediante la práctica de la levitación. El Sinigual, por su parte, puede engendrar, pero no solo: necesita una libélula. La milagrosa combinación de estos seres genéticamente incompatibles produce un ser extraordinario, monstruoso para unos, belleza única o sorprendente obra vanguardista para otros...Como sucede, quizás, con todo lo creado. Seguramente los humanos les pareceremos criaturas horrendas y rarísimas a las cucarachas o las serpientes.

La vida es absolutamente diversa y misteriosa en su diversidad. Las madres, como las Siniguales, alumbran y resisten a la destrucción. Quizás las Siniguales responden, de esta manera, a la madre suicida de *Árbol de familia* y de *Todos éramos hijos*. La negación de la vida por parte de la madre, que la da, equivale al "desnacer" y a la anulación del hijo (en particular, de la hija). No hay nada más aterrador que la madre cuando deshace su propia creación. No hay nada que provoque una experiencia de abismo semejante.

M.C.B.: En cierto modo, lo hablado hasta aquí explicaría lo que sostiene Jorge Bracamonte: "… formas genéricas clásicas, provenientes de la extensa y espesa historia literaria —tradición— se ven renovadas, resultan actualizadas para una nueva recepción, por su enlace con un trabajo poético y simbólico singular. Tal vez sin filiarse como surrealista, dicho trabajo en Lojo, para densificar la ambigüedad, es tributario de tradiciones altamente simbólicas, mixturadas, heterodoxas, como el gótico y lo neorromántico que, a su vez, explica por qué se revalorizan aquellas formas antiguas y medievales del relato —lo alegórico, lo parabólico—, pero para reconectarlas con nuevas posibilidades de sugestión". Otras formas de enfocarlo, pero en las que subyace una idea solidaria, son la propuesta del quiebre del pacto narrativo que plantea Fabiana Varela, o la consideración de su última novela *Todos éramos hijos* como "testimonio, autoficción y profundamente catártica" de Malva Filer .

Es decir que aquella concepción de frontera que podemos pensar en sus personajes o imágenes ficcionales tiene su forma especular en su estética, en la imprecisión de géneros literarios que registra su obra.

M.R.L.: Sí, desde luego. La imprecisión de géneros es fundamental. Creo que mis libros son difíciles de "etiquetar". Pienso en las "brevedades" líricas y narrativas de *Bosque de ojos*, en *Cuerpos resplandecientes* (con su deliberada mixtura de ficción y ensayo, que también se da en *Historias ocultas en la Recoleta* y en *Amores insólitos*). La reflexión ensayística, la lectura del canon literario argentino a contrapelo están muy presentes en *Las libres del Sur*. *Árbol de familia*: ¿es novela o corpus de relatos breves enlazados por el hilo tenue de una narradora que se esconde? El *Libro de las Siniguales*, ¿es para niños o para adultos? Sus textos, ¿son micrrorelatos o poemas? *La pasión de los nómades*, ¿pertenece a la ficción histórica o a la maravillosa? ¿Qué es *Todos éramos hijos*: memoria, ficción, autoficción, novela histórica? Y creo que tiene mucha razón Jorge Bracamonte cuando se refiere a la relación de fondo con el surrealismo y a la impregnación general de lo poético-simbólico en todas esas formas genéricas.

Lo cierto es que me pasé la vida "entre", en el cruce: de géneros, de mundos culturales, de tantas cosas. A veces siento que eso me expulsa de circuitos de lectura o de "canonización". Otras, que me abre puertas y vasos comunicantes muy enriquecedores y sorprendentes, y que me conecta con lectores agudos y nada convencionales dispuestos a aceptar ese desafío.

M.C.B.: Tal vez lo que se esconde detrás de todo tiene mucho que ver con lo que sostiene Marina Guidotti en su artículo: "Lojo ha apelado tanto a la memoria histórica como a la artística para desarticular una manera única de leer la realidad —la trazada por el pensamiento hegemónico— al proponer historias particulares centradas en vidas de mujeres que se convierten en sujetos de sus investigaciones por haber ocupado lugares de privilegio o de marginación social, económica y cultural. Y, a través de diversas estrategias narrativas, y con la voz y la mirada de una mujer en los albores del siglo XXI, sostiene que nociones como 'subalternidad', 'marginación', 'lucha contra el discurso patriarcal' deben ser expuestas y discutidas", ofreciendo, como propone María Laura Pérez Gras, "un discurso coral".

En última instancia, quisiera cerrar este volumen —de momento: esperemos continuar en el futuro con el largo y fructífero diálogo que abrimos hace ya algunos años usted y nosotros, sus lectores—, sugiriendo un posible motor para mover esta maquinaria ficcional y metaficcional que ha ido elaborando en su carrera de escritora e investigadora: un cierto hastío y rebeldía frente a los discursos de la historia oficial y del canon, que, en su afán de homogeneización y control, desconocen las diferencias significativas y esconden las inevitables ambigüedades, simplificando excesiva y tendenciosamente la complejidad de los fenómenos y del ser humano, y escondiendo un entramado de poder que ha regido la forma en que debemos leer la realidad y la literatura argentina. ¿Podría ser?

M.R.L.: Por mi parte, no puedo estar más agradecida por las posibilidades que me abre este diálogo con ustedes. Es realmente un privilegio tener lectores semejantes. Estoy de acuerdo con el posible motor que sugiere. A través de la ficción y de la crítica (que, en mi caso, suelen cruzarse dentro de los mismos libros), intento, creo, una empresa que suelo llamar "La Argentina reescrita" (parafraseando la crónica fundacional de Ruy Díaz de Guzmán por tanto tiempo designada como "La Argentina manuscrita"). Siempre pensé en publicar un libro de ensayo con este título, reuniendo mucha obra de investigación literaria que fui haciendo, dentro de una línea, a lo largo de años. Pero a lo mejor no es necesario, porque, como decía George Steiner, la mayor potencia crítica se halla en las ficciones que dialogan con otras dentro de una tradición literaria.

A propósito, no me gusta pensar en esa tradición como en un "sistema literario". El famoso "sistema literario argentino" que, al final, funciona como un aparato cerrado con gente adentro y gente afuera, con libros "aprobados" y otros en el Índex de la crítica hegemónica. Pensemos, mejor, en polisistemas que interactúan. O en el libre diálogo de los escritores argentinos con la tradición universal, como lo señalaba Borges, y como lo dijo y lo practicó también Leopoldo Marechal.

Por otra parte, es verdad lo que apunta Marina Guidotti: también se trata de un proyecto que instala la perspectiva femenina en sus singularidades (obviamente, las mujeres no escriben todas igual ni quieren o piensan las mismas cosas) y por derecho propio. Lo que llamamos perspectiva de género no es demasiado común en nuestra literatura, marcada a fuego por un sello varonil y cuyas figuras centrales son autores varones.

Notas

1   María Rosa Lojo propone esta inversión de términos en su "Mínima autobiografía de una exiliada hija". Una posible lectura de este texto y de otros de la autora –y que ha sido un eje vertebrador de mi tesis doctoral- es que los hijos de exiliados, sometidos a la experiencia del desarraigo y del incansable afán de

regreso a la Patria, a las ansias por irse de una provisoria tierra accidental de acogida, han heredado, en cierta forma, esta fragmentación y han dejado de ser hijos de exiliados para convertirse en exiliados hijos, como bien lo explica Lojo: "El exilio en primer lugar, como articulación sustantiva de la vida, como ubicación fundadora de la existencia" (Lojo 2006, 87)

2   Recuerdo que la segunda parte de su libro *Árbol de familia* se titula, justamente, "Lengua Madre" y en esta sostiene que lo que le ha quedado a Rosa, su protagonista, de la madre fueron los libros (Lojo 2010, 153).

Referencias bibliográficas

Crespo Buiturón, Marcela. 2014. "Recuperar la voz en el exilio: apostillas a la última novela de María Rosa Lojo. *Gramma* XXV.53: 231-234.

Lojo, María Rosa. 1997. *Sábato: en busca del original perdido*. Buenos Aires: Corregidor.

Lojo, María Rosa. 2006. "Mínima autobiografía de una 'exiliada hija'". *L'exili literari republicà*. Editado por Manuel Fuentes y Paco Tovar, 87-96. Tarragona: Universitat Rovira i Virgili.

Lojo, María Rosa. 2010. *Árbol de familia*. Buenos Aires: Sudamericana.

Autores

JORGE BRACAMONTE. Doctor en Letras Modernas y Profesor Titular de Literatura Argentina III, Escuela de Letras, Universidad Nacional de Córdoba. Sus principales campos de investigación son la Literatura Argentina y Latinoamericana. Investigador de Carrera del CONICET, ha sido becario de este organismo de investigación, de la Fundación Antorchas y de la Secretaría de Ciencia y Tecnología de la Universidad Nacional de Córdoba (SeCyT-UNC). Codirige la Colección Ediciones Académicas de Literatura Argentina (EALA) de editorial Corregidor, que dirige María Rosa Lojo. Integra el Consejo de Dirección del IDH, CONICET y el Comité Académico del Doctorado en Letras, en la UNC. Además de artículos en volúmenes colectivos y revistas nacionales e internacionales como *Revista de Crítica Literaria Latinoamericana*, *Revista Iberoamericana*, *Anclajes*, *El hilo de la fábula*, *Ciberletras*, *Zibaldone*, *Landa*, *Revista Canadiense de Estudios Hispánicos*, *Silabario*, *Gramma*, *Revista de Literaturas Modernas* y *Jornaleros*, entre otras; ha publicado los libros *Los códigos de la transgresión. Lengua literaria, lengua política y escritura contemporánea en la narrativa argentina* (2007); *Contra la mediocridad. Individuo, multitud y Estado en cuatro ensayistas argentinos* (2009) y *Macedonio Fernández: una pasión teórica. Conocimiento, ciencias, arte y política* (2010). En co-dirección con María Marengo, en 2014 publicaron por Alción editora el libro grupal *Juegos de espejos. Otredades y cambios en el sistema literario argentino contemporáneo*.

MARCELA CRESPO BUITURÓN. Doctora en Filología Hispánica por la Universidad de Lleida (España); coordinadora del Área de Letras del Instituto de Investigaciones de Filosofía, Letras y Estudios Orientales de la Universidad del Salvador (USAL), e investigadora del Consejo Nacional de Investigaciones Científicas y Técnicas (CONICET) y de la Universidad de Buenos Aires (UBA). Actualmente dirige el proyecto «Identidades fronterizas en las literaturas argentina y brasilera: territorio, lengua y otros espacios de encuentro con la alteridad», en el marco del proyecto Urban Dynamics, financiado por el Programa Erasmus e integrado por la Universidad Christian-Albrecht zu Kiel, de Alemania; París 8 de Francia; la Universidad Federal de Pernambuco, de Brasil; y la Universidad de Santiago de Compostela, de España. Ha impartido conferencias y participado en varios equipos de investigación en universidades argentinas y españolas. Es docente del Doctorado en Letras, profesora titular de Teoría Literaria y editora de la revista *Gramma* de la Facultad de Filosofía, Letras y Estudios Orientales de la USAL. Ha publicado artículos de investigación en revistas especializadas y volúmenes temáticos, y los libros: *Andar por los bordes. Entre la historia y la ficción: El exilio sin protagonistas de María Rosa Lojo* (2008), *Buenos Aires: La orilla frente al abismo. Sujeto, ciudad y palabra en el exilio argentino* (2009), *La memoria de la llanura: Los marginales usurpan el protagonismo de la Historia* (2012) y *Avatares de un sujeto a la deriva* (2013).

ANTONIO R. ESTEVES. Doctor en Literaturas Hispánicas por la Universidad de San Pablo (USP). Es profesor de la Facultad de Ciencias y Letras, UNESP-UniversidadeEstadual Paulista, Campus de Assis, Estado de San Pablo (Brasil), donde se desempeña como docente en las carreras de grado y en posgrado (Maestría y Doctorado). Además de profesor y crítico, ha traducido varias obras al portugués, entre las que se encuentra *Lazarillo de Tormes*, con Heloísa Costa Milton (2005). Estudioso de la novela histórica contemporánea y de literatura comparada (especialmente, de las relaciones entre literatura e historia, literatura y cine, y género y frontera), tiene varios trabajos publicados, entre libros, capítulos de libros y artículos, de los cuales se destacan *Ficção e história. Leituras de ro-*

mances contemporâneos (2007), junto con Ana Maria Carlos, y *O romance histórico brasileiro contemporâneo 1975-2000* (2010). Se desempeñó como profesor en el Centro de Estudios Brasileños de la Universidad de Salamanca (España), durante 2002-2003. Miembro de varias asociaciones, entre ellas, la Asociación Internacional de Hispanistas (AIH), fue presidente de la Asociación Brasileña de Hispanistas (ABH), bienio 2008-2010.

MALVA E. FILER. Egresada de la Facultad de Filosofía y Letras de la Universidad Nacional de Buenos Aires y con doctorado de Columbia University, Nueva York. Es profesora en la City University of New York (Brooklyn College y Graduate Center). Ha publicado *Los mundos de Julio Cortázar* y *La novela y el diálogo de los textos. Zama de Antonio Di Benedetto,* ediciones críticas de *Maluco. La novela de los descubridores* de Napoleón Baccino Ponce de León y de *Una mujer de fin de siglo* de María Rosa Lojo, *Voces de Hispanoamérica: Antología literaria* (con Raquel Chang-Rodríguez), la colección de ensayos críticos *María Rosa Lojo: La reunión de lejanías* (como co-compiladora y autora), ensayos (en español y en inglés) incluidos en libros de critica sobre la obra de Borges, Cortázar, Fuentes, Vargas Llosa y Sarduy, además de artículos publicados en libros y revistas literarias sobre los autores ya mencionados y sobre Luisa Valenzuela, Mario Levrero, Mempo Giardinelli, Carlos Franz, Elvio Gandolfo y otros escritores hispanoamericanos contemporáneos.

LEONARDO GRANÁ. Corrector literario, licenciado y profesor en Letras por la Universidad del Salvador (USAL, Argentina). Actualmente se desempeña en la misma institución como investigador en el Instituto de Filosofía y Letras y como profesor adjunto de Seminario de Literatura Argentina, Introducción a la Literatura I y II y Taller de Normativa y Corrección. Es magíster en Sociología de la Cultura y Análisis Cultural por la Universidad Nacional de San Martín (IDAES-UNSAM, Argentina). Integra el grupo de investigación: «Identidades fronterizas en las literaturas argentina y brasilera: territorio, lengua y otros espacios de encuentro con la alteridad», en el marco del proyecto Urban Dynamics, financiado por el Programa Erasmus e integrado por la USAL; Universidad Christian-Albrecht zu Kiel, de Alemania; París 8 de Francia; la Universidad Federal de Pernambuco, de Brasil; y la Universidad de Santiago de Compostela, de España.

MARINA LILIANA GUIDOTTI. Doctora en Letras por la Universidad del Salvador (USAL). Profesora titular de las cátedras de Literatura Argentina, Literatura Iberoamericana y los Seminarios de Literatura Argentina e Iberoamericana, y docente en el Posgrado: Especialización en la Enseñanza del Español para Extranjeros, USAL. Es secretaria de redacción de la revista *Gramma*, Escuela de Letras, USAL. Es miembro de la Academia Norteamericana de la Lengua (ANLE). Se desempeñó como asistente de dirección de la Dra. M. R. Lojo en la reedición crítica de la novela *Lucía Miranda* (1860) de Eduarda Mansilla (2007), PIP n° 5878, CONICET: *Los hermanos Mansilla, edición de textos inéditos u olvidados*; también en la edición del *Diario de viaje a Oriente (1850-51) y otras crónicas del viaje oriental* (2012) de Lucio V. Mansilla. Ha publicado la edición crítica *Escritos periodísticos completos (1860-1892) de Eduarda Mansilla* (2015), PIP n° 0286, CONICET: *Eduarda Mansilla: la biografía. Redes familiares y amicales. Los epistolarios. Los escritos dispersos. Hacia un estudio crítico integral*. Formó parte del proyecto interuniversitario ítalo-argentino: "Las damas del mar. Viajeras, emigrantes, literatas y artistas desde y hacia el cono Sur en los siglos XIX y XX" (2016). Es coautora del libro *Los "gallegos" en el imaginario argentino. Literatura, sainete, prensa* (2008). Autora de artículos críticos en revistas nacionales e internacionales; ha participado en volúmenes colectivos sobre la obra de M. R. Lojo: *María Rosa Lojo: la reunión de lejanías* (2007); *Identidad y Narración en carne viva. Cuerpo, género y espacio en la novela argentina 1980-2010* (2010). Su tesis doctoral versó sobre *El imaginario de la inmigración española ("los gallegos") en el sainete argentino*, 2010.

SONIA JOSTIC. Licenciada en Letras por la Universidad del Salvador (USAL), donde se desempeña como docente e investigadora. Se encuentra a cargo de las cátedras de Literatura Iberoamericana II y de Seminario de Literatura Iberoamericana. Forma parte del grupo de investigación «Identidades fronterizas en las literaturas argentina y brasilera: territorio, lengua y otros espacios de encuentro con la alteridad», dirigido por la Dra. Marcela Crespo. Tiene en curso su Tesis de Maestría en Sociología de la Cultura y Análisis Cultural (Universidad Nacional de San Martín), dirigida por el Dr. Pablo Alabarces. Sus artículos aparecen en publicaciones especializadas del ámbito nacional e internacional. Asimismo, participa activamente en congresos de proyección nacional e internacional.

María Rosa Lojo. Doctora en Letras por la Universidad de Buenos Aires. Investigadora principal del Consejo Nacional de Investigaciones Científicas y Técnicas (CONICET), con sede en la Universidad de Buenos Aires. Profesora del Doctorado y miembro de la Comisión de Doctorado en la Universidad del Salvador. Miembro correspondiente de la Academia Norteamericana de la Lengua Española. Publicó los libros *La 'barbarie' en la narrativa argentina (siglo XIX), Sábato: en busca del original perdido, El símbolo: poéticas, teorías, metatextos, Cuentistas argentinos de fin de siglo* como única autora y *Los 'gallegos' en el imaginario argentino. Literatura, sainete, prensa* e *Identidad y narración en carne viva*, como directora de investigación y coautora. Dirigió tres ediciones críticas: *Lucía Miranda* (1860), de Eduarda Mansilla; *Sobre héroes y tumbas*, de Ernesto Sábato (Colección Archivos), y *Diario de viaje a Oriente (1850-51)*, de Lucio V. Mansilla. Acredita más de ciento setenta publicaciones de investigación, entre artículos en revistas especializadas, capítulos de libros y actas de congresos. Ha sido miembro en numerosas ocasiones de la Comisión Asesora del CONICET en su especialidad. Ha dirigido Proyectos de Investigación Plurianual del CONICET (PIP) y otros proyectos nacionales e internacionales. Es conferencista y profesora visitante en universidades argentinas y extranjeras. Es directora general de la Colección EALA: Ediciones Académicas de Literatura Argentina, siglos XIX y XX, y de la Colección de ensayo La vida en las pampas, ambas en la editorial Corregidor. Autora de una extensa obra ficcional, traducida a varios idiomas, recibió múltiples reconocimientos, entre ellos el Premio Kónex, la Medalla del Bicentenario (2010) y el Premio a la Trayectoria en Literatura de APA (Artistas Premiados Argentinos) en 2014.

María Laura Pérez Gras. Doctora en Letras (USAL, 2013), investigadora del Consejo Nacional de Investigaciones Científicas y Técnicas (CONICET), profesora e investigadora de la Facultad de Filosofía, Letras y Estudios Orientales de la Universidad del Salvador. Tiene a su cargo las cátedras de Literatura Argentina, Metodología de la Investigación Literaria y el Seminario de Literatura Argentina en la Delegación Pilar de la Universidad del Salvador. Obtuvo y completó dos becas doctorales del CONICET. Recibió el Diploma de Honor de la Academia Argentina de Letras por mejor promedio en 2004. Se especializa en el relato de viaje, las escrituras del cautiverio y la literatura argentina decimonónica. Realizó con María Rosa Lojo y equipo las ediciones críticas: *Lucía Miranda*, de Eduarda Mansilla (Iberoamericana-Vervuert, 2007), y *Diario de viaje a Oriente (1850-51) y otras crónicas del viaje oriental*, de Lucio V. Mansilla (Corregidor, 2012); y co-editó con María Rosa Lojo el volumen colectivo *Identidad y narración en carne viva* (Universidad del Salvador, 2010), en un proyecto bilateral con la Universidad de Toulouse-Le-Mirail, Francia. Es autora del libro *Relatos de cautiverio. El legado literario de tres cautivos de los indios en la Argentina del siglo XIX* (2013), publicado en la Biblioteca Virtual Miguel de Cervantes, y decenas de artículos publicados en libros y en revistas científicas, así como también en actas de congresos, jornadas y simposios. Actualmente, trabaja en la edición crítica de los manuscritos del ex cautivo Santiago Avendaño (CONICET/USAL).

Fabiana Inés Varela. Profesora y licenciada en Letras, egresada de la Facultad de Filosofía y Letras de la Universidad Nacional de Cuyo y doctora en Letras por la misma Universidad. Es investigadora adjunta del Consejo Nacional de Investigaciones Científicas y Tecnológicas (CONICET) y se desempeña como asociada de la Cátedra de Literatura Argentina II y por extensión en la de "Técnicas de Estudios y Metodología de la Investigación Científica", ambas de la Universidad Nacional de Cuyo. Actualmente es además subsecretaria de Extensión Universitaria de la Facultad de Filosofía y Letras de la UNCuyo. Ha realizado estudios en el campo de la literatura mendocina, especializándose en las manifestaciones literarias del siglo XIX y las relaciones entre literatura y periodismo, y en el campo de la narrativa argentina contemporánea. En estos momentos sus investigaciones oscilan entre la poesía romántica en Mendoza y el ahondamiento en la narrativa breve de Antonio Di Benedetto. Es autora de *Sencillo y de poco aparato; literatura y costumbres mendocina (1852-1884)*, *El Constitucional de los Andes; el periodismo en Mendoza entre 1852 y 1884* y coautora de *Literatura de Mendoza; espacio, historia y sociedad* (tomos II y III), también ha participado en libros colectivos como *Literatura de las regiones argentinas* (editado por Gloria Videla de Rivero y Marta Castellino) y *Poéticas de autor en la literatura argentina (desde 1950)* (dirigido y editado por Víctor Gustavo Zonana). Ha publicado artículos sobre los temas de su especialidad en diversas revistas nacionales y extranjeras.

Anexo
Bibliografía crítica sobre la obra de María Rosa Lojo

Libros publicados

Arancibia, Juana A., Malva Filer y Rosa Tezanos-Pinto, eds. 2007. *María Rosa Lojo: la reunión de lejanías*. Westminster: Instituto Literario y Cultural Hispánico de California.

Crespo, Marcela. 2013a. *Avatares de una identidad a la deriva. Apostillas al horizonte ontológico en la literatura argentina del siglo XX. Dos generaciones, un encuentro posible: Sabato-Orozco y Lojo-Martini*. Alicante: El Taller Digital. <http://www.cervantesvirtual.com/obra/avatares-de-una-identidad-a-la-deriva-apostillas-al-horizonte-ontologico-del-exilio-en-la-literatura-argentina-del-siglo-xx-dos-generaciones-un-encuentro-posible-sabato-orozco-y-lojo-martini/>.

Crespo, Marcela. 2013b. *La memoria de la llanura: Los marginales usurpan el protagonismo de la Historia*. Tesis doctoral. Lleida: Scriptura/Libros de la UDL.

Fasah, Ana María. 2008. *La princesa federal: los múltiples rostros de Manuela Rosas*. Tesis de licenciatura. Córdoba: Universidad Nacional de Córdoba.

Entrevistas a la autora en revistas y libros académicos (selección)

Arancibia, Juana Alcira. 2015. "María Rosa Lojo". En *Diálogo con los creadores*, 157-164. Buenos Aires: Georges Zanun Editores/Instituto Literario y Cultural Hispánico de California.

Bravo Herrera, Fernanda. 2018. "Entrevista a María Rosa Lojo". En *El retorno de Leopoldo Marechal. La recepción secreta de un 'poeta depuesto' en la literatura argentina de los siglos XX y XXI*, editado por Claudia Hammerschmidt, 315-326. Londres-Potsdam: Inolas.

Crolla, Adriana. 2007. "Entrevista a María Rosa Lojo: El lado oculto de la épica femenina". En *Miradas Reflexivas sobre la literatura en la segunda mitad del S. XX*, editado por Adriana Crolla y Oscar Vallejos, 165-169. Santa Fe: CEMED, UNL. Versión ampliada: 2010. "María Rosa Lojo en diálogo: el lado oculto de la épica femenina". En *Estudios comparados de la literatura actual: indagaciones desde género, canon, educación*, editado por Adriana Crolla y Oscar Vallejos, 216-232. Santa Fe: Universidad Nacional del Litoral.

Depetris, Carolina. 2004. "La inexorable tentativa de la poesía". *Rilce. Revista de Filología Hispánica* 20, n° 2: 191-198.

Giuffré, Mercedes. 2004. "María Rosa Lojo". En *En busca de una identidad*, 109-127. Buenos Aires: Ediciones del Signo.

Lehman Kathryn, 2002. "Entrevista". *Hispamérica. Revista de literatura* XXI, n° 21: 55-68.

Lehman, Kathryn. 2005. "Women, Subalternity and the Historical Novel of María Rosa Lojo: An Interview". *Studies in Twentieth and Twenty-First Century Literature* 29, n° 1: 82-98.

Pérez, Alberto Julián. 1999. "Entrevista a María Rosa Lojo". *Alba de América* 17, n° 32: 405-409.

Pfeiffer, Erna. 1995. "Quizá toda la novela es una gran metáfora del deseo". En *Exiliadas, emigrantes, viajeras: Encuentros con diez escritoras latinoamericanas*, 109-129. Frankfurt/Madrid: Iberoamericana/Vervuert.

Sauter, Silvia. 2006. "María Rosa Lojo". En *Teoría y práctica del proceso creativo. Con entrevistas a Ernesto Sábato, Ana María Fagundo, Olga Orozco, María Rosa Lojo, Raúl Zurita y José Watanabe*, Madrid/Frankfurt: Iberoamericana/Vervuert, 137-160.

Tezanos-Pinto, Rosa. 2013. "María Rosa Lojo y su palabra prodigiosa". *Revista de la Academia Norteamericana de la Lengua Española (RANLE)* 2, n° 3: 101-124.

Artículos

Alloatti, Norma. 2012. "Urdimbres de Mnemosine: construcciones identitarias en *Cuerpos resplandecientes* y *Árbol de familia* de María Rosa Lojo". *A Contracorriente* 9, n° 3: 225-252. <http://tools.chass.ncsu.edu/open_journal/index.php/acontracorriente/article/view/226>.

Alves de Oliveira Marcari, María de Fátima de. 2017. "Otra historia del guerrero y de la cautiva: A ressignificaçao de mitos fundacionais da literatura argentina". *Revista de Letras Norte@mentos. Estudos Literários* 10, n° 21: 10-24. <http://sinop.unemat.br/projetos/revista/index.php/norteamentos/article/view/2063>.

Arán, Pampa O. 2002. "De la Argentina y sus fantasmas…". *Letterature d'America. Rivista Trimestrale. Ispanoamericana* XXII, n° 90: 39-57. Reeditado en 2007. En *María Rosa Lojo: la reunión de lejanías*, editado por Juana A. Arancibia, Malva Filer y Rosa Tezanos-Pinto, 121-134. Westminster: Instituto Literario y Cultural Hispánico de California.

Benavídez, Andrea. 2012. "Brevedad y eternidad en *Bosque de ojos*, de María Rosa Lojo". *Artifara. Università degli Studi di Torino*, n° 12: 33-44. <http://www.ojs.unito.it/index.php/artifara/article/view/77>.

Betanzos, Erick. 1997. "La figura indígena en la literatura argentina". *Diálogo Americano* 9: 34. <http://dialogo.ugr.es/anteriores/dial09/34-9.htm>.

Bucco Coelho, María Josele. 2014. "A assunçao da perda: memória e identidade em *Árbol de familia* (2010), de María Rosa Lojo". Revista *Organon* 29, n° 57: 43-59. <http://seer.ufrgs.br/index.php/organon/article/view/47947>.

Bravo Herrera, Fernanda. 2010a. "El yo y la otredad en la nueva novela histórica. A propósito de *La pasión de los nómades*, de María Rosa Lojo". *Alba de América* 29, n° 55-56: 489-496.

Bravo Herrera, Fernanda. 2010b. "Utopías en torno a las fronteras entre civilización y barbarie. Nuevas excursiones a los indios ranqueles". En *Quaderni di Thule. Rivista italiana di studi americanistici. Atti del XXXI Convegno Internazionale di Americanistica*, 139-143. Perugia: Centro Studi Americanistici "Circolo Amerindiano" Onlus.

Broullón Acuña, Esmeralda. 2013a. "El retorno como patrimonio en la obra de María Rosa Lojo". *Anuario de Estudios Americanos* 70, n° 1: 273-302. <http://estudiosamericanos.revistas.csic.es/index.php/estudiosamericanos/article/view/596/599>.

Broullón Acuña, Esmeralda. 2013b. "Entre Europa y América: la fusión de las intersecciones". *Intersecciones en Antropología* 14, n° 1: 23-27. <http://www.redalyc.org/pdf/1795/179531063001.pdf>.

Broullón Acuña, Esmeralda. 2013c. "Linajes y culturas diaspóricas lojianas. La genealogía como dispositivo de protección en el exterior". *Intersecciones en Antropología* 14, n° 1: 5-14. <http://www.redalyc.org/pdf/1795/179531063001.pdf>.

Cárcano, Enzo. 2014. "De mujeres e identidades: Sobre el diálogo y la identidad femenina en *Las libres del sur*, de María Rosa Lojo, e *Irse de casa*, de Carmen Martín Gaite". *Cifra Nueva*, n° 29: 55-62. <http://www.saber.ula.ve/handle/123456789/38843>.

Cebrelli, Alejandra. 1999. "La ficción de los límites: A propósito de la narrativa de María Rosa Lojo". *Confluencia: Revista Hispánica de Cultura y Literatura* 14, n° 2: 34-44.

Crespo Buiturón, Marcela. 2009. "Tras el original perdido: memoria e identidad del exilio en la obra de María Rosa Lojo". *Salina. Revista de Lletres*, n° 23: 177-181.

Crespo Buiturón, Marcela. 2010. "La crisis del pacto identitario a finales de los últimos dos siglos en Argentina: *Libro extraño* de Francisco Sicardi en el XIX y *Finisterre* de María Rosa Lojo en el XX". *A contracorriente* 8, n° 1: 277-297.<http://www.ncsu.edu/acontracorriente/fall_10/articles/Crespo-Buituron.pdf>.

Crespo Buiturón, Marcela. 2011a. "En busca de los orígenes: *Árbol de familia* de María Rosa Lojo. La utopía de la identidad personal y nacional". *INTI, Revista de literatura hispánica*, n° 73: 173-179. <http://digitalcommons.providence.edu/cgi/viewcontent.cgi?article=2615&context=inti>.

Crespo Buiturón, Marcela. 2011b. "(On) exile: a matter of inheritance. apostilles to the reflections of an exiled daughter, Maria Rosa Lojo". *Studies in Twentieth & Twenty-first Century Literature* 35, n° 2: 207-225.

Crespo Buiturón, Marcela. 2011c. "Poéticas del exilio: María Rosa Lojo, un resquicio ontológico en la dimensión política". *A contracorriente* 8, n° 3: 116-139. <http://www.ncsu.edu/project/acontracorriente/spring_11/articles/Crespo_Buituron.pdf>.

Crespo Buiturón, Marcela. 2013. "Reflexiones en torno a la transformación del cronotopo *borde* en *corredor* en la narrativa de María Rosa Lojo". "Foro de discusión". *Intersecciones en Antropología* 14, n° 1: 18-20. <http://www.redalyc.org/pdf/1795/179531063001.pdf>.

Crespo Buiturón, Marcela. 2016. "Una mirada oblicua sobre las madres en la última dictadura militar argentina: *Todos éramos hijos*, de María Rosa Lojo". *Les Ateliers du SAL*, n° 9: 121-131. <https://lesateliersdusal.files.wordpress.com/2017/05/11-lads09-crespo.pdf>.

Crespo, Natalia. 2015. "Homenaje literario y crítica política en *La pasión de los nómades* de María Rosa Lojo". *Rilce* 31, n°

1: 97-119. <https://www.unav.edu/publicaciones/revistas/index.php/rilce/article/view/240/54>.

Cunha Giabbai, Gloria da. 2006. "Re-visión de la identidad nacional en los cuentos históricos de María Rosa Lojo". *Alba de América* 25, n° 47-48: 177-86. Reeditado en 2007. En *María Rosa Lojo: la reunión de lejanías*, editado por Juana A. Arancibia, Malva Filer y Rosa Tezanos-Pinto, 111-119. Westminster: Instituto Literario y Cultural Hispánico de California.

Díaz Romero, Ana. 2015. "En los ojos de los otros: rostros y máscaras en 'El extranjero' y 'El alférez y la Provisora', de María Rosa Lojo". *Jornaler@s. Revista Científica de Estudios Literarios y Lingüísticos* 2, n° 2: 188-202. <http://www.fhycs.unju.edu.ar/images/pdf/jornaleros_num_02.pdf>.

Esteves, Antônio Roberto. 2011. "(Des)tejer lo ya tejido: la representación de escritores en narrativas históricas de María Rosa Lojo". *Islas* 53, n° 168: 98-120. <http://hdl.handle.net/11449/127208>.

Esteves, Antônio Roberto. 2013. "Corredores interculturales y entrelugares discursivos en María Rosa Lojo: lecturas de *Árbol de familia* (2010)". *Intersecciones en Antropología* 14, n° 1: 21-24. <http://www.redalyc.org/pdf/1795/179531063001.pdf.>

Esteves, Antônio Roberto. 2016. "História e Memória em María Rosa Lojo (Tributo a Marilene Weinhardt)". *Revista Letras*, n° 94: 69-87. <http://revistas.ufpr.br/letras/article/view/48506/30120>.

Fariña de Buceta, Silvina. 1997. "La voz de Irene: eje escritural en *Canción perdida en Buenos Aires al Oeste*". *Alba de América* 15, n° 28-29: 148-153.

Fasah, Ana María. 2008. "*La Princesa federal*: Una nueva mirada sobre Manuela Rosas". *Alba de América* 27, n° 51-52: 111-120.

Filer, Malva. 2005. "Imaginación histórica y memoria colectiva en la obra de María Rosa Lojo". *Alba de América* 19, n° 45-46: 347-357.

Filer, Malva. 2006. "Europeos e indígenas en María Rosa Lojo". *Hispamérica* XXXV, n° 105: 119-124.

Fischer, María Raquel. 1988-1989. "Intelección filosófica de una novela (Sobre *Canción perdida en Buenos Aires al Oeste*)". *Letras*, n° 19-20: 121-124.

Fischer, María Raquel. 1991. "La obsesión de una energía indestructible". *Hora de Poesía*, n° 75-76.

Flawiá, Nilda. 2000. "La problemática de la identidad en dos novelas de María Rosa Lojo". *Alba de América* 19, n° 35-36: 121-133.

Franco, Gabriele y María Angélica Pandolfi. 2012. "Tradução e relações intertextuais em *Historias ocultas en la Recoleta*, de María Rosa Lojo". *Anuario Brasileño de estudios hispánicos*, n° XXII: 13-20. <http://www.mecd.gob.es/brasil/dms/consejerias-exteriores/brasil/publicaciones-y-materiales-didacticos/publicaciones/abeh/AbehXXII.pdf>.

Funes, Marisela, 1999. "(Pre) texto, parodia e interpretación en *La pasión de los nómades*, de María Rosa Lojo". *Alba de América* 18, n° 33-34: 149-160.

Gillies, Eva. 1999. "La voz de Lucio V. Mansilla en la escritura de María Rosa Lojo", *Alba de América* 17, n° 32: 353-359.

Grillo, Rosa María. 2012. "Pietro De Angelis tra Rivadavia e Rosas". *Rivista Italiana di Studi Napoleonici* XLI, n° 1-2: 245-258.

Gutiérrez Estupiñán, Raquel. 2009. "Trans-formaciones genéricas en dos novelas de escritoras contemporáneas [*Una mujer de fin de siglo*, de María Rosa Lojo, y *Juan Crisóstomo Lafinur. La sensualidad de la filosofía*, de Paulina Movsichoff]". *Semiosis* V, n° 10: 119-124. <https://www.uv.mx/semiosis/doctos/semiosis10Abstract.pdf>.

Hermann, Eliana. 1993. "¿Y ahora? Reflexiones acerca de la literatura femenina argentina actual". *Letras Femeninas* XIX, n° 1-2: 121-134.

Hermann, Eliana y Gustavo Fares. 1994. "Exilios internos: El viaje en cinco escritoras argentinas". *Hispanic Journal* 15, n° 1: 21-29.

Hernández, María Gabriela. 2010. "Hablemos un poco de la memoria". Ponencia presentada en el Congreso La travesía de la Libertad ante el Bicentenario. <http://congresobicentenario.webuda.com/files/mesa11_hernandez.pdf>.

Jostic, Sonia. 1999. "*La pasión de los nómades*, de María Rosa Lojo: entre la teatralidad y la virtualidad". *Alba de América* 18, n° 33-34: 135-147.

Kason Poulson, Nancy. 2008. "Hacia una cartografía del inmigrante: *Finisterre*, de María Rosa Lojo". *Alba de América* 27, n° 51-52: 103-110.

Lehman, Kathryn. 2003. "The New Historical Novel and Domestic Politics under *Rosismo*". *Monografica*, n° XIX: 180-195.

Lehman, Kathryn. 2005. "Navegando en la narrativa histórica para encauzar el futuro: deseo romántico y sujeto nacional en la narrativa de María Rosa Lojo". *Alba de América* 24, n° 45-46: 359-371. Reeditado en 2007. En *María Rosa Lojo: la reunión de lejanías*, editado por Juana A. Arancibia, Malva Filer y Rosa Tezanos-Pinto, 53-63. Westminster: Instituto Literario y Cultural Hispánico de California.

Liggera, Rubén Américo. 1991-1992. "La recreación de dos mitos fundantes en un cuento de María Rosa Lojo". *Explicación de textos literarios* 20, n° 1: 47-60.

Luesakul, Pasuree. 2010. "La mujer en la "periferia": las fronteras borradas entre Argentina y Tailandia". *Alba de América* 29, n° 55-56: 549-556.

Luesakul, Pasuree. 2013. "*La pasión de los nómades* y *Finisterre*. Derechos humanos en la nueva novela histórica argentina". *Confluencia. Revista Hispánica de Cultura y Literatura* 29, n° 1: 42-54.

Luesakul, Pasuree. 2014. "La reescritura femenina de las 'crónicas' militares del siglo XIX en dos novelas históricas de María Rosa Lojo". *Alba de América* 34, n° 64-65: 217-233.

Luesakul, Pasuree. 2016. "Voces excéntricas de la Argentina del siglo XIX en *Finisterre* de María Rosa Lojo". *Rilce. Revista de Filología Hispánica* 32, n° 1: 182-200.

Marques, Gracielle. 2017. "Otros saberes en la (re)fundación de la nación: la práctica ancestral en la narrativa de María Rosa Lojo". *Revista SURES*, n° 10: 22-38. <https://ojs.unila.edu.br/ojs/index.php/sures>.

Masotti, Andrea. 2013. "Un percorso atraverso un genere: la microfinzione". *Bagliori estremi. Microfinzioni argentine contemporanee. Orillas*, n° 2: 1-7.

Milreu, Isis. 2015. "*Las libres del Sur*: literatura, historia e historia de la literatura". *Gramma. Anejo* 5. <http://p3.usal.edu.ar/index.php/gramma/article/view/4255>.

Moret, Zulema. 2002. "The Construction of History in the Folds of Family History in the Novel *Song Lost in West Buenos Aires* by María Rosa Lojo". *Studies in Twentieth Century Literature* 26, n° 2: 381-394.

Muntada, Silvia. 1990. "Los discursos de la novela *Canción perdida en Buenos Aires al Oeste,* de María Rosa Lojo". *Alba de América* 8, n° 14-15: 115-126.

Navascués, Javier de. 1999. "La novela argentina en busca de una tradición: el caso Mansilla". *RILCE* 15, n° 1: 227-238.

Piña, Cristina. 2010. "Primer Encuentro: La Microficción, un Género en Conflicto. María Rosa Lojo: Poema en prosa, Microficción y Microlegendarium". *Gramma XXI*, n° 47: 183-192. <http://p3.usal.edu.ar/index.php/gramma/article/view/51/145>.

Portiglia, Claudio. 1991. "La razón de ser en *Canción perdida en Buenos Aires al Oeste*, de María Rosa Lojo". *Napenay*, n° 11-12: 74-78.

Ribeiro, Fernanda Aparecida. 2015. "La frontera civilización/barbarie en la novela *Finisterre*, de María Rosa Lojo". *Gramma. Anejo* 5. <http://p3.usal.edu.ar/index.php/gramma/article/viewFile/4264/5294>.

Rodríguez, Fátima. 2007. " Otras proyecciones de la materia textual. *La pasión de los nómades* de María Rosa Lojo. Historias heterógrafas", En *Le texte et ses liens II, Les Ateliers du Séminaire Amérique Latine* n°1, Milagros Ezquerro et Julien Roger (ed). Paris: Université Paris-Sorbonne. <http://crimic-sorbonne.fr/publication-crimic/le-texte-et-ses-liens-ii-2007>.

Rodríguez Francia, Ana María. 1993. "La búsqueda del ser por el lenguaje en la poesía de María Rosa Lojo". *Alba de América* 11, n° 20-21: 333-340.

Rodríguez Francia, Ana María. 1996a. "Cuestionamiento del lenguaje en la poesía en prosa argentina: Alejandra Pizarnik y María Rosa Lojo". *Letras*, n° 34: 123-239.

Rodríguez Francia, Ana María. 1996b. "*La pasión de los nómades*, unha novela crítica de María Rosa Lojo". *Boletín Galego de Literatura*, n° 15-16: 127-139. Reeditado en 2007. En *María Rosa Lojo: la reunión de lejanías*, editado por Juana A. Arancibia, Malva Filer y Rosa Tezanos-Pinto, 155-161. Westminster: Instituto Literario y Cultural Hispánico de California.

Salem, Diana. 2001. "La ficción como método de conocimiento". *Alba de América* 20, n° 37-38: 405-413.

Sanders, Brett Alan. 2010. "On the Creative Art of Literary Translation". *Confluence: the journal of Graduate Liberal Studies* 16, Issue 1: 54.

Sauter, Silvia. 2005. "Tres escritoras proféticas: Ana María Fagundo, Olga Orozco y María Rosa Lojo". *Letras femeninas* XXXI, n° 2: 75-98.

Steimberg de Kaplan, Olga. 2001. "Problemáticas de género. Una mirada sobre Eduarda Mansilla, mujer del siglo XIX". *El hilo de la fábula*, n° 1: 110-115. <http://bibliotecavirtual.unl.edu.ar:8180/publicaciones/bitstream/1/2140/1/HF_1_1_pag_110_115.pdf>.

Steimberg de Kaplan, Olga. 2003. "Verdad histórica y discurso ficcional en *Una mujer de fin de siglo*, de María Rosa Lojo". *Humanitas* n° 32: 23-31.

Ulland, Rebecca. 2009. "Whose Passion?: *La pasión de los nómades* and the Word-Weary Warrior". *Grafemas. Boletín Electrónico de la AILCFH*. <http://people.wku.edu/inma.pertusa/encuentros/grafemas/diciembre_09/ulland.html>.

Ulland, Rebecca y Robert Vest. 2011. ""La flor de la plata": Reimagining Manuela Rosas". *Ámbitos Feministas. Revista Crítica Multidisciplinar de la Coalición Feministas Unidas* 1, n° 1: 91-103.

Varela, Fabiana Inés. 2012. "Mujeres, guerra y exilio en *Finisterre*: de María Rosa Lojo". *Revista Melibea* 6: 93-104. <http://bdigital.uncu.edu.ar/8953>.

Vekic, Tiana. 2010. "La experiencia del cautiverio como punto de partida para el desarrollo de una identidad nacional híbrida en dos novelas argentinas contemporáneas: *El entenado* de Juan José Saer y *Finisterre* de María Rosa Lojo". *Entrehojas. Revista de Estudios Hispánicos* I, n° 1. <http://ir.lib.uwo.ca/entrehojas/vol1/iss1/6/>.

Verolín, Irma. 2011. "La cultura popular en los relatos de cinco escritoras contemporáneas". *Piedras en el camino*, n° 6. <http://www.uninorte.edu.co/publicaciones/falda_huitaca/upload/File/Piedras%20en%20el%20camino.pdf>.

Zambrano, Lilibeth. 2013. "El locus de enunciación ambivalente y los procesos de hibridación de las culturas en tránsito". *Revista de Literatura, História e Memória* 9, n° 14: 71-78. <http://e-revista.unioeste.br/index.php/rlhm/article/download/11146/7973>.

Partes de libros

Álvarez, María Angélica. 2004. "Configuración de la imagen de la mujer escritora en el discurso de la novela histórica contemporánea". Ponencia pronunciada en el 2.° Congreso Internacional CELEHIS de Literatura, Universidad Nacional de Mar del Plata, Mar del Plata.

Amores, Ana Lía. 2008. "Cómo hacer hablar a Victoria Ocampo y preservar la unidad del relato: de María Rosa Lojo *Las libres del sur*". En *Creación y proyección de los discursos narrativos*, editado por Daniel Altamiranda y Esther Smith, 107-116. Buenos Aires: Centro de Estudios de Narratología/Dunken.

Arán, Pampa O. 2003. "María Rosa Lojo: espacios de rehistorización". En *Umbrales y catástrofes: literatura argentina de los 90*, 143-159. Córdoba, Epoké Ediciones.

Artesi, Catalina Julia. 2004. "Ficción y realidad: encuentro con mujeres de la conquista". *Actas VII Jornadas Nacionales de Historia de las Mujeres y II Congreso Iberoamericano de Estudios de Género*, compilado y dirigido por María Julia Palacios con la colaboración de Violeta Carrique, CD-Rom. Salta: Comisión de la Mujer/GESNOA/Universidad Nacional de Salta.

Ballesteros Rosas, Luisa. 2009. "Exilio e identidad en la obra de María Rosa Lojo". Conferencia presentada en el Colloque Exils, Errances, Rencontres. Université de Cergy-Pontoise. <http://www.u-cergy.fr/IMG/Exilio_e_identidad.L.Ballesteros.pdf>.

Bravo Herrera, Fernanda. 2012. "*La pasión de los nómades* de María Rosa Lojo: contrapunto extraterritorial de *Una excursión a los indios ranqueles* de Lucio V. Mansilla". En *Il dialogo. Lingue, letterature, linguaggi, culture, Atti del XXV Convegno AISPI*, editado por A. Cassol et al., 99-105. Roma: AISPI Edizioni.

Bravo Herrera, Fernanda. 2018. "Parodias y tradiciones en las (re)escrituras de Leopoldo Marechal y María Rosa Lojo". En *El retorno de Leopoldo Marechal. La recepción secreta de un 'poeta depuesto' en la literatura argentina de los siglos XX y XXI*, editado por Claudia Hammerschmidt, 287-313. Londres/Potsdam: Inolas.

Campanella, Hebe. 2003. "Historia de una princesa real en los espejos de la ficción: *La Princesa federal*, de María Rosa Lojo". En *La novela histórica argentina e iberoamericana hacia fines del siglo XX (1969-1999)*, 158-167. Buenos Aires: Vinciguerra.

Cárcano, Enzo. 2013. "La otra historia: una relectura de *La pasión de los nómades* como nueva novela histórica latinoamericana". En *Del lado de acá. Estudios literarios hispanoamericanos*, editado por Miguel Soler Gallo y María Teresa Navarrete, 377-386. Roma: Aracné Editrice.

Cebrelli, Alejandra. 1997. "*La pasión de los nómades* o las fronteras de la memoria". En *Mujer, historia y cultura*, editado por Florencia Ferreira de Cassone y Gladys Granata de Egües, 93-100. Mendoza: Grupo de Estudios sobre la Crítica, Municipalidad de Mendoza, Zeta Editores.

Cincunegui, Elena y Marina Guidotti. 2006. "Las rosas de los vientos: mundos cardinales en la búsqueda de la identidad en *Finisterre*, de María Rosa Lojo". Ponencia presentada en las I Jornadas de Literatura Argentina. Identidad Cultural y Memoria Histórica. Publicado en 2007. En *María Rosa Lojo: la reunión de lejanías*, editado por Juana A. Arancibia, Malva Filer y Rosa Tezanos-Pinto, 217-225. Westminster: Instituto Literario y Cultural Hispánico de California.

Crespo, Marcela. 2000. "Un exilio sin protagonistas". En *Las literaturas del exilio republicano de 1939. Actas del II Congreso Internacional*, editado por Manuel Aznar Soler, vol. 1, 45-52. Bellaterra: GEXEL/Barberà del Vallés.

Crespo, Marcela. 2004. "María Rosa Lojo: en las fronteras de lo autobiográfico". Ponencia presentada en el XXIV Simposio Internacional de Literatura, Instituto Literario y Cultural Hispánico. Publicado en 2007. En *María Rosa Lojo: la reunión de lejanías*, editado por Juana A. Arancibia, Malva Filer y Rosa Tezanos-Pinto, 33-51. Westminster: Instituto Literario y Cultural Hispánico de California.

Crespo, Marcela. 2009. "Buenos Aires: la orilla frente al abismo. Sujeto, ciudad y palabra en el exilio argentino". Alicante: Universidad de Alicante/Taller Digital. <http://www.cervantesvirtual.com/obra/buenos-aires-la-orilla-frente-al-abismo-sujeto-ciudad-y-palabra-en-el-exilio-argentino--0/>.

Crespo, Marcela. 2011. "María Rosa Lojo: La memoria del exilio desde la periferia en la voz fragmentada de una exiliada hija". En *El exilio republicano de 1939 y la segunda generación*, coordinado por Manuel Aznar Soler y José Ramón López García, 541-547. Valencia: Renacimiento.

Crespo, Marcela. 2012. "Poéticas del retorno en la narrativa argentina de las últimas décadas: La (re) construcción de una identidad a la deriva". Ponencia presentada en las Jornadas de trabajo Exilios Políticos del Cono Sur en el siglo XX. http://sedici.unlp.edu.ar/handle/10915/32170

Crespo Buiturón. Marcela. 2013. "María Rosa Lojo: una escritora de los bordes". En *Atas. VII Congresso Brasileiro de Hispanistas,* editado por Adrián Pablo Fanjul, Iván Rodrigues Martin y Margareth Santos, 732-735. Sao Paulo: Associaçao Brasileira de Hispanistas/CAPES/CNOq/Universidade do Estado de Bahia.

Crivello, Victorina M. 2004. "*La pasión de los nómades*, María Rosa Lojo. El espacio autobiográfico ficcional en el entrecruzamiento genérico". *Auto (bio) grafías. La densidad de la memoria en nuevas novelas históricas argentinas de fin de siglo,* editado por Stella Benvenuti, 54-108. Córdoba: Ediciones del Boulevard.

Da Cunha Giabbai, Gloria. 2002. "María Rosa Lojo y el renacimiento del cuento histórico". En *Nuevas tendencias y perspectivas contemporáneas en la narrativa.* Buenos Aires: Centro de Estudios de Narratología. CD-ROM.

Da Silva, Alessandro. 2014. "New latin american historical novel: a critical approach of *La Pasión de los Nómades,* by María Rosa Lojo". En *Colonialisms, Post-colonialisms and Lusopho-*

nies. *Proceedings of the 4th International Congress in Cultural Studies*, editado por Maria Manuel Baptista y Sara Vidal Maia, 211-219. Aveiro: Programa Doutoral em Estudos Culturais/IRENNE-Associaçao de Investigaçao, Prevençao e Combate à Violencia e Exclusao/Ver O Verso Ediçoes.

Esteves, Antonio. 2011a. "Outras caras do poder: uma leitura de 'Amar a un hombre feo' de María Rosa Lojo". En *Cultura e Representaçao. Ensaios*, editado por Cleide Antonia Rapucci y Ana María Carlos, 49-64. Assis: UNESP- Publicaçoes.

Esteves, Antonio. 2011b. "Transposiçao de géneros e deslocamento de fronteiras: uma leitura de dois relatos históricos de María Rosa Lojo". Ponencia presentada en el XII Congresso Internacional da ABRALIC. <http://www.abralic.org.br/eventos/cong2011/AnaisOnline/resumos/TC0079-1.pdf>.

Esteves, Antonio. 2013a. "En busca del Paraíso: la representación de los germánicos en la obra de María Rosa Lojo". En *Atas. VII Congresso Brasileiro de Hispanistas*, editado por Adrián Pablo Fanjul, Iván Rodrigues Martin y Margareth Santos, 163-168. Sao Paulo: Associaçao Brasileira de Hispanistas/CAPES/CNOq/Universidade do Estado de Bahia.

Esteves, Antonio. 2013b. "Fronteiras do fantástico, do mágico e do maravilhoso na literatura argentina contemporánea: *La pasión de los nómades* (1994), de María Rosa Lojo". En *Pelas veredas do fantástico, do mítico e do maravilhoso*, editado por María Celeste Tommasello Ramos, María Cláudia Rodrígues Alves y Alvaro Luiz Hattner, 121-145. Sao Paulo: Cultura Académica; Sao José do Río Preto: HN. <http://editorahn.grupohn.com.br/wp-content/uploads/sites/16/2014/01/Fant%C3%A1stico_PDF.pdf>.

Esteves, Antonio. 2015. "De árvores e álbums. A memoria da imigraçao e dos desterró em romances latino-americanos contemporáneos". En *Transcultural Amnesia. Mapping displaced Memories*, editado por Mario Matos, Joanne Paisana, Margarida Esteves Pereira, 59-72. Braga/Guimaraes: CEHUM, Universidade do Minho.

Filer, Malva. 1999. "Enlace de tiempos y voces narrativas en *La Princesa federal*". En *La mujer en la literatura del mundo hispánico*, editado por Juana Arancibia, Yolanda Rosas y Edith Dimo, 41-46. Westminster: Instituto Literario y Cultural Hispánico.

Filer, Malva E. 2007a. "Identidades y fronteras en la obra de César Aira y María Rosa Lojo". Ponencia presentada en el XIV Congreso Nacional de Literatura Argentina. Mendoza: Universidad Nacional de Cuyo, Facultad de Filosofía y Letras. CD-ROM.

Filer, Malva. 2007b. "La ficcionalización de la 'barbarie' en la novela finisecular argentina del siglo XX". En *Expresiones liminales en la narrativa latinoamericana del siglo XX. Estrategias postmodernas y postcoloniales*, editado por Alfonso de Toro y René Ceballos, 285-297. Hildesheim, Alemania: Georg Olms Verlag.

Filer, Malva. 2007c. "*Una mujer de fin de siglo*: Eduarda Mansilla, una vida y una época". En *María Rosa Lojo: la reunión de lejanías*, editado por Juana A. Arancibia, Malva Filer y Rosa Tezanos-Pinto, 197-203. Westminster: Instituto Literario y Cultural Hispánico de California.

Flawiá de Fernández, Nilda. 2001. "Mujeres, hombres; pasado y presente en dos novelas de María Rosa Lojo". En *Itinerarios literarios. Construcciones y reconstrucciones identitarias*, 83-94. Madrid/Frankfurt: Iberoamericana/Vervuert.

Gambetta Chuk, Aída Nadi. 2007. "Libérrimas, *Las libres del Sur* de María Rosa Lojo". En *Literatura hispanoamericana: cruces y contrastes,* editado por Joel Dávila Gutiérrez, 311-323. Tlaxcala, México: Universidad Autónoma de Tlaxcala/Benemérita Universidad Autónoma de Puebla/Instituto Nacional de Bellas Artes/Siena Editores.

Gimbernat González, Esther. 1992. "*Canción perdida en Buenos Aires al Oeste*, o el orden inconcluso de la memoria". En *Aventuras del desacuerdo: Novelistas argentinas de los 80*, 247-251. Buenos Aires: Danilo Albero Editor.

Gorodischer, Angélica. 2004. ""Novela que no es novela. O sí: Sobre *Las libres del Sur*". En *Cien islas*, 115-118. Rosario: Editorial Fundación Ross.

Grillo, Rosa María. 2012. "Pedro de Angelis desde Nápoles a Buenos Aires: las independencias frustradas". En *Literatura de la Independencia e Independencia de la Literatura en el mundo latinoamericano*, editado por José Carlos Rovira y Víctor Manuel Sanchiz, 229-249. Lleida: AEELH (Asociación Española de Estudios Literarios Hispanoamericanos).

Grillo, Rosa María. 2013. "El nuevo descubrimiento de América en femenino: María Rosa Lojo y las mujeres argentinas". En *El exilio literario de 1939, 70 años después. Actas*, editado por María Teresa González de Garay y José Díaz-Cuesta Galián, 185-201. <https://dialnet.unirioja.es/servlet/articulo?codigo=4536801>.

Guidotti, Marina. 2010. "Dos escritoras finiseculares en busca de la identidad femenina. Reflexiones sobre *Una mujer de fin de siglo*, de María Rosa Lojo". En *Identidad y narración en carne viva. Cuerpo, género y espacio en la novela argentina (1980-2010)*, dirigido por María Rosa Lojo y Michèle Soriano, editado por María Rosa Lojo y María Laura Pérez Gras, 65-95. Buenos Aires: Ediciones Universidad del Salvador.

Guidotti, Marina. 2012. "Eduarda Mansilla y María Rosa Lojo, voces de escritoras argentinas en un puente entre dos siglos". *Penélope e le altre. 33º Convegno Internazionale di Americanistica*. Salerno, 11-13 maggio 2011. Salerno: Centro Studi Americanistici, Circolo Amerindiano/ Oédipus. MIUR Progetto PRIN 2008, Università di Salerno, Facoltà di Lettere et Letterature Straniere, Dipartimento di Studi Umanistici. A cura di Rosa Maria Grillo. 188-206.

Guidotti, Marina. 2013. "La investigación académica como sustrato de la narrativa histórica de María Rosa Lojo". En *Atas. VII Congresso Brasileiro de Hispanistas*, editado por Adrián Pablo Fanjul, Iván Rodrigues Martin, Margareth Santos,

829-835. Sao Paulo: Associaçao Brasileira de Hispanistas/ CAPES/CNOq/Universidade do Estado de Bahia.

Guzmán Pinedo, Martina. 2002. "La construcción del 'héroe' a través de la escritura femenina". En *Nuevas tendencias y perspectivas contemporáneas en la narrativa*. Buenos Aires: Centro de Estudios de Narratología. CD-ROM.

Hermann, Eliana. 2001. "La obra de María Rosa Lojo y Mabel Pagano en su variada incursión histórica". Shenandoah University. <http://lasa.international.pitt.edu/Lasa2001/CazaubonHermannEliana.pdf>.

Jostic, Sonia. 2007. "Cruces discursivos en espacios de cruce (a propósito de *La pasión de los nómades*, de María Rosa Lojo". En *María Rosa Lojo: la reunión de lejanías*, editado por Juana A. Arancibia, Malva Filer y Rosa Tezanos-Pinto, 135-153. Westminster: Instituto Literario y Cultural Hispánico de California.

Kason Poulson, Nancy. 2007. "El dualismo histórico-literario en *Finisterre*, de María Rosa Lojo". En *María Rosa Lojo: la reunión de lejanías*, editado por Juana A. Arancibia, Malva Filer y Rosa Tezanos-Pinto, 227-235. Westminster: Instituto Literario y Cultural Hispánico de California.

Kaul Grünwald, Guillermo. 1995. "Un desafío poético". En *Develacionismo y poesía*, 41-47. Mendoza: Universidad Austral de Cuyo.

López Castañares, Silvia Karina. 2004. "Re-vivir en la palabra. La bisagra entre historia y ficción en *Historias ocultas en la Recoleta* de María Rosa Lojo". Ponencia presentada en el III Congreso Brasileiro de Hispanistas. Publicado en 2007. En *María Rosa Lojo: la reunión de lejanías*, editado por Juana A. Arancibia, Malva Filer y Rosa Tezanos-Pinto, 205-210. Westminster: Instituto Literario y Cultural Hispánico de California.

Luesakul, Pasuree. 2012. "De un poemario amoroso a una novela histórica: las estrategias para la traducción al tailandés de los textos literarios latinoamericanos". En *Problemata Lite-*

raria 71. The limits of Literary Translation: Expanding Frontiers in Iberian Languages, editado por Javier Muñoz-Basols, Catarina Fouto y Laura Soler González, 91-106. Kassel: Edition Reichenberger.

Luesakul, Pasuree. 2012. "La Argentina decimonónica desde la periferia femenina en *Finisterre* de María Rosa Lojo". En *Literatura de la Independencia e Independencia de la Literatura en el mundo latinoamericano*, editado por José Carlos Rovira y Víctor Manuel Sanchiz, 401-413. Lleida: AEELH (Asociación Española de Estudios Literarios Hispanoamericanos).

Magras, Romain. 2017. "Les femmes du XIXe siècle argentin dans l'oeuvre romanesque de María Rosa Lojo". En Écritures dans les Amériques au féminin, editado por Dante Barrientos Tecun y Anne Reynes Delobel, Aix en Provence: Presses universitaires de Provence.

Manríquez de Cugniet, María del Valle. 1997. "Reminiscencias de la cultura gótica en *La pasión de los nómades*, de María Rosa Lojo". Ponencia presentada en las Segundas Jornadas de Literatura Argentina/Comparatística. Publicado en 2007. En *María Rosa Lojo: la reunión de lejanías*, editado por Juana A. Arancibia, Malva Filer y Rosa Tezanos-Pinto, 163-171. Westminster: Instituto Literario y Cultural Hispánico de California.

Manríquez de Cugniet, María del Valle. 2002. "Cuerpos yacentes, vacío de lo real y simulacro de resurrección en Historias ocultas en la Recoleta, de María Rosa Lojo". En *Nuevas tendencias y perspectivas contemporáneas en la narrativa*. Buenos Aires: Centro de Estudios de Narratología. CD-ROM.

Manríquez, María del Valle. 2009. "La relación narrativa entre acción y pasión: una aproximación narratológica a la teoría de las pasiones". En *Narratologías (post)clásicas. Textos literarios, dramáticos y cinematográficos de la cultura contemporánea*, editado por Daniel Altamiranda, 159-174. Buenos Aires: Centro de Estudios de Narratología/Dunken.

Marques, Gracielle. 2013. "Corpo e espaço: reescritas da História em *Finisterre*, de María Rosa Lojo e *Desmundo*, de Ana Miranda". En *Atas. VII Congresso Brasileiro de Hispanistas,* editado por Adrián Pablo Fanjul, Iván Rodrigues Martin, Margareth Santos, 437-443. São Paulo: Associaçao Brasileira de Hispanistas/CAPES/CNOq/Universidade do Estado de Bahia.

Marques, Gracielle. 2016. "Sobreposiçoes discursivas: a cativa na narrativa de María Rosa Lojo". En *Anais. I Seminário Géneros Híbridos da Modernidade e I Simpósio Memória e Representacao Literária "Congresso Internacional: Interfaces da Memória"*, editado por Kátia Rodrigues Mello Miranda, Márcio Roberto Pereira y Norma Domingos, 280-292. Assis. UNESP-Campus de Assis. <http://www2.assis.unesp.br/cedap/anais-generos-hibridos/anais.pdf>.

Mathieu, Corina. 2004. "Argentina". En *La narrativa histórica de escritoras latinoamericanas*, editado por Gloria da Cunha, 52-56. Buenos Aires: Corregidor.

Milreu, Isis. 2013. "Un niño grande: A ficcionalizaçao de Jorge Luis Borges en Las libres del sur". En *Atas. VII Congresso Brasileiro de Hispanistas,* editado por Adrián Pablo Fanjul, Iván Rodrigues Martin, Margareth Santos, 466-470. São Paulo: Associaçao Brasileira de Hispanistas/CAPES/CNOq/Universidade do Estado de Bahia.

Molina, Hebe B. 2010. "La poética de la rosa. Modulaciones de la ficción histórica en María Rosa Lojo". En *Poéticas de autor en la literatura argentina (desde 1950). Volumen II*, dirigido y editado por Víctor Gustavo Zonana y codirigido por Hebe Beatriz Molina, 165-226. Buenos Aires: Corregidor.

Monaco, Ricardo. 2005. "Interdiscursividad e indagación genérica en la ficción histórica de María Rosa Lojo". En *Intergéneros culturales. Literatura, artes y medios. Estudios críticos seleccionados por el Programa de Investigación Literatura Argentina Comparatística del Instituto de Literatura Argentina de la Facultad de Filosofía y Letras*, editado por Armando Capalbo,

238-242. Buenos Aires: BM Press. Reeditado en 2007. En *María Rosa Lojo: la reunión de lejanías*, editado por Juana A. Arancibia, Malva Filer y Rosa Tezanos-Pinto, 183-189. Westminster: Instituto Literario y Cultural Hispánico de California.

Monaco, Ricardo. 2007. "Itinerarios estéticos de la Historia". Ponencia presentada en el XIV Congreso Nacional de Literatura Argentina. Mendoza: Universidad Nacional de Cuyo, Facultad de Filosofía y Letras. CD-ROM.

Nascimento do Vale, Thais. 2014. "Identidades em trânsito no conto histórico 'El alférez y la Provisora', de María Rosa Lojo". En *Anais do VIII Coloquio de Estudos Literários*, editado por Carla Ferreira, S. Siva Jacicaria y Laura T. Brandini, 436-445. Londrina: Universidad de Londrina. <http://www.uel.br/eventos/estudosliterarios/pages/arquivos/Thais%20 Nascimento%20do%20Vale_Texto%20Completo.pdf>.

Noguerol, Francisca. 2007. "Aguijones de luz: imagen y ritmo en los textos breves de María Rosa Lojo". En *María Rosa Lojo: la reunión de lejanías*, editado por Juana A. Arancibia, Malva Filer y Rosa Tezanos-Pinto, 79-95. Westminster: Instituto Literario y Cultural Hispánico de California.

Palleiro, María Inés. 2003. "Clementina Cambacères: ¿Una historia oculta? Oralidad y memoria en una matriz folklórica". En *Archivos de la memoria*, compilado por Ana María Barrenechea, 99-120. Rosario: Beatriz Viterbo Editora.

Palleiro, María Inés. 2004. "Un postexto literario: 'La hora de secreto' de María Rosa Lojo". En *Fue una historia real. Itinerarios de un archivo*, 320-326. Buenos Aires: Universidad de Buenos Aires, Facultad de Filosofía y Letras, Instituto de Filología y Literaturas Hispánicas Amado Alonso.

Palleiro, María Inés. 2005. "Folklore, historia y memoria: reescrituras textuales de una matriz folklórica en *La hora de secreto* de María Rosa Lojo". En *Intergéneros culturales. Literatura, artes y medios. Estudios críticos seleccionados por el Progra-*

ma de *Investigación Literatura Argentina Comparatística del Instituto de Literatura Argentina de la Facultad de Filosofía y Letras*, editado por Armando Capalbo, 100-115. Buenos Aires: BM Press.

Palleiro, María Inés. 2009. "*La dama fantasma* en sus distintos rostros: la irrupción de lo extraordinario en relatos de creencias". Ponencia presentada en la VIII Reunión de Antropología del Mercosur (RAM) "Diversidad y poder en América Latina". <http://www.ram2009.unsam.edu.ar/GT/>.

Palermo, Zulma. 2007. "La escritura letrada como proceso descolonizador". En *María Rosa Lojo: la reunión de lejanías*, editado por Juana A. Arancibia, Malva Filer y Rosa Tezanos-Pinto, 65-78. Westminster: Instituto Literario y Cultural Hispánico de California.

Pandolfi, Maira. 2013. "A traduçao da ironía narrativa de María Rosa Lojo". En *Atas. VII Congresso Brasileiro de Hispanistas*, editado por Adrián Pablo Fanjul, Iván Rodrigues Martin, Margareth Santos, 723-726. São Paulo: Associaçao Brasileira de Hispanistas/CAPES/CNOq/Universidade do Estado de Bahia.

Peña, María Dolores 2008. "La mujer inmigrante: desarraigo y arraigo, nostalgia y memoria. El caso de la inmigración femenina española en dos obras de autoras sudamericanas: *La república de los sueños* de Nélida Pinón y *Árbol de familia*, de María Rosa Lojo". En *La mirada femenina desde la diversidad cultural de las Américas: una muestra de su novelística de los años noventa hasta hoy. Tomo II*, compilado por Laura Febres, 284-309. Caracas: Universidad Metropolitana. <http://lamiradafemenina.files.wordpress.com/2014/01/pdf-la-mirada-femenina1.pdf >.

Pérez Gras, María Laura. "Los extremos del mundo y el cautiverio en *Finisterre*, de María Rosa Lojo". *Identidad y narración en carne viva. Cuerpo, género y espacio en la novela argentina (1980-2010)*. En *Identidad y narración en carne viva. Cuerpo, género y espacio en la novela argentina (1980-2010)*, dirigido por María Rosa Lojo y Michèle Soriano, editado por María Rosa Lojo y María Laura Pérez Gras, 281-322. Buenos Aires: Ediciones Universidad del Salvador.

Ribeiro, Fernanda Aparecida. 2011. "A recriação da personagem Victoria Ocampo em *Las libres del Sur*, de María Rosa Lojo". En *Atas del VI Congresso Brasileiro de Hispanistas / II Congresso Internacional da Associação Brasileira de Hispanistas*, Campo Grande, MS: Editora da UFMS, CD ROM. <https://www.academia.edu/14963093/A_RECRIA%C3%87%C3%83O_DA_PERSONAGEM_VICTORIA_OCAMPO_EM_LAS_LIBRES_DEL_SUR_DE_MAR%C3%8DA_ROSA_LOJO>.

Ribeiro, Fernanda Aparecida. 2012. "Las historias de la muñeca Evita en la literatura argentina". Ponencia presentada en el XI Seminario Argentino Chileno y V Seminario Cono Sur de Ciencias Sociales, Humanidades y Relaciones Internacionales. <https://www.academia.edu/14962785/LAS_HISTORIAS_DE_LA_MU%C3%91ECA_EVITA_EN_LA_LITERATURA_ARGENTINA>.

Ribeiro, Fernanda Aparecida. 2013. "La literatura argentina revisitada: el mito de la cautiva en un cuento de María Rosa Lojo". En *Atas. VII Congresso Brasileiro de Hispanistas*, editado por Adrián Pablo Fanjul, Iván Rodrigues Martin, Margareth Santos, 404-407. São Paulo: Associaçao Brasileira de Hispanistas/CAPES/CNOq/Universidade do Estado de Bahia.

Rodríguez, Fátima. 2008. "Arthur des Pampas: la Matière de Bretagne dans l'oeuvre de María Rosa Lojo". En *Modèles et détournements.* Séminaires de l'IRIEC. <https://halshs.archives-ouvertes.fr/file/index/docid/614918/filename/Arthur_des_Pampas.pdf>.

Rodríguez Francia, Ana María. 1995. "María Rosa Lojo". En *Perspectivas religiosas en la poesía argentina*, 119-173. Buenos Aires: El Francotirador Ediciones.

Rodríguez Francia, Ana María, 1999. "La novela polifónica de Dostoievsky en relación con *La Princesa federal*, de María Rosa Lojo". En *Relecturas, reescrituras. Articulaciones discursivas*, editado por Daniel Altamiranda, 277-281. Buenos Aires: Universidad de Buenos Aires, Facultad de Filosofía y Letras, Instituto de Literatura Argentina Ricardo Rojas. Reeditado en 2007. En *María Rosa Lojo: la reunión de lejanías*, editado por Juana A. Arancibia, Malva Filer y Rosa Tezanos-Pinto, 191-196. Westminster: Instituto Literario y Cultural Hispánico de California.

Roteta, Isabel. 1993. "La intertextualidad en *Marginales*, cuentos de María Rosa Lojo". En *Literatura como intertextualidad. IX Simposio Internacional de Literatura*, editado por Juana Alcira Arancibia, 346-356. Buenos Aires, Instituto Literario y Cultural Hispánico de California/Vinciguerra.

Salem, Diana. 1995. "*La pasión de los nómades*: construir una mirada desde otro espacio histórico". En *Actas de las Primeras Jornadas Internacionales de Literatura Argentina/Comparatística*, editado por Teresita Frugoni de Fritzsche, 81-87. Buenos Aires: Facultad de Filosofía y Letras de la Universidad de Buenos Aires.

Salem, Diana. 1999. "Juego de confrontaciones en *La princesa federal*, de María Rosa Lojo". En *Literatura: espacio de contactos culturales, Actas de las IV Jornadas Nacionales de Literatura Comparada*, 535-543. Tucumán: Universidad Nacional de Tucumán/Asociación Argentina de Literatura Comparada/Comunicarte Editorial.

Salem, Diana. 2012. "María Rosa Lojo: semántica de una identidad colectiva". En *El yugo de la memoria. Autoficciones*, 57-65. Buenos Aires: Biblos.

Salim, Susana. 2012. "El lugar de la memoria en la construcción de la identidad. *Árbol de familia*, de María Rosa Lojo". En *Exilio del cuerpo, destierro de la identidad*, 89-112. Tucumán: La aguja de Buffon ediciones.

Sauter, Silvia. 2006. "María Rosa Lojo: escritora visionaria". En *Teoría y práctica del proceso creativo. Con entrevistas a Ernesto Sábato, Ana María Fagundo, Olga Orozco, María Rosa Lojo, Raúl Zurita y José Watanabe*, Madrid/Frankfurt: Iberoamericana/Vervuert, 264-277. Reeditado en 2007. En *María Rosa Lojo: la reunión de lejanías*, editado por Juana A. Arancibia, Malva Filer y Rosa Tezanos-Pinto, 97-110. Westminster: Instituto Literario y Cultural Hispánico de California.

Schulze, Beatriz. 2007. "La construcción del 'efecto personaje' a través de *Amalia* de José Mármol y *La Princesa federal* de María Rosa Lojo". Ponencia presentada en el XIV Congreso Nacional de Literatura Argentina. Mendoza: Universidad Nacional de Cuyo, Facultad de Filosofía y Letras. CD-ROM

Tacconi de Gómez, María del Carmen. 2005. "La elaboración literaria del discurso narrativo de María Rosa Lojo". En *La mujer en la literatura del mundo hispánico*, editado por Juana Arancibia, vol. VI, 161-169. Westminster, CA: Instituto Literario y Cultural Hispánico. Reeditado en 2007. En *María Rosa Lojo: la reunión de lejanías*, editado por Juana A. Arancibia, Malva Filer y Rosa Tezanos-Pinto, 173-181. Westminster: Instituto Literario y Cultural Hispánico de California.

Tacconi, María del Carmen. 2010. "*La Princesa federal* de María Rosa Lojo: niveles textuales y claves para la interpretación de referencias históricas". En *Ficción y discurso 2009*, editado por María del Carmen Tacconi, 89-143. Tucumán: Universidad Nacional de Tucumán, Facultad de Filosofía y Letras, Instituto de Investigaciones Lingüísticas y Literarias Latinoamericanas. Revisado y republicado en 2013. En *Historiografía y ficción en nuevas novelas históricas argentinas*, editado por María del Carmen Tacconi, 277-312. Tucumán: Instituto de Investigaciones Lingüísticas y Literarias Latinoamericanas (INSIL).

Ulland, Rebecca. 2009. "María Rosa Lojo". En *Latin American Writers: An Encyclopedia,* editado por María Claudia André y Eva Bueno. New York: Routledge, Forthcoming. <http://www.hope.edu/latinamerican>.

Valenzuela, Luisa. 2007. "El juego de Carmen Brey. Sobre *Las libres del Sur*". En *María Rosa Lojo: la reunión de lejanías,* editado por Juana A. Arancibia, Malva Filer y Rosa Tezanos-Pinto, 211-215. Westminster: Instituto Literario y Cultural Hispánico de California.

Varela, Fabiana Inés. 2012. "María Rosa Lojo. *Finisterre.* La lectura y la escritura como proceso de autoconocimiento". En *Escritores Latinoamericanos. Estudio y comentarios (leo-pienso-opino),* dirigido por Gustavo González Villanueva, 83-104. San José: Ed. Promesa.

Varela, Inés Fabiana. 2013. "María Rosa Lojo: acercamiento a su obra". En *Pensamiento, literatura, independencia. Actas del VII Encuentro Mesoamericano "Escritura-Cultura" y V Coloquio "Escritoras y Escritores Latinoamericanos"*, editado por Helena Ospina, Erika Chinchilla Ramírez, Gabriel Quesada Mora y Adriana de la Paz Araya, 430-440. San José de Costa Rica: Promesa Cultural. <https://searchworks.stanford.edu/view/10434277>.

Videla de Rivero, Gloria. 2006. "Ojos que miran el todo: en torno a la narrativa histórica argentina reciente". Ponencia presentada en las Segundas Jornadas Nacionales de Literatura de las Regiones Argentinas. Publicado en 2007. En *María Rosa Lojo: la reunión de lejanías,* editado por Juana A. Arancibia, Malva Filer y Rosa Tezanos-Pinto, 237-253. Westminster: Instituto Literario y Cultural Hispánico de California.

Würmli, Robert Thomas Georg. 2014 "O outro estrangeiro: encontros culturais na América". En *Anais do III Encontro Intermediário do Grupo da Pesquisa Confluencias Ficcao, História e Memória na Literatura e nas Diversas Linguagens,* editado por Elis Regina Basso, Ruane Maciel Kaminski Alves y Ximena Antonia Díaz Merino, 259-263. <http://www.se-

minariolhm.com.br/home/wp-content/uploads/2014/07/ANAIS-DO-III-ENCONTRO-INTERMEDIARIO-GRUPO-DE-PESQUISA-CONFLUENCIAS-DA-FICCAO.pdf>.

Würmli, Robert Thomas Georg y F. G. Fleck. 2015. "A atemporalidade mnemônica e o registro historiográfico: "El extranjero", de María Rosa Lojo". En *Anais do XII Seminário Nacional de Literatura, História e Memória e III Congresso Internacional de Pesquisa em Letras no Contexto Latino-Americano*, Cascavel: Unioeste, editado por Ximena Antonia Díaz Merino, Lourdes Kaminski Alves y Antonio Donizetti da Cruz. Cascavel: Unioeste. <http://www.seminariolhm.com.br/2015/>.

Zelaya de Nader, Honoria. 1999. "Estatutos del discurso en *Una mujer de fin de siglo*, de María Rosa Lojo". En *Ficción y Discurso*, coordinado por María del Carmen Tacconi, 47-67. Tucumán: Universidad Nacional de Tucumán, Facultad de Filosofía y Letras.

Tesis y tesinas

Tesinas de grado

Crivello, Victorina. 2000. "*La pasión de los nómades*. Metaficción historiográfica". Tesis de licenciatura. Universidad Católica de Córdoba.

De Boeck, Gabriela. 2001. "La ficcionalización de la vida privada de Juan Manuel de Rosas y de su entorno familiar en la novela argentina de reescritura de la Historia (1990-2000). Cap. IV: *La princesa federal* de María Rosa Lojo: la búsqueda de la comprensión del pasado". Tesis de licenciatura. Universidad Nacional de Tucumán.

Fariña, Silvina. 1992. "*Canción perdida en Buenos Aires al Oeste*, de María Rosa Lojo. La novela total. La literatura como búsqueda". Tesis de adscripción a la cátedra de Literatura Argentina. Profesorado Normal 1.

Fasah, Ana María. 2008. "*La Princesa federal*: los múltiples rostros de Manuela Rosas". Tesis de licenciatura. Universidad Nacional de Córdoba.

Fernández, María Evangelina. 2005. "La intertextualidad en *Una mujer de fin de siglo*, de María Rosa Lojo". Tesis de licenciatura. Universidad Nacional de Cuyo.

Tamayo Volney, Juana Larissa. 2011-2012. "La configuración del espacio artístico en *Finisterre*, de María Rosa Lojo". Trabajo de Diploma. Universidad Central Marta Abreu de las Villas, Cuba.

Vargas, Claudia Adriana y Moya, Nora Nancy. 2007. "Procedimientos de ficcionalización utilizados para la construcción del personaje principal, en la novela histórica *La Princesa federal* de María Rosa Lojo". Tesis de licenciatura. Universidad Católica de Córdoba.

Tesis de maestría

Dahmen, Aude-Marie. 2004. "Las circunstancias de la reescritura a través del estudio de dos obras: *Una excursión a los indios ranqueles* (1870), de Lucio Victorio Mansilla, *La pasión de los nómades* (1994) de María Rosa Lojo". Tesis de maestría en Español. Universidad de Toulouse-Le-Mirail, Francia.

Da Silva, Alessandro. 2015. "Memórias, exílios e viagens em *La pasión de los nómades* de María Rosa Lojo". Tesis de maestría en Letras. Universidade Estadual de Londrina. <http://bibliotecadigital.uel.br/zeus/auth.php?back=http%3A%2F%2Fwww.bibliotecadigital.uel.br%2Fdocument%2F%3Fcode%3Dvtls000202408&go=x&code=x&unit=x>.

Di Biase, Alessandra. 2010-2011. "*Bosque de ojos*: traduzione e analisi delle microfinzioni di María Rosa Lojo". Tesis de

maestría en Lingue e Comunicazione Interculturale. Universidad de Arezzo.
Da Silva Papeschi, Muryel. 2014. "Juan Facundo Quiroga: um homem, vários personagens". Tesis de maestría. Universidade Estadual Paulista. <https://repositorio.unesp.br/bitstream/handle/11449/123233/000824406.pdf?sequence=1&isAllowed=y>.
Würmli, Robert Georg. 2015. "O outro estrangeiro: encontros culturais na América". Tesis de maestría. Universidade Estadual do Oeste de Paraná. <http://tede.unioeste.br/handle/tede/2432>.

Tesis de doctorado

Bucco Coelho, María Josele. 2015. "Mobilidades Culturais na Contística Rioplatense de Autoría Feminina: Tracejando as Poéticas da Distancia em Josefina Plà e María Rosa Lojo". Tesis de doctorado. Universidade Federal do Río Grande do Sul. <http://www.lume.ufrgs.br/handle/10183/132825>.
Carneiro Hernandes, Luciana. 2017. "Tecidos e tessituras: representação do feminino em María Rosa Lojo". Tesis de doctorado. Universidade Estadual Paulista. <https://repositorio.unesp.br/bitstream/handle/11449/150073/hernandes_lc_dr_arafcl.pdf?sequence=3&isAllowed=y>
Crespo. Marcela. 2008a. "Andar por los bordes. Entre la Historia y la Ficción: el exilio sin protagonistas de María Rosa Lojo". Tesis de doctorado. Universidad de Lleida. <http://www.cervantesvirtual.com/obra-visor/andar-por-los-bordes-entre-la-historia-y-la-ficcion-el-exilio-sin-protagonistas-de-maria-rosa-lojo--0/pdf/>
Crespo, Marcela. 2008b. *Andar por los bordes. Entre la historia y la ficción: El exilio sin protagonistas de María Rosa Lojo*. Barcelona: TDX.
Luesakul, Pasuree. 2013. "La visión de 'Los otros': mujer, historia y poder en la narrativa de María Rosa Lojo". Tesis de doc-

torado. Universidad de Salamanca. <http://gredos.usal.es/jspui/bitstream/10366/121381/1/DLEH_LuesakulPasuree_Tesis.pdf>.

Marques, Gracielle. 2016. "A voz das mulheres no romance histórico latino-americano: leituras comparadas de *Desmundo*, de Ana Miranda, e *Finisterre*, de María Rosa Lojo". Tesis de doctorado. Universidade Estadual Paulista. Orientador: Dr Antonio Roberto Esteves. <https://repositorio.unesp.br/bitstream/handle/11449/143106/marques_g_dr_assis.pdf?sequence=3&isAllowed=y>.

www.ingramcontent.com/pod-product-compliance
Lightning Source LLC
Chambersburg PA
CBHW021839220426
43663CB00005B/319